ちくま文庫

音楽放浪記　日本之巻

片山杜秀

筑摩書房

音楽放浪記　日本之巻　目次

音楽放浪記　日本之巻

まえがき

「傑作!?　問題作!?」という連載を、月刊誌『レコード芸術』（音楽之友社）にちょうど一〇〇回した。二〇〇〇年一月号から二〇〇八年四月号まで、休みなしで八年と四カ月。

『レコード芸術』はクラシック音楽の録音・録画物の情報誌・批評誌である。新譜のレヴュー欄が雑誌の看板だ。「傑作!?　問題作!?」もそんな雑誌の性質に適った連載だった。やはり新譜を取り上げる。昔のものの再発売も時に含める。それも新譜には違いないから。ただし、レヴュー欄と違って、正面からディスクの演奏や録音の良し悪しを評することを目的としない。音盤からさまよい出て、作曲家や作品や演奏家や背景となる時代について、自由に翼を広げようというのが、連載の趣旨だった。原則、毎回読み切りで。中身は音楽文化論的な評論、あるいはエッセイのようなものになった。取り上げるディスクの選択はというと、私に任されていた。クラシック音楽のいろいろをなるべく満遍なくというつもりではあったのだが、やはり自ずと、私の少年時代からの興味の対象であった日本の作曲家、海外でも近現代の音楽が、かなりを占めていった。

この連載は、連載終了前後に、二冊の単行本になった。『音盤考現学』と『音盤博物誌』（共にアルテスパブリッシング）という。二冊セットで二〇〇八年度の吉田秀和賞とサントリー学芸賞を頂いた。吉田秀和賞の審査員の吉田さんと林光さん、サントリー学芸賞の審査員の川本三郎さんに、過分に褒めて頂きもした。林さんは、この本がレッシングの『ハンブルク演劇論』に匹敵するとまで、言ってくださった。そこまで来ると「望外の喜び」を超えて、何か間違いが起きているのではないかと、身が縮こまってきた。

吉田さんがそんな私に囁いた。「林さんは、この二冊のどこかが、よほど嬉しかったらしいんだな。どこかは知らないけど」。そのあと、まもなく、私が大島渚の映画に付した林さんの音楽のことを書いたら、一般読者からは何の反応もなかったけれど、林さんが異常に喜ばれ、いろいろ話したいことがあるから家に来てくれないかという。だが、私がバタバタしているうち、林さんは倒れられ、やがて亡くなった。

『音盤考現学』と『音盤博物誌』は版を重ね、つい最近、電子書籍に移行した。そのタイミングで、今回の文庫化の話が舞い降りてきた。ありがたや。構成はどうするか。素直に元の二冊をそのまま文庫に、という手もあった。元の二冊の構成は、八年と四カ月分の連載を、第一回から第五〇回までと、第五一回から最終回までに、順番通りに振り分けたものだった。新譜を追っていく連載だし、単行本になるときも年代記の機能が保たれているのが望ましい。だからそうなった。

だが、それからずいぶん歳月を経た。連載の初回は約二十年も前になる。新譜の順番を追って並べることにこだわっても、もはやあまり意味はないだろう。だったら、日本の作曲と演奏と音楽界に触れたものと、それ以外で二冊を分け直したらどうか。量的にも具合よく、ほぼ半分ずつになるし、各文章の前後の脈絡がすっかり違うことになるから、本の印象もずいぶん変わるのではあるまいか。

以上が新編集による文庫本誕生のいきさつである。タイトルも、特定の音楽からさまよい出す本なので、筑摩書房の永田士郎さんに新しく『音楽放浪記』とつけてもらった。そのことを元の連載のタイトルの命名者で、八年四カ月の連載の全てを担当して頂いた『レコード芸術』編集部の田中基裕さんに話したら、「また変わるんですか」と驚いていた。そういえば、私の愛する指揮者で作曲家、山田一雄は、和男→夏精→一雄と、三度名前を変えていたっけ。それもまたよきかな！

1　極私的追悼・伊福部昭

サインの思い出

音楽を好きになるとは、特定の楽曲、歌手・演奏家、作曲家を好きになることだろう。そして、その経験が原点になる。「いろいろ聴くけど、やっぱり最後はモーツァルトだね」という人がいれば、その人の原点はモーツァルトなのだ。なぜなら回帰するところが原点だから。

私にとっての原点は、伊福部昭《いふくべあきら》である。きっかけは映画だ。それも特撮怪獣ものだ。封切り時に鑑賞した記憶のある最初のそれは、一九六八年の『怪獣総進撃』である。五歳のときだ。それからも、映画館やテレビでたびたび、その種の映画を観た。するとけっきょく、記憶に残るのは音楽なのである。幼稚園でも、家でも、小学校に行っても、『怪獣大戦争』の行進曲や『大魔神』シリーズの不気味な音楽を、口ずさんでしまう。作曲家名は認識していない。ただ、同じ怪獣映画でも、気に入る音楽とそうでもない音

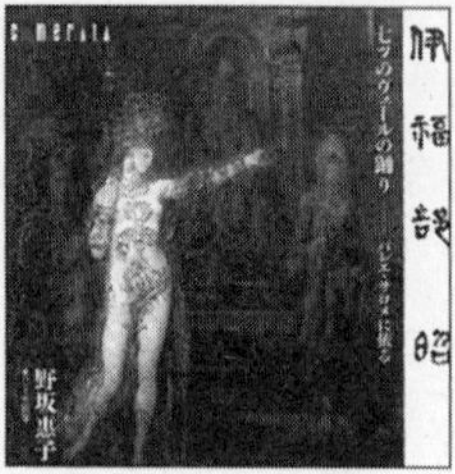

伊福部昭／《七ツのヴェールの踊り――バレエ・サロメに依《よ》る》《ヨカナーンの首級《みしるし》を得て、乱れるサロメ――バレエ・サロメに依る》《古代日本旋法による蹈歌《ふみうた》》野坂惠子《けいこ》（二十五絃箏）、小宮瑞《みず》代《よ》（低音二十五絃箏）
［カメラータ　2005年11月］

楽があり、気に入る音楽はいつも同じ人の作曲らしいということを、漠然《ばくぜん》と感じていただけである。

映画館に行くたびに、プログラムを集めていたから、やがて漢字が読めだすと、スタッフ表を調べ、いつもの同じ人とは伊福部昭というのだと知った。とにかくその音楽の刷りこみは、作曲家の名も知らぬ幼時のうちに完了していた。

五歳で『怪獣総進撃』を観たころには、楽器を習いはじめていた。ヴァイオリンである。しかし、面白くない。クラシック嫌いになった。なぜ、『ゴジラ』のような音楽が練習曲にないのか。小学校の音楽の時間も退屈だった。鑑賞曲で面白かったのは、グリーグ《ペール・ギュント》の〈山の魔王の宮殿にて〉くらいだった。繰り返しが伊福部の音楽を連想させたからである。

その伊福部は映画音楽専門の作曲家だと、ずっと思っていた。しかし、小学校の高学年のとき、違うとわかった。たまたま人名辞典を引いてみたら、チェレプニン賞受賞とか、いろいろなことが書いてある。どうやら、日本にもクラシック音楽の作曲家がいて、伊福部はそのひとりであり、その人が映画音楽もやるらしい。そこでさっそく、都内の大規模なレコード店をまわった。クラシック売場の広大さは知っていた。あれだけ商品があるのだから、伊福部の作品も、探せばすぐにたくさん聴けるだろうと想像した。

ところが、見込み違いだった。日本の作曲家のレコードは、少なかった。伊福部の現役盤は、山岡重信指揮の《土俗的三連画》と、若杉弘指揮の《リトミカ・オスティナータ》と、若干の歌曲だけだった。しかたがないので、そればかりを聴いた。映画音楽で親しんでいた、反復のパターンや特徴的な音型が、はるかに濃密に楽しめる。のめりこんだ。これがクラシック音楽なら、素晴らしいではないか。そう思った。

しかし、他の曲を聴くには、どうしたらいいのか。演奏会の情報に、気をつけるようになった。そうしたら《交響譚詩《たんし》》をやるというので、一九七六年秋、東京文化会館に出かけた。芥川也寸志指揮する新交響楽団だった。そのとき、はじめて本物の伊福部昭を見た。

一九七九年九月、同じ東京文化会館のロビーで、氏にはじめて話しかけた。マリンバの安倍圭子が飛び跳ね、山田一雄が白髪を振り乱して舞った《ラウダ・コンチェルタ―

タ》の初演の直後である。ただ「サインしてください」とだけ言ったのだ。氏は快く万年筆をプログラムに滑らせてくれた。私は興奮して、なぜかその頁《ページ》をすぐ閉じてしまった。だから筆跡が滲《にじ》んでいる。

その年の一一月、芝のABC会館ホールにおける野坂恵子《けいこ》の二十絃箏《そう》リサイタルで、独奏曲《物云舞《ものいうまい》》が初演された。これは他の曲目を喰ってしまった。終演後、ロビーのスタッフに、《物云舞》のレコードはないかと熱心に尋ねる、おそらく箏をやっているのだろうご婦人の姿を見て、必ず伊福部の評価は、戦前・戦中・戦後初期以上になると、確信した。じっさい、そのあと、そうなっていった。演奏会も、レコードも、ファンとして楽しい思いをする機会も、増えた。

《サロメ》の思い出

一九八四年暮れ、当時大学の三年生だった私は、はじめて尾山台の伊福部宅を訪問した。所属していた大学のクラブで、芥川也寸志と新響のコンビに出てもらい、《タプカーラ交響曲》をやる演奏会を企画し、そのプログラムに氏の談話を掲載しようというのだ。憧れの作曲家に、仕事場でじかに話を聞く。緊張した。ストラヴィンスキーの《春の祭典》に氏の生まれ育った北海道の風土と共振するものを感じ作曲の道を選んだとか、バルトークは自意識が強すぎて好きになれないとか、中国の熱河《ねっか》の寺院で同じ形の小仏像が無数に並べられているさまを観てアジア人には繰り返しへの執着があると実感したとか、そういう話だった。帰りがけに、玄関でアイ夫人が「最近、伊福部は若い人に人気があるのよ」とうれしそうに言われ、その横で氏がなんとなく困ったような顔をしていたことを、よく覚えている。

そのときの談話のまとめを気に入ってくださったらしい。一九八六年、大学院に入ってぼんやりしていた私は、氏の自伝的回想の聞き役として、お宅に通うようになった。出版社が決まっていたわけではない。原稿がまとまれば、おのずとどこかが出すだろうと、氏は考えておられた。

だいたい、午後二時から七時頃まで興が乗ると一〇時過ぎまで、お話をうかがう。音更《おとふけ》での小学生じぶんのアイヌ体験、厚岸《あつけし》での林務官生活、もちろん個々の作品や美意識の問題までが繰り広げられる。「東京音楽学校で小使いさんみたいな老人がストーブに当たっているので、話してみたら、驚くほど学がある。誰かと思ったら、信時潔《のぶときさよし》門下の片山頴太郎《えいたろう》さんだった」とか、そんな細かな記憶のスナップまでも綴《つづ》られてゆく。氏の語り口には、独特な長い間合いがある。昔の日本映画での笠智衆《りゅうちしゅう》や志村喬《たかし》の演技を思い出してもらえれば、想像がつくかもしれない。私は慌て者だから、そこでなにかはさまなければと、すぐ喋《しゃべ》ってしまうのだが、それは間違いである。我慢しなくてはいけない。『老子』を友に大自然のなかで暮らしていた氏の時間の尺度は長い。百年千年でものを考え、目先のちょっとした間を埋めるために、あくせくしない。悠然としている。若輩がそれについていくのは大変だった。

そうこうしているうちに、何十時間かの録音がたまった。普通の語り下ろしの書物なら、もうじゅうぶんな量だが、こちらがマニアなのがいけなかった。うかがった話には、すでにどこかで披露されている事柄も多い。もっと突っこんだことを訊《き》くために、こちらも勉強し、仕切りなおすべきだ。

それで少し間を空けていたら、氏よりお呼びがかかった。「新星日本交響楽団から新作を委嘱されたのだが、億劫《おっくう》なので、かつてのバレエ音楽《サロメ》を出そうと思う。改訂せずともオリジナルのままでよいという人もあるが、どんなものか」というのである。そこでさっそくお邪魔し、楽譜を拝見しながら、昔の録音を聴かせていただいた。

そのとき、私はなんだか頭に来てしまった。みずからのアイドルに意見を請われて、舞い上がり切れてしまった。世界的名著『管絃楽法』の著者に向かって、この曲《こ》はもっと音色を華美にしたオーケストレーションにすべきだと、素人のぶんざいで力説してしまった。氏はなんとなく聞いておられた。

東急大井町線尾山台駅への帰り道、私は先ほどのみずからの言動を思い返し、血の気がひいた。聞き書きの続きはもうやれないと思った。

その後、《サロメ》は大幅に改訂された。が、それは、私がとち狂って申し上げたイメージとは、まるで異なっていた。氏は最初から自分のプランにもとづいてやりなおすつもりだったのだが、その話をしたら、もとのままでいいという意見が多く出て、困ってしまい、たんに周囲の雰囲気を変えるきっかけが欲しかっただけなのだと、ようやくわかった。少し気が楽になった。しかし、やはりあのときのことが恥ずかしすぎ、本の続きをあらためてとは、とても言い出せなくなった。

それから、いろいろなことがあった。キング・レコードが氏の管弦楽作品をセッションでまとめて録音したいというので、担当ディレクターをお連れしたときは、ほんとうに喜んでくださった。

氏の生前、最後に出た作品集のCDは、野坂恵子と小宮瑞代《みずよ》による二十五絃箏曲集で、《サロメ》から最晩年になされた二つの編曲が含まれている。二十年前にはわからなかったけれど、作曲家が題材相応に音楽も近東的と、とりあえず称していた《サロメ》には、じつは日本の伝統音楽からガムランまで、アジアの多様な響きがあまりに豊饒《ほうじょう》に入り交じっている。《サロメ》は、伊福部流の汎アジア主義の音楽であり、アジアの風土に立つ創作を標榜《ひょうぼう》した作曲家が、人生の終わりにあらためて手をかけるのに、やはり適切な作品だったのだろう。

ともかく私は、みずからの音楽趣味の原点である作曲家と二十年以上おつきあいさせていただき、一対一の長い時間ももてたのだから、これはもう本当に分不相応というほかない幸せ者だった。

伊福部先生、さようなら！

［二〇〇六年三月号］

2 ドシラとゴジラ

ゴジラは恨みがましいということ

伊福部昭は一九一四年の五月三一日に釧路《くしろ》で生まれた。だから二〇〇四年のその日は、彼の満九〇歳の誕生日だった。そこで日をぴったり合わせ、本名《ほんな》徹次《てつじ》指揮の日本フィルが東京のサントリーホールでお祝いの演奏会を催した。曲目は、チェレプニン賞を得てボストンで初演された二一歳時の出世作《日本狂詩曲》と、プーランクの協奏曲よろしく二台ピアノがガムラン風に運動し東南アジア趣味を発散する戦時期の重要作《フィリピンに贈る祝典序曲》、あとは戦後の曲より《SF交響ファンタジー第一番》と、作曲家本人が代表作と認める合唱付きの交響頌偈《じゆげ》《釈迦《しやか》》、アンコールとして伊福部唯一の交響曲といってよかろう《シンフォニア・タプカーラ》の終楽章、というものだった。

このうち戦後の三曲の成立は、みなある短い期間に結びつけられる。《釈迦》は一九八九年の作だが、もとの素材は一九五三年一一月に初演された石井漠《ばく》のための舞踊音楽《人間釈迦》。《シンフォニア・タプカーラ》の第一稿は一九五四年の完成。《SF交響ファンタジー第一番》は一九八三年の仕事だが、内容は伊福部の怪獣・SF映画のための一連の音楽の演奏会用編作で、そこでひときわ印象的に響く、ラヴェルのピアノ協奏曲の終楽章の一節と似ていなくもないあの動機がはじめて現れたのは、「ゴジラ・シリーズ」第一作になる一九五四年の『ゴジラ』。つまり《釈迦》も《タプカーラ》も『ゴジラ』のための音楽も、もとはみな一九五三年から翌年にかけ生まれたわけだ。そのころ、伊福部四〇歳。まさに働き盛りだった。そして『ゴジラ』の封切りは一九五四年一一月三日。だからこの一一月三日がゴジラの五〇歳の誕生日になり、ライヴ盤の発売日もわ

伊福部昭の芸術8　特別篇　頌／卒寿を祝うバースデイ・コンサート　完全ライヴ
フィリピンに贈る祝典序曲、日本狂詩曲、SF交響ファンタジー第一番、交響頌偈《釈迦》、シンフォニア・タプカーラ〜第三楽章
本名徹次指揮日本フィルハーモニー交響楽団他
［キング　2004年11月］

ざわざその日に設定された。伊福部の音楽にも支えられながら、ゴジラは戦後文化のひとつの顔として、半世紀も生き延びてきたのである。伊福部が九〇歳でゴジラが五〇歳。どちらも並大抵の生命力ではない。

ところでゴジラの文化的長寿は、やはり一九五四年の第一作のできのよさ、そこに充《じゅう》塡《てん》された汲《く》めどもつきぬ、しかもきれいごとではすまぬネガティヴな負の意味の多様さのおかげだろう。第二作以後はどこまでいっても第一作の余禄を食い潰《つぶ》しつづける道楽息子の群れみたいなものだ。

なにしろ『ゴジラ』は当時の宣伝文句を引けば「水爆大怪獣映画!」である。そこでは、蛇やら竜やら現実と神話の一切合切を含めた爬虫類《はちゅうるい》の恐ろしさにまつわる人類の生命記憶の結晶たる「大怪獣映画!」と、現代科学文明の終末的暴力性の表象たる核兵器の恐ろしさをみせつける「水爆映画!」を一本に重合させる離れ業が、水爆実験で被曝《ひばく》しながら死なず、放射能をまき散らしながら生きるゴジラという、とてつもない化け物によって実現される。ゴジラは神話の暴力、獰猛《どうもう》な生物の暴力、科学の暴力を一体化させた最高の暴力なのである。それが東京を襲い、首都を放射能まみれの廃墟と化す。そのさまは、広島・長崎への原爆投下による敗戦という異常な出来事によって刻まれた日本人のトラウマをかきむしり、ありえたかもしれぬ第二次大戦時の東京への原爆投下を、あるいは次の戦争で起こるかもしれぬ同じ事態を想像させもする。それは日本人にとっての最高の恐怖の幻影だ。

そしてこの最高の暴力と最高の恐怖は、『ゴジラ』の製作に携わった人々の怨念《おんねん》や虚無でいくえにも塗り固められている。そこにはたとえば、戦前には『皇道日本』のような神がかった宣伝映画を作り、戦時下では数々の国策戦争映画の戦闘場面をミニチュアで再現し絶賛を博しながら、敗戦で特殊撮影の腕を振るえる仕事が激減し、不遇をかこっていた円谷《つぶらや》英二の怨念がある。

また、戦争で心身ともにすっかり傷ついて戦後社会からはぐれ、個人で研究を続けるうち、不死身のはずのゴジラさえ白骨化しうる、その意味で水爆以上の究極の科学兵器、オキシジェン・デストロイヤーを発明し、その製法の秘密をひとり胸におさめ、ゴジラと心中する屈折した芹沢《せりざわ》博士を演じる、陸軍士官学校在学中に敗戦をむかえ、戦後、東大法学部を卒業するも、もう国家には仕えられないと官僚の道を進まず、民間企業に入るもそれもいやだと辞めてしまい、昔なら賤業《せんぎょう》の役者に身をやつした平田昭彦の虚無がある（私は一ファンとして平田さんと文通していたが、生前、ついにそのへんの話をうかがうことはなかった）。

さらにヒロインをやった河内《こうち》桃子は、戦時期日本の原爆研究をになった理化学研究所の総帥・大河内正敏博士の孫娘であり、銀幕の彼女の身体には科学力の差で国破れて虚脱した祖父の無念が沈澱《ちんでん》しているように、私には見える（と、雑誌取材時に、今は亡き河内さんに面と向かって申し上げたら、彼女はとても困っていた）。

ゴジラは白黒にかぎるということ

それからなんといっても伊福部昭だ。伊福部氏の系図上の始祖は天津神《あまつかみ》に国を譲って屈伏した国津神《くにつかみ》系の大物、大国主《おおくにぬし》で、その家は明治まで長年、因幡国一宮《いなばのくにいちのみや》の宇倍《うべ》神社で神主をしていた。が、「王政復古」のはずの明治政府が予想外に神道を軽んじ、「復古」より「開化」に走るさまを見て、作曲家の祖父がぐれてしまい、神主でいられなくなった。作曲家の父はやむをえず北辺の開拓地、北海道に落ち、そこで生まれた伊福部昭は「被差別少数民族」のアイヌの文化に入れこんだりして、そのようなものにあまり価値を認めないかつての日本人の常識と対立した。おまけに戦時期に伊福部は、北大林学科出身の技官として放射線を使った木製飛行機素材用強化木の開発研究に従事し、ゴジラよろしく被曝してしまい、それほど苦労したのに科学力の差で敗戦にいたった経過に虚脱し、そこから転じて破壊的・暴力的な近代科学に支えられた現代文明に嫌悪の情をいだき、幼い日にアイヌとの交流のなかで培《つちか》った原初的生命力への憧憬をつのらせるといった経過を歩んだ。そうした負の怨念の相乗が伊福部の音楽の熾烈《しれつ》な強度につながっている。

その彼が『ゴジラ』のクレジットにあてた、ドシラ・ドシラ・ドシラソラシドシラが二×四＋一のいびつな九拍子を形成する、寸詰まりでいらついた行進曲は、劇中ではゴジラにかなわないので焦る自衛隊（二〇〇四年は戦後日本の「軍隊」が自衛隊とよばれはじめてから五〇年目だ）のための音楽だったのだが、いつの間にか、それが世間からゴジラじたいの動機と認識されるようになった。奇数拍子の焦燥感が自衛隊以上にゴジラの無軌道さと交感してしまったのだろうし、ドシラとゴジラが期せずして語呂合わせになったことも関係しているのだろう。

そういえばこのゴジラという名が、またいちだんと恨みがましい。ゴジラは第一作の『ゴジラ』ではじつはたんなる水爆大怪獣ではない。それは架空の島、大戸島で古代から祭られる御霊《ごりょう》でもある。御霊はオンリョウとも読め、怨霊《おんりょう》に通じる。ようするに威力が強くこの世に恨みをもつ神や霊が御霊だ。御霊の代表と目されたのは、伊福部氏の祖、大国主の父ともされる須佐之男《すさのお》である。古代の日本人は地震台風落雷疫病《えきびょう》などあらゆる災厄《さいやく》を御霊の仕業と考え、これを祭って宥《なだ》めた。その祭りは風水害や伝染病の多くなる夏に行われることが多い。『ゴジラ』でもゴジラが大戸島で夏、《日本狂詩曲》の引用による架空の神楽《かぐら》により霊鎮《たましず》めされる場面がちゃんとある。となればゴジラのゴはやはりゴリョウのゴとつながってくるだろう。

ならばジラとは何か。ゴリラとクジラの合成が映画製作時の名前付けにおける発想の直接の源であったとしても、ゴジラの三文字が時代を超えた迫力を日本人に与えつづけるとすれば、より根源的な語感が探求されねばならない。そこで私はジラはシラが訛《なま》ったと考えたい。シラとかシロは漢字にすれば白だが、古代日本語ではそれは色彩としての白色をさしていなかった。たとえば幽霊目撃談などにありがちな「闇の中にシラジラと浮かぶ影を見たように思い、血の気が退《ひ》きました」といった台詞《せりふ》を想起しよう。ここには古代的なシラの語感が残存している。闇の中のシラジラはけっして白色ではない。周囲の闇から淡く浮き出す別の闇の色のことなのだ。暗の中のもうひとつの暗、黒の中のもうひとつの黒がシラである。そう見えるものは古代人には神か怪物かだから、シラは神聖と恐怖の両方につながる言葉となった。この語が中国の白と重なり白色を意味するよう転化し、原義を曖昧にしていったのだ。

そう考えれば、『ゴジラ』におけるゴジラが黒の濃淡を豊かに表す白黒画面上に夜行性の黒い生き物として出現するのも当然である。それはまさに闇の中に現れるもうひとつの闇の恐怖そのものなのだ。夜に浮き出るその黒いかたちに、「先生の音楽には和声が本質的に欠如している」と弟子の黛敏郎に言わしめた、伊福部の厚く暗く重いモノクロームな音楽がかぶるとき、御霊としてのゴジラはいよいよ完全なる姿を現し、不滅の負の破壊的生命を得るのである。

［二〇〇四年一二月号］

3　ルルー・伊福部・ショパン

『大坂城物語』の秘法

右大臣秀頼が方広寺に献納した鐘の「国家安康」なる銘が家康の二文字を分断するものと因縁をつけられ、大坂城は困惑している。天守閣では山田五十鈴の淀君が、家康許すまじ、徹底抗戦あるのみと、ファナティックに宣言する。しかし円谷《つぶらや》英二のみごとなミニチュア・ワークによる大坂城の外には、神々の黄昏を思わす、血のごとき夕映えが広がっており、その眺めは滅亡の予感をいやが上にもかきたてる。そこで伊福部昭作曲の、重苦しい三連符のリズムの上に胸をしめつけられるような旋律を乗せる主題曲がはじまり、高潮してゆく。一九六一年の東宝の正月映画『大坂城物語』の冒頭部分である。

この作品を小学生のころ、初めて観、とくにこのオープニングの円谷の大坂城と伊福部の音楽と山田の表情が頭から離れなくなった。そして思い出すたびに、滅亡や死のヴィジョンがそこよりあふれて来、からだの芯から震えがくるようになった。いちど観ただけでそういう強迫観念が形成されてしまったのである。

しかし別にこの映画全体はけっして陰惨な悲劇なのではない。むしろ明朗な娯楽活劇である。稲垣浩監督の骨太な演出のもと、三船敏郎演じる豪快な浪人が大坂方に味方し暴れ回り、これに当時市川團子《だんこ》といった三代目市川猿之助の扮する忍者、霧隠《きりがくれ》才蔵が、後のケレン味たっぷりな猿之助歌舞伎を予告するごとく、ヒュードロドロとからんでくる。

なのに、私にとって、『大坂城物語』とはなによりも死と破滅の代名詞にほかならない。なぜそうなのだろう？　もちろん、冒頭での円谷と伊福部と山田の凄《すご》みある相乗効果が映画全体を乗り越え、突出した印象を与えてくれたからには違いない。が、本当に凄みある相乗効果とか突出した印象の発生というのは、たんにミニチュアが素晴らしく

お雇い外国人の見た日本──日本洋楽事始
シーボルト／《七つの日本のメロディ》、ルルー／《扶桑歌》《日本及び中国の歌》（全三巻）、《小娘》（＊）、エッケルト／《東京の思い出》、ディットリヒ／《ニッポン・ガクフ》、ヴェルクマイスター／《私の日本の鞄《かばん》から》前田健治（p）、三森茜（＊p）
［たまゆら　2001年10月］

音楽が悲劇的で役者の芝居もよかったなんて通り一遍の事柄ではやはり説明しきれぬものではあるまいか。その組み合わせに、なにか人の記憶を揺さぶらずにはおかなくなるような秘法が隠されているに違いないのだ。わかってみれば呆れるようなごく単純な構造の秘法が……。

たとえば私は中山義秀という作家が昔から気になっていて、ずっと本を集めている。ところが私は中山の小説が大好きなのではどうもない。では私はなぜ中山の本を集めつづけるのか。ある日、いっさい自覚のなかった事の真相がとつぜん見えて恥ずかしくなった。それは作家と私の名がともに○山○秀だったせいなのだ。つまり私が中山義秀にこだわるのは自己愛のごく単純な投影だった。

こんなような単純な仕掛けが『大坂城物語』の冒頭にもありはしないか。そう思って伊福部の主題曲の荘重な旋律を口ずさんでみる。それはドから始めれば、ドードードー、ドーシドーレーレ♯ーと来て、次にレ♯からまたほぼ同じに動き、レ♯ーレーレ♯ー、レーレーレ♯ーファソーと進む。そしてこの旋律の力が、大坂城の向こうにじつはもうひとつ別の歴史的光景を立ち上がらせていたのだと気づき愕然《がくぜん》とする。

その光景とは何を隠そう『大坂城物語』を観るずっと前から、ニュース・フィルムやNHKラジオの実況放送録音によって私に刷りこまれていた、一九四三年一〇月二一日、神宮外苑での出陣学徒壮行会のものだ。はて、ではなぜ、伊福部の旋律は日本近代史における最も悲愴なひとコマのひとつたるその場面を導くか。それはその旋律が、壮行会の学徒行進のさい、陸軍軍楽隊により繰り返し演奏され、結果、戦争と破滅と死を象徴する音楽として戦後日本人の頭の中に強迫的に鳴りつづけることになったシャルル・ルルーの《分列行進曲》をふまえたものであるからだ。ルルーの曲は、ドードードードー、シレド、シレド、レ♯ーと始まり、次にレ♯からやはり似た動きを繰り返し、レ♯ーレ♯ーレレー、レファ♯、レファ♯、ファソーと行く。音名を並べただけでは曲をご存知ない向きにはわかりにくいかもしれない。しかしそれでも伊福部のものと使っている音もダブれば音の進行も似ているという程度までは、せめてご納得いただけよう。

そして《分列行進曲》が戦後日本人にとって何を意味するか、むろん知りぬいているはずの伊福部には、おそらくすべてが計算ずくだったのだ。そのことはたとえば『大坂城物語』から十三年後、熊井啓監督の映画『サンダカン八番娼館・望郷』に作曲した伊福部が、戦争の悲劇性と大日本帝国の滅亡を印象づけるために『大坂城物語』の主題曲と同じ旋律を使ったことからも推量される。つまりその旋律は伊福部にとっての戦争レクイエムの固定楽想であり、しかもそれはルルーの《分列行進曲》と二重写しになるよう仕向けられていたのだ。

ここまで来れば『大坂城物語』の秘法は解明されたも同然だろう。《分列行進曲》に馴染み、それと学徒出陣の結びつきをも知る者は、意識するにせよ無意識のうちにせよ、伊福部の音楽にルルーを聴き、陥落間近な大坂城に死にゆく学徒と滅びゆく大日本帝国を、悲愴に思いつめる大坂城の独裁者、淀君に、昭和天皇か学徒を見送る東條首相かを、それぞれ観てしまうというわけである。私が『大坂城物語』に胸をかきむしられ、過度に滅亡や死のイメージをかきたてられたのも、どうやらこの仕掛けのなせるわざであった。

ルルーの背後にいた男

と、このへんまではすでに考えがおよんでいて、ひとり悦に入っていたのである。が、そのていどでは甘かった。『お雇い外国人の見た日本』を聴き、まだその先があったとようやくわかった。

この音盤にはルルーの《扶桑歌《ふそうか》》というピアノ曲が入っている。《扶桑歌》は《分列行進曲》の別名だ。フランス軍楽隊の将校だったルルーは一八八四年から八九年まで滞日し、陸軍軍楽隊を率いた。《分列行進曲》は彼が同軍楽隊のレパートリーとして八五年に作曲し、明治天皇に献呈したもので、そのピアノ版は翌八六年にパリで出版された。それはトリオの旋律が原曲と異なるけれど、例のドードードードーのところはまったく同じである。そしてここでのルルーのピアノの書法がまるでショパンなのだ。《分列行進曲》があたかもショパンのように響くのである。

なるほど、ルルーはショパンの影響下にあったのか。そういえば《分列行進曲》はショパンのあの行進曲と似ていないか。そう、ピアノ・ソナタ第二番の〈葬送行進曲〉と。あれはドードードドー、ドードードドー、ドードドドー♯ーレ、レードドーシドーだ。リズムも似れば、使う音も同じ。まさかルルーが天皇に捧げるマーチを、葬送曲を下敷きに書いたとは思わない。が、できた曲にショパンの〈葬送行進曲〉のエコーがないとも思えない。とすれば《分列行進曲》は学徒壮行会に用いられた歴史的事実によって死を連想させる音楽になったというより、もともとショパン似のその曲じたいが死のイメージを漂わせていたのだといえるかもしれない。そう考えると学徒壮行会の異様なまでの悲愴さも妙に納得がいく。

というわけで、どうやらロマン派のピアノ曲から日本陸軍の行進曲、そして戦後日本の映画音楽へとひそかにつながる、戦争と死と葬送の音脈があるように思われる。そして二〇〇一年、南アジアに向かう自衛隊員を送るさいに用いられたのも、やはりルルーの《分列行進曲》。戦争あるかぎりこの音脈の絶えることはないようだ。［二〇〇二年一月号］

4　幻の京都楽派を求めて

都節と法螺貝

小学校の高学年から中学校のころ、一九七〇年代中葉の私のいちばんの道楽といえば、テレビで放映される日本映画にかじりついてはスタッフ・キャストのピンからキリまでを大学ノートに控え、あわせてテーマ音楽、主題歌・挿入歌、劇伴音楽の類を片っ端から録音してゆくことだった。

それで、本当に多くの日本の作曲家の仕事に出会ったけれど、その時分に耳について離れなくなった魅惑的な一曲に、稲垣浩監督、阪東妻三郎主演の日活映画、幕末を舞台に勤皇派の剣士が活躍する『闇の影法師』のクレジット音楽があった。

弦楽がファード、ファードという四度下降を急テンポでずっと繰り返す上で、ホルンやトランペットが、鈍刀を力まかせに振り回すようなフォルテで主旋律を奏でる。その音型は、ファからソへ持ち上がり、いったんドに下がって、そこからあらためてファー

ザ・メモリアルライヴ――朝比奈隆　大阪市音楽団を振る
大栗裕／吹奏楽のための神話《天の岩屋戸の物語》、櫛田胅之扶《てつのすけ》／《飛鳥《あすか》》、ネリベル／《二つの交響的断章》、ケラー／《アポロ行進曲》、ハルヴォルセン／《ロシア領主たちの入場行進》他
朝比奈隆指揮大阪市音楽団、大阪音楽大学合唱団
［エクストン　2003年10月］

ソ♯ーオクターヴ上のドへと、豪快にかけ上がるものだ。出てくる音をファーソーソ♯ードと並べてみれば、これはもう都節的な音階になる。つまりは西洋管弦楽による近世邦楽的音感をいっぱいに湛えた勇壮なアレグロだ。これぞ血湧き肉躍るチャンバラ活劇音楽の真髄という感じだ。

『闇の影法師』の作曲者は西梧《ご》郎《ろう》、その映画が製作されたのは一九三八年である。日本初の本格的トーキー映画『マダムと女房』を松竹が製作し、弁士の横で楽士が既成曲などを生演奏する時代が終わり、おのおののフィルムのためのオリジナルな作曲がサウンドトラックに焼きつけられる歴史が始まったのは三一年だから、三八年というとそれから七年後。だいたいそのくらいの間に、われわれが今日、古風な時代劇らしい音楽として思い浮かべがちな響きの基本型はできあがっていたのだろう。

とにかく『闇の影法師』に出会ったことで、戦前から戦後初期の時代劇映画音楽に注意するようになり、そうすると、ほとんどその分野専門といってよく、世間からみればマイナーもいいところの日本映画音楽史のなかでさえほとんどまともに取り上げられることがなく、とはいえじつはけっこう魅力ある作曲家たちがいたのだとわかってきた。先の西梧郎はその代表のひとりであり、他には、時として深井史郎と間違えるほど上手に経済的に管弦楽を鳴らせる佐藤顕雄《あきお》、平明な様式の白木義信などがあり、あと高橋半《なかば》という特色ある書き手も存在した。たとえば加藤泰監督、大川橋蔵主演で、朝廷と蝦《え》夷《ぞ》の対決を描く、五九年の東映映画『紅顔の密使』は高橋の作曲だけれど、そこには邦楽系の打楽器も加えマッシヴに鳴る管弦楽に、法螺《ほら》貝《がい》まで付け加わり、響きはきわめておどろおどろしく混濁《こんだく》する。時代劇映画はその性格からいってサウンドトラックに東洋の楽器も欲しがちになるが、それに積極的に常なる創意工夫をもってこたえようとしていた作曲家が高橋なのだった。

ところで時代劇映画といえば、そのメッカは京都である。早くも明治の末にサイレント時代活劇がその街で作られはじめ、関東大震災で東京周辺の撮影所が壊滅し、松竹や日活の製作機能が京都に移転してきたのを呼び水に時代劇だけにかぎらぬ映画都市としての面貌ができあがり、昭和初期には長谷川一夫、片岡千恵蔵、嵐寛壽郎《あらしかんじゅうろう》、阪東妻三郎、市川右太衛門《うたえもん》ら、剣戟《けんげき》スターが集結し、戦後は松竹、大映、東映の撮影所が集中して互いに鎬《しのぎ》を削った。日本の時代劇作りのかなりの部分はつねに京都で行われ、よってその音楽も当然ながらその街で作られた。先述の西、佐藤、白木、高橋らもみな京都在住だった。

もちろん、京都で製作される映画の本数はあまりに厖大《ぼうだい》で、その音楽を京都の作曲家だけでまかなえはしなかった。そこでトーキーのごく初期より、東京からも人が呼ばれた。

そのうちいちばんの大物はやはり深井史郎だろう。彼は三五年頃より京都で時代劇を中心とする多くの映画に作曲し、西梧郎と共作もした。そして、ラヴェルやストラヴィンスキーのスコアを知りつくした彼の管弦楽法と、そこに日本的音感をはめこむうまさは、ちょうどコルンゴルトがハリウッドに来たのと同じ意味で、京都の作曲家たちに影響を与えたと推測される。とくに佐藤や高橋の音楽は深井なしには考えられないだろう。その深井はあまりに上洛がしょっちゅうなので、一時は京都に別宅をかまえ、そこには当時の彼のアシスタント、朝鮮人作曲家の任東爀《にんとうかく》を管理人として常駐させた。深井は、在日朝鮮人を含む下層労働者階級の暮らしをかなり朝鮮人の立場に踏みこんで描いた千葉泰樹監督、矢口陽子（後の黒澤明夫人）主演の『煉瓦《れんが》女工』（一九四〇）で半島のリズムと旋律をたくみに用い、それは映画といい音楽といい戦時期における日本のユマニスティックな良心の数多くはない発露の感動的一例なのだが、その仕事には任が大きな役割を担っていたろう。

チョンマゲと民族主義

それはともかく、西、佐藤、白木、高橋に、深井と任、あとやはり深井についていた富永三郎といった人たちを含めれば、日本近代音楽史の表舞台ではけっして語られてこなかったろう京都学派ならぬ京都楽派といったものの存在が、朧《おぼろ》ながらも見えてくるように思われる。サイレント時代に歌舞伎の下座音楽の類を西洋楽器でなぞって楽士が生演奏していたような経験をひとつの土台に、トーキーになった時代劇のために日本的な旋律や律動を西洋管弦楽に載せる一種の民族主義的様式が京都で発達し、深井が外部から訪れ、日本的ペンタトニックと相性のいいロシアやフランスの近代音楽の手法を実践的に伝えて技術の高度化に貢献し、和楽器などを取り入れる試みも企てられ、京都楽派ないし時代劇楽派がかたちを整えてくる。

さらに戦後になると深井に加え、早坂文雄(『羅生門』や『雨月物語』)、伊福部昭(『座頭市』に『眠狂四郎』に『大魔神』)、團伊玖磨(『大佛開眼』や『獅子の座』)、黛敏郎(『江戸の夕映』や『青銅の基督《キリスト》』)、それから鈴木静一(中村錦之助の多くの映画)、あと清瀬保二、渡辺浦人《うらと》らも京都で働き、彼らの民族的な要素を豊富にもつ音楽が時代劇に貢献し、また、すでに築かれていた時代劇楽派の伝統、あるいは京都という都市そのものの雰囲気が、彼ら外部からの客たちの作風を深化させるといった、影響の相互循環が認められもするだろう。たとえば黛が京都で仕事をしなかったら、彼はあんなに若いうちに梵鐘《ぼんしょう》や聲明に注目し《涅槃《ねはん》交響曲》を書いたろうか。しかし、その京都楽派の伝統は、するとその後どうなっていったのか。それは時代劇映画の歴史とあまりに密着していたがゆえに、映画界の凋落《ちょうらく》とともに影を薄くし、伊福部のように外部から京都を訪れて戦後時代劇黄金時代を経験した今や数少ない生き残りの創作活動になんらかの面影をとどめるのみなのか。

いや、そんなこともない。京都楽派は映画音楽とは別の畑できちんと直系の命脈を保っているのだ。その直系とは、たとえば京都人で、主に吹奏楽を書いている作曲家、櫛《くし》田《だ》胅之扶《てつのすけ》である。彼は高橋半につき、日本的というか、ほとんどかつての時代劇映画的な音楽の世界に憧憬を示し、ペンタトニックを赤裸々に使い、師匠よろしく西洋楽器のアンサンブルのなかに日本の打楽器やさらには尺八などを混ぜる編成を好んでいる。彼の音楽には西や高橋の精神と技法のまぎれもない発展がある。

それにしても、その櫛田の作品を朝比奈隆が振ったライヴ録音が残っていて、それがまた朝比奈の大栗裕とカップリングされたとは素敵だ。

東京生まれながら京都帝国大学に学び、以後はすっかり関西の人となった朝比奈の、指揮者としての最初期の重要なキャリアのひとつには、京都楽派のキイ・パーソン、深井史郎の代表作というべき、民族主義というよりアジア主義的な管弦楽曲《ジャワの唄声》の、戦時下における日本交響楽団（現NHK交響楽団）との初演と録音があり、そのSPは朝比奈初の正規発売音盤ともなった。深井との縁には、京都、関西での人脈がなにほどか機能していたろう。朝比奈は戦後、大阪に関西交響楽団を組織して、それすなわち現在の大阪フィルハーモニー交響楽団となるのだけれど、この朝比奈率いる関響は、五〇年代ずっと、京都の松竹、大映、東映の三撮影所の映画音楽録音を請け負うことで、一時は団の収入のなんと半分を得ていた。戦後の京都で、高橋や深井や早坂や伊福部や黛の時代劇音楽を演奏していたのは、長いこと今の大フィルにほかならなかった。そして、関響でホルンを吹き、多くの映画音楽録音に参加し、京都楽派の伝統、あるいは早坂や伊福部のスコアに学び、民族主義的作曲家として立ち、朝比奈が大いに引き立てたのが大栗だった。櫛田、朝比奈、大栗の三人が揃い踏みしたこのディスクは、私に京都楽派への思いを強く呼び覚ます。

民族主義的音楽と時代劇映画と京都という場所。この三つをうまく折り合わせれば、クラシック音楽と大衆娯楽なんて区別の向こうにある文化史の深層がきっと見えてくるだろう。

［二〇〇四年二月号］

5　曖昧なる日本の巨匠

日本美学の真髄はスクリャービンにあり

日本近代ピアノ音楽集だ。ひときわ多く採られたのは山田耕筰の小品。そのなかにはいったいロシアの都でどんな素敵な晩があったのか。耕筰は一九一〇年からベルリンに留学し、その地で日本人として初の本格的交響曲などを書き、一九一三年師走、帰国途中にモスクワに寄った。あとは作曲家自身の言葉を引こう。

《忘れ難きモスコーの夜》(一九一七)も入る。

「雪の烈《はげ》しい晩でした。私は、芸術座の練習所の一室で、友人や芸術愛好者の一団と愉快に語り合つて居りました。その晩でした。私がはじめてスクリアービンの作品を聞いたのは。それを奏《ひ》いたのは同氏を熱愛して居る若い学生でした。私の伯林《ベルリン》で送つた四年がまるで空になつたと思はれた程、私は深い感動を与へられました。永い間云ひ得なかつた自分の言葉を氏から聞かされた様な気がしました。それは作られた声ではありませんでした。溢れ出た声でした」

ようするにスクリャービンに感激したのだ。

その音楽を特徴づけるものといえば、なによりもまず全音音階と神秘和音。全音音階とはむろん、全音の幅で並んだ六音音階で、ドから始めれば、ハ－ニ－ホ－嬰ヘ－嬰ト－嬰イになる。神秘和音は、スクリャービンの創案した、これぞ神秘体験を誘発する和音ということで、ドから積むと、ハ－嬰ヘ－変ロ－ホ－イ－ニだ。増四度と完全四度をほぼ交互にしたかたちだ。あの《法悦の詩》（一九〇八）や《プロメテウス》（一九一〇）の麻薬的な響きは、この和音を使いこんでできている。

耕筰の曲は、そんなスクリャービン風を上手に取りこむ。ジプシー音階を想起させる右手の単旋律で始まるが、すぐに全音音階や神秘和音の片鱗が旋律や和声を浸蝕し、音

1900年　啓《ひら》かれた日本のピアノ
瀧廉太郎／《メヌエット》《憾《うらみ》》、山田耕筰／《夜の詩曲》《忘れ難きモスコーの夜》《青い焔《ほのお》》《春夢》、《ピアノのための「からたちの花」》、信時潔／《譚詩曲《バラード》》、成田為《ため》三《ぞう》／《浜辺の歌変奏曲》、箕作《みつくり》秋《しゅう》吉《きち》／《夜の狂想曲》、菅原明朗《めいろう》／《水煙》、下総皖一《しもふさかんいち》／《パッサカリアと舞曲》、橋本國彦／《三つのピアノ曲》
堀江真理子（p）
［日本伝統文化振興財団　2007年12月］

楽は夢みるようにフワフワゆき、変ロ－ハ－ヘ－トの和音で極まる。この和音の解釈のしようはいろいろあるが、神秘和音を構成する六音を音階化して、ハ－ニ－ホ－嬰ヘ－イ－変ロと並べなおし、そこから一番目と四番目を抜くと、残る四音は耕筰の曲の結びの和音と同じ音程関係になる。神秘和音に必須の完全四度だって、二番目と三番目の音のあいだにちゃんとある。そのうえ二番目と四番目の音は増四度になる。つまり変ロ－ハ－ヘ－トは神秘和音から派生してくるひとつの和音のかたちともみなせるということだ。このように耕筰のピアノ曲は、なかなかにスクリャービン派らしい。一九一七年の作品として尖鋭的だ。

いや、耕筰の同時代性や前衛性を礼賛したいのではなかった。問題はなぜ彼が、同じ一九一〇年代の尖端でも、リヒャルト・シュトラウスやドビュッシーやシェーンベルクではなく、とりわけスクリャービンに惑きわまったかだ。

たとえば耕筰の自伝に次の一節がある。

「我々が、歴史的背景もなく伝統もない純音楽に、いくら努力したところで、我々一代で本物の交響曲を完成しようと望むのは、七歳の子供に分娩《ぶんべん》を求めるのとひとしい」

ベルリンでソナタ形式などを一生懸命に学習して得られた感慨である。たしかに耕筰はかの地で四楽章の堂々たる交響曲を書けはした。しかし、その刻苦の果てに彼は、自分には、いや、おそらく日本人には、主題を設定し、提示・展開・再現というドラマトウルギーに従った音楽を丹念に造型するのは向かないと悟った。なぜなら日本人は理屈で音を組み立てずとも、蛙《かわず》の池に飛び込む音や梵鐘のひと打ちにじゅうぶんな美を感じてしまえるからである。ベートーヴェンのようにコツコツやってアルプスもたまげる山場を築かずとも、手近なこの瞬間にも豊かに満たされうるからである。耕筰は、起点から終点へと起承転結をもって構成される「作られた音楽」への懐疑の念を胸にいだいてベルリンを去った。

「作られた音楽」が嫌なら、どこが起点でどこが終点かはっきりしないまま移ろってゆくような音楽がいいということになるだろう。無秩序で乱暴な表現主義的無調音楽だってそうかもしれない。が、日本人らしい慎《つつし》みのある作曲家には、そんな八方破れは向かなかった。

そういう耕筰がすぐにスクリャービンに出会ったとはできすぎだ。全音音階と神秘和音を基調とするその音楽では、調性音楽を支配する主音（ド）‐属音（ソ）‐下属音（ファ）の引力関係がかなり崩れる。西洋古典音楽における起点や終点の意識とは、つまるところ、この三音のもみ合いから生じるのだから、スクリャービンはその意味で「作られた音楽」を超克する。

日本オペラの真髄は「やおい系」にあり！

しかも、神秘和音が利いている。それは、起点とか終点とかを意識させず、ずっと夢見ごこちで宙ぶらりんになっているための和音だ。発展の喚起とか解決とか終止とかいうことがない。神智学の徒、スクリャービンが、神人合一の境地を表現し、魂が彼岸に行きっぱなしになって陶然となる響きを探究して、ついにみいだした和音なのだから、そう聞こえてあたりまえである。

ようするに神秘和音創出後のスクリャービンの音楽は、山場なし、落ちなし、意味なしの、いわゆる「やおい系」の一種なのだ。起点も終点もなく、かといって無秩序でも八方破れでもなく、短くても長くてもとにかくつねに曖昧模糊《もこ》として本質的に無変化である。「作られた音楽」の逆側に、日本人、山田耕筰の求めた、あらゆる要件を兼ねそなえている。だから彼はモスクワで、「永い間云ひ得なかつた自分の言葉を氏から聞かされた」と感激しきってしまった。

すると、その一夜以来、耕筰はずっとスクリャービニストだったのか。少なくとも音楽語法の面ではそうとはいえない。彼が全音音階や神秘和音を積極的に利用しつつピアノ曲や舞踊音楽を書いたのは、せいぜい一九二〇年ごろまでだろう。それから先の彼は、オペラ作家への転向をはかって、まずは歌曲や童謡にうちこみ、一九二〇年代に《からたちの花》や《この道》を生み出した。《法悦の詩》や《プロメテウス》の後を継ぐ音楽を書きはしなかった。

なんだ、耕筰のスクリャービン信仰は一過性の麻疹《はしか》ていどか。そう思えなくもない。だが、待たれよ。耕筰は表だってはスクリャービンらしい響きから離れたかもしれないが、日本人の共感しうるスクリャービン流の「やおいの美学」はしっかり受け継いだともいえるのではないか。

というのも耕筰が創作の本分とみさだめて世に問うた《あやめ》(一九三一)と《黒船》(一九四〇)の二本のオペラには、どうも「やおい系」の匂いがするのだ。つまりオペラといっても、ワーグナーやシュトラウスのように山場に向かって押してゆかない。物語にはもちろん山場はあるのだが、そこで音楽は盛り上がるどころか逆に脱力するので、全体としてはフラットな印象が強められ、事件が起きているようないないような、曖昧で夢幻的な感じがする。

《あやめ》は、新内の名曲《明烏《あけがらす》》を原作とする遊女浦里《うらざと》と遊び人時次郎の心中物語で、オペラの山場もとうぜん心中の箇所になる。ところが、もしもイタリア歌劇ならコロラトゥーラの金切り声へと至りそうな幕切れの心中場で、耕筰の音楽はむしろ減衰し、歌声もオーケストレーションも、か細くなってしまう。

いっぽう、《黒船》は、幕末の下田を舞台にした芸者と米国領事と攘夷《じょうい》派浪士の三角関係劇で、いくらでも凄絶《せいぜつ》になりうる設定なのに、第一幕では浪士が幕府方に斬りかかろうとするが邪魔が入ってその場はおさまり、第二幕では浪士の意を受けた芸者が領事を暗殺しようとしたら急な雨風で事は起こらずじまい。終幕では浪士が領事を襲おうとすると勅状《ちよくじよう》が来、異人を討つのは天意にあらずというので、攘夷は断念される。台本からして、山場が来そうでなかなか来ない。

それでも最後の最後にようやく山場は訪れる。浪士が天意を酌《く》めなかったことを恥じて切腹する。耕筰はついに音楽的感興を爆発させるか。否。勅状を拝して腹を切る浪士の芝居はだんまり。誰も歌わない。響くのは薄い弦楽だけ。全編のなかで、この山場がもっとも静かなくらいだ。

そして、そこで弦楽の奏でる神秘的コードは、じつは密かな日本の記号になっている。下から変ホ－変ト－変イ－変ロ－変ニと積んでいて、その五音はつまり日本の民謡音階のまんまなのだ。

一九二〇年代以後の耕筰は、神国日本の聖性を音に刻もうというとき、《黒船》にかぎらず、五音音階を垂直に積んだコードをよくもちいた。それが厳《おごそ》かに響くとき、近代的・西洋的な起承転結のある時間は忘却され、瞬間のなかに永遠が立ち現れ、ドラマは凍《い》てつき、梵鐘の音に自足する日本人の相が現れる。そのコードは、スクリャービンの向こうを張る日本的神秘和音だと、やはり作曲家には意識されていたろうか。

耕筰の山場を外す日本的オペラは、スクリャービンの山場を無化する神秘音楽と、やはりどこかつながるように思える。《忘れ難きモスコーの夜》から《黒船》までが一線にとらえられたとき、彼の名は、洋楽史の開拓者とかでなく、西洋の「作られた時間」を超克する曖昧なる日本の巨匠として、新たなオーラに包まれるだろう。

［二〇〇八年四月号］

6　信時楽派が存在する（上）

サムライ・クリスチャン

花岡千春は、すでに信時潔《のぶときぎよし》のピアノ曲だけでCDを編んでいる。今回は、その信時に橋本國彦と畑中良輔を組み合わせた一枚だ。信時の《東北民謡集》のほとんどや橋本の《おばあさん》や畑中の《前奏曲第七番》などなどは、世界初録音だし、そもそも人前でめったに演奏されてこなかった曲だ。貴重である。すでにディスクがあったり、ときおり実演されてきた曲にも、花岡ならではの新解釈がある。橋本の代表的ピアノ曲《三

花林《マルメロ》／雨の道 ── 橋本國彦、信時潔、畑中良輔／ピアノ作品集
畑中良輔／《前奏曲第七番》《花林（マルメロ）》、橋本國彦／《三枚繪》《をどり》《おばあさん》、信時潔／《きえゆく星影》《六つの変奏曲》他
花岡千春（p）
［ベルウッド・レコード　2007年2月］

枚繪》は、近代フランス風のさばけた音楽として、早い曲は明朗闊達《かったつ》に、遅い曲も水彩画風の透明さで弾かれるのが常だったように思うけれど、この花岡の演奏は、けっこう不条理にイネガルで、暗い厚みがあり、深く澱《よど》んだ官能美を湛《たた》えている。鏑木清方《かぶらききよかた》の日本画に触発された連作だが、その感じをはじめてつかまえた演奏かもしれない。

それから、このアルバムのセレクトには、歴史へのまなざしがある。たんなる日本近代ピアノ音楽の寄せ集めではないのだ。信時と橋本と畑中は、そろって東京音楽学校、今の東京芸術大学音楽学部の出身で、しかも師弟関係にある。師匠と弟子と孫弟子だ。花岡は三人をとり合わせることで、信時楽派とでもよぶべきものが存在すると、アピールしているのだろう。そこで、私なりに、その楽派のことを考えたくなった。

信時潔は、一八八七年（明治二〇）の生まれだ。山田耕筰よりも一歳下で、同時期に東京音楽学校で学んでいる。大正から昭和初期の作曲界は「山田・信時時代」ともいわれた。

だが、それは少し不思議だ。山田は、日本最初の交響曲を作り、大正から昭和の初めに《この道》や《からたちの花》や《赤とんぼ》など、今日も人口に膾炙《かいしゃ》する厖大《ぼうだい》な歌を書き上げた。

対して、信時の代表作と目される歌曲集《沙羅《さら》》は一九三六年、「大東亜戦争」の時代を象徴する《海ゆかば》は一九三七年、大作カンタータ《海道東征》は一九四〇年である。昭和でいうと、どれも一〇年代だ。諸井三郎や深井史郎、大澤壽人《おおざわひさと》や伊福部昭といった、はるか年下の作曲家が主要作を世に問う時期と変わらない。その前の時代の信時は、古武士のように質実剛健な作風をすでに示してはいたものの、作品数も多くなければ、山田ほどに有名な曲もなかった。

それなのに、なぜ「山田・信時時代」か。おそらく信時が、すでに大正半ばから、上野の東京音楽学校を背負って立ち、日本の将来の音楽文化を設計する人物と目されていたからだろう。誰もが知る作品はまだなくとも、地位と職責だけで早くも有名だったのである。在野派の代表が山田なら、官の雄が信時ということだ。

そうやって上野の中心に座を占めていったのは、もちろん信時の能力と識見が有無をいわせぬものだったからだろうが、組織内で出世するには、古今東西、それだけでは駄目だ。上の覚えがめでたくなければいけない。つまり、信時に惚れこみ、引きに引いた人物がいる。島崎赤太郎である。信時楽派とは、一代遡《さかのぼ》って島崎楽派とよんでもいいのかもしれない。

島崎はオルガニストで作曲家だ。一八七四年（明治七）に生まれ、東京音楽学校に学び、卒業後、すぐ教官となった。一九〇二年からはまる四年間、病に倒れた瀧廉太郎《たきれんたろう》とちょうど入れ違いに、ライプツィヒに官費留学している。

島崎には、不仲の教官を排斥し、学生の依怙贔屓《えこひいき》も露骨といった「悪名伝説」がついて回っている。東洋音楽学者の田邊尚雄《たなべひさお》は、回顧録に名指しで悪しざまに書いている。なにかしらそう思われてもしかたない部分はあったのだろう。とにかく確かなのは、ライプツィヒでオルガンを学んだ島崎が、バッハを崇敬する厳格なプロテスタント信者で、禁欲的な人格を愛し、そうでない人間を憎んだということである。なにごとも派手で、まだ学生の身でいきなり三菱財閥から援助を引き出しベルリンに個人留学したりする山田耕筰などは、もっとも許せないタイプだったろう。

そんな島崎の気に入る要素のすべてを、つまりは山田と逆のものを、信時はもっていた。信時の父は、士族で牧師で、内村鑑三との交際も深かった吉岡弘毅《こうき》である。武士道とプロテスタンティズムを、禁欲主義や主君（神）に滅私奉公する精神によって、しっかと結びつけ、「文明開化」による価値観の激変期を、士族の誇りをもって耐えぬいた、明治のサムライ・クリスチャンである。信時はそういう親に育てられ、教会で躾《しつ》けられ、清貧を旨とし、賛美歌をうたい、ついに作曲を志した。彼こそは島崎の求める理想の学生だった。だから島崎は信時を自分の後継者に選んだのだろう。信時は、一九一五年の研究科修了とともに母校のスタッフにむかえられた。一九二〇年（大正九）からは二年間、ベルリンに官費留学し、帰国後教授に昇進する。

唱歌対童謡

ところで、信時の庇護者、島崎が、東京音楽学校でなしたいちばんの仕事は何か。「尋常小学唱歌」の編纂《へんさん》である。文部省が上野に委託し、義務教育の末長い音楽教材を定めようという国家的プロジェクトだ。島崎はその事実上の責任者だった。作詞委員の吉丸一昌《かずまさ》や高野辰之《たつゆき》ら、作曲委員の岡野貞一や南能衛《よしえ》らをまとめながら、一九一〇年（明治四三）から一四年（大正三）までかかり、一二〇曲を作った。そのなかには《春の小川》《故郷《ふるさと》》《朧月夜《おぼろづきよ》》《我は海の子》など、日本の歌のスタンダードになるレパートリーが多く含まれている。

が、できあがってみれば、全体としての評判は必ずしもよくなかった。作曲が西洋的・賛美歌的で、日本の伝統を軽視しているともいわれ、やがてその批判は具体的音楽運動となって現れる。一九一八年（大正七）からの童謡運動だ。まじめで堅苦しい唱歌を国に押しつけられるばかりでは子供がかわいそうだから、もっと多情多感な童謡なる新分野を民間から提供しようとの趣旨だった。作曲家としては、本居長世《もとおりながよ》や中山晋平《しんぺい》や弘田龍太郎や成田為三《ためぞう》、やがて山田耕筰も加わった。みな、東京音楽学校出身者で、島崎とは仲の良くなさそうな人々である。

かくして、本居の《七つの子》や《青い眼の人形》、中山の《シャボン玉》や《てるてる坊主》、成田の《かなりや》、弘田の《浜千鳥》や《叱られて》、山田の《赤とんぼ》などなどが、ほんの二三年のうちにできた。日本的な五音音階や民謡風のユリを活用したものがけっこうある。それはそのままで、西洋じみたふしに偏《かたよ》り、民謡やわらべうたを軽んじて、国家百年の計としての「尋常小学唱歌」を定めてしまった島崎赤太郎らへの批判となった。田邊尚雄は、島崎が「文明開化」に純粋培養された明治人の典型で、日本の伝統に無知だったと述懐している。

島崎は、唱歌にけちをつける童謡にいらだったろう。だいたい日本的か西洋的か以前に、島崎は柔弱なものが嫌いなのである。大正の童謡は、新興都市ブルジョア市民層の感傷や郷愁の感覚と結びついている。日本の伝統的音感を用いていても、単純素朴というのとは違う。島崎の好む背筋の伸びた音楽ではない。それは信時も同じだ。しかも島崎や信時は、個人の次元で好き嫌いを考えているわけではない。彼らは官立の上野の学校に在って、近代日本にふさわしい音楽をデザインし確立する使命をになっていたのだ。

島崎の明治の剛直は、西洋の音感に依拠しすぎ、日本をないがしろにしすぎたために、柔弱な大正に思わぬ反撃をくらい、たじろいだ。が、柔弱な文化は長続きしない。そのあとの時代にはふたたび簡素で雄勁《ゆうけい》な音楽が蘇るはずだ。とくに一九二二年（大正一一）にドイツ留学から帰って以後の信時は、そう思っていたろう。なぜなら彼は、ベルリンでリヒャルト・シュトラウスやシュレーカーの肥大しきった音響をさんざん聴いてうんざりし、芸術が神経症的世界に転落していると思い、そこまで墜《お》ちれば、あとは明治の教会に鳴っていた賛美歌のような簡素の美へと反転するのが世の摂理だと確信していたから。単純さへの回帰は、日本のみならず世界の芸術の方向にちがいないというわけだ。

島崎が東京音楽学校を退任したのは一九三〇年（昭和五）である。そのあと、信時は、島崎から託された「尋常小学唱歌」を、若干軌道修正する仕事に励む。島崎の「失敗」を反省し、童謡からいただけるところをいただき、わらべうた風の《一番星みつけた》などの新曲を付け加え、「新訂尋常小学唱歌」を編む。このとき信時を手伝ったのは、彼が上野で育てた、片山頴太郎《えいたろう》、下総皖一《しもふさかんいち》、橋本國彦、長谷川良夫などだった。

それがすむと、信時は、まだ四十代なのに、二十代の若者、橋本に、上野の作曲教育を託して、教授から非常勤講師に退いてしまう。一九三二年（昭和七）のことである。

が、信時は隠居したのではない。学校から解放された彼は、ついにおのれの作曲に精を出し、また、弟子たちを動かして、新しい昭和にふさわしい、簡潔でたくましい日本の音楽を模索しだす。やっと信時楽派の本格始動だ。彼らはいつまで続き、どこまでいったか。

［二〇〇七年六月号］

7 信時楽派が存在する（中）

橋本楽派も存在する

上野の東京音楽学校には、長く作曲科がなかった。作曲は、今の大学院に相当する研究科に上がって、ようやく正規に学べた。音楽をみずから作ることが重要という観念が、この学校の建学精神には欠けていた。作曲は西洋の大家に任せるべきことだった。だから、古くに上野を出た著名な作曲家は、みな学校では作曲以外の専攻があった。山田耕筰は声楽、信時潔はチェロ、本居長世はピアノ、橋本國彦はヴァイオリンである。その情況がついに打破されたのは、一九三二年（昭和七）だ。同年に上野の教授から非常勤講師に退いた信時潔が指導力を発揮し、置き土産のように作曲科設置をはたした。作曲科の牽引《けんいん》役として信時が期待したのは、当時の若手のホープで、信時を敬愛してやまなかった橋本國彦である。彼は、一九三四年から三七年まで、欧米に長期留学したあと、作曲科の主任教授に就任した。それから一九四五年の敗戦までの上野は、橋本時代とよんでさしつかえない。上野の理論教育の本流は、島崎赤太郎から信時、橋本へとつながったわけだ。

だが、音楽性となると、島崎・信時と橋本とでは、えらい違いだ。島崎・信時はあくまで簡潔や質素を尊ぶ。彼らの音の理想は、たとえばやはりプロテスタントの賛美歌である。少ない声部と小編成でこと足れりとする。対して橋本は、洒落《しゃれ》者《もの》の甘いメロディストで、派手好みで新しがりだ。銀座や道頓堀《どうとんぼり》のモダン都市風景の音楽版だ。彼の音の

ファンタジア――小林武史による團伊玖磨弦楽作品集
ソロ・ヴァイオリンとピアノのためのファンタジア第一番、同第二番、同第三番、ヴァイオリンとピアノのためのソナタ他
小林武史（vn、指揮）、コレギウム・ムジクム東京、梅村祐子《ゆうこ》、ヨゼフ・ハーラ（p）
［スリーシェルズ　2007年5月］

理想にはフランス近代の豊潤で官能的な響きがあり、多声部・大編成の作品にも色気たっぷりだ。人間のキャラクターにしてものごとの志向性にしても、島崎と信時の嫌いぬいた、なんでもやりたがりめだちたがる山田耕筰と少し似ているかもしれない。もっとも橋本本人は、信時にならい、山田を軽蔑していたけれど。

そんな橋本のもとからは、戦後音楽の担い手がおおぜい育った。團伊玖磨も芥川也寸志も黛敏郎も矢代秋雄も、橋本の弟子だ。中田喜直や大中恩《めぐみ》や畑中良輔もそうである。クレージーキャッツの座付き作曲家で、《スーダラ節》などを書いた萩原哲晶《ひろあき》だって、橋本の薫陶《くんとう》を受けた。萩原は戦争中、上野の橋本の教室でジャズ和声を習い、それが戦後に役だったと回想している。戦時下は軍歌一色で、ジャズなどは抑圧されていたという戦後的常識は間違いではないけれど、いくさの真っ最中の官立学校で、戦後に「戦争協力者」として母校を追われる作曲科主任教授が、クレージーキャッツを用意する授業を行っていたことは知られてよいだろう。

とにかく橋本のリリシズムやモダニズムは、戦後音楽に深く影響した。黛敏郎は、もう余命いくばくもないとき、「僕の人生は服装から食べ物の嗜好《しこう》まで橋本先生の模倣だった」と、ある演奏家にしみじみ述懐したというが、たしかに黛の、ミュージック・コンクレートや電子音楽にすぐ飛びつく新しがりも、ナショナリストとしてのポーズのとり方も、ジャズ好きもシャンソン好きも、どれも橋本のなぞりといえそうだ。

芥川也寸志は、伊福部昭との関係ばかりで語られがちだけれど、演奏会用作品から映画音楽まで、好んで書いた甘い旋律には、明らかに橋本の影がある。そして、たとえば芥川の出世作《交響管弦楽のための音楽》の第一楽章は、ピエルネ《シダリーズと牧羊神》の〈小牧神の入場〉と似ているが、ピエルネこそは橋本師匠の好みの教材だった。橋本は昭和初期のヴァイオリニスト時代、ピエルネの大作ソナタを持ち曲にもしていた。伊福部ゆずりのオスティナートの向こうに橋本ゆずりの愛くるしいフランス趣味が透けるのが、芥川の音楽という気がする。

このように、多くの橋本の弟子には、たんに習ったというだけでなく、その音楽に師のもち味のなにかしらの刻印がある。フォーレなどに触発された、なまめかしくフランスっぽい畑中良輔の歌曲やピアノ曲も、橋本の圏域内だ。橋本楽派とよべるまとまりがあるのだ。

「表信時」と「裏信時」

ただ、その楽派の存在は戦後ずっと、確かめにくくなっていた。楽派が実りある展開をみせる前に、橋本は戦争中の時局的活動のツケを回され、学校を追放された。そのせいで、まだ就学中の芥川や黛や矢代の師匠が、新任の池内友次郎や伊福部昭に代わり、橋本と戦後派世代のつながりがみえなくなった。おまけに橋本が戦後のどさくさに癌《がん》で逝った。戦争責任を問われた橋本に習ったことを、弟子たちが積極的に言いたがらない時期もあった。そうした理由が重なり、橋本楽派は、池内楽派や伊福部楽派に分割され、忘れられた。黛は、みずから企画していたテレビ番組『題名のない音楽会』で、一九七〇年代半ばから、自分は橋本の愛《まな》弟子だと繰り返し宣言したが、それをまじめに受け止めて黛を語りなおそうとする者も現れなかった。

　そういう陰に隠れた楽派の存在を、そろそろ認知せよと主張するのが、花岡千春の近代日本ピアノ曲集である（50頁）。それは橋本と畑中、それに信時を組ませ、ひとつの系譜の確認を迫っている。

　そうなのだ。橋本は信時の指名で上野に君臨したのであり、その意味で橋本楽派は信時楽派に包摂される。だからこそ花岡のアルバムも、橋本と畑中に信時なのである。だが、理想とする音楽観となると、前述のように信時と橋本には落差がある。信時がモノトナスなら、橋本はカラフルだ。にもかかわらず、橋本は信時こそ本物と思っていた。橋本の弟子でも、黛は《海ゆかば》や《海道東征》を聴くと感動に打ち震える信時ファンであり、畑中は今も信時歌曲の守護神である。ただ、いろいろと派手にやる喜びを知ってしまった彼らは、作曲家としては信時の境地に戻れなくなったようだ。信時の質朴な音楽は、懐かしくも帰りつけない故郷のように、彼らのうしろでただ微笑むのである。

　ということは、東京音楽学校での信時の楽統は橋本に渡されたが、その代ですぐ大きく変質したことになる。しかも、橋本が戦後に失脚し、後任の主任教授に信時とは無関係な池内友次郎が座ったことで、島崎、信時、橋本と続いた本流も、途絶えてしまうかにもみえる。これでは「信時楽派が存在する」と大見得は切りにくい。そういえば私は前節の結びに、信時は一九三二年から弟子たちを動かし、新しい昭和の日本にかなった、簡潔でたくましい音楽作りを模索しはじめたと書いたのではなかったか。ところが、弟子の橋本は、信時を尊敬しつつも、違う傾向を推進したようだ。橋本楽派に信時の理想が直截《ちょくせつ》に継承されているとは、考えにくい。質素をよしとする信時楽派はどこに行った？

じつは信時にとり、橋本は人寄せパンダだったのではないか。才気煥発なハンサム・ボーイの橋本は新設の作曲科をよく盛り上げるにちがいない。「簡潔でたくましい新たな日本音楽」の策源地としての上野の作曲科は、まず存在感を天下に示さなくてはならず、そのための表看板は、戦後の團と芥川と黛を束にしたくらいタレント性あふれる橋本でなくてはならなかった。とにかく、橋本楽派には信時の権威は生きているが、信時の具体的理想は必ずしも浸透していないと思う。

小池一夫原作の漫画『子連れ狼』は、徳川将軍の剣術指南役の柳生《やぎゅう》家が、その存在が公然とめだつ「表柳生」と、隠れているがより実質的な仕事を担当する「裏柳生」にわかれる設定だ。それにならえば「表信時」と「裏信時」があるのだ。むろん、「表信時」

は、花岡の録音した信時から橋本の系譜である。すると「裏信時」は？最晩年の團伊玖磨さんに、横浜の映画館でこんな話を聞いた。團さんは一九四二年に上野の作曲科に入学した。彼には大作志向があった。最初からオペラや交響曲を書きたかった。橋本教授は勝手に好きなものを作ればいいと放任主義だった。ところが「大編成の音楽なんてしょせんこけおどしだ、音楽の真実は二声や三声の簡潔で無駄を殺《そ》ぎ落としたポリフォニーに宿る、みっちり弦楽三重奏曲でも作れ」と要求し、しかたなく書いてゆくと、うるさくしつこく直す教師がいたという。もともと室内楽に興味のなかった團さんは、これで本当に小編成が嫌になった。それで、その教師の指導のもとに仕上げ、戦後に手を入れてあらためて発表した三重奏曲などをついに破棄し、そのあと小編成の本格的作品を長く作れずにいた。そんなトラウマからようやく解放されてできたのが、ヴァイオリンとピアノによる《ファンタジア第一番》（一九七三）で、とても思い出深いのだという。今回のテーマ・ディスクに掲げたものに、それは入っている。

さて、戦争中の東京音楽学校で團に簡潔な音楽の素晴らしさを力説した教師とは誰か。花形教授の橋本のかたわらでめだたずにやっていた彼の名は、下総皖一《しもふさかんいち》である。唱歌《たなばたさま》の作曲者として、あるいは和声や対位法の教科書の著者として、ご存知の方も多いだろう。この下総こそ「裏信時」だ。

［二〇〇七年七月号］

8 信時楽派が存在する（下）

《たなばたさま》とヒンデミット

「ささのはさらさら」で始まる《たなばたさま》という唱歌がある。輪唱するのにもいい。一九四一年に制定された国民学校の音楽教科書用に作られたもので、作曲者は下総《しもふさ》皖一《かんいち》である。

旋律に使われるのは、レミソラシという五つの音。それは雅楽の律音階にあてはまる。といっても、レで始まりながら、最後はレに戻らずにソで終止し、ソの支配力を強く感じさせるので、レミソラシをソラシレミと並べ替えたくもなる。ソラシレミならヨナ抜き長音階だ。長調の音階から四番目と七番目が抜けている。ドとファのシャープを足すとト長調になる。だから《たなばたさま》は、律音階による古い童歌のようでも、ト長調に近い西洋風のようでもある。しかも、二部や三部の輪唱にし、単純素朴なポリフォニーを編むと、座りがよくなる。

坂本龍一／1996
《ゴリラがバナナをくれる日》《Rain》《美貌の青空》《The Last Emperor》《Merry Christmas Mr. Lawrence（『戦場のメリークリスマス』主題曲）》他
エヴァートン・ネルソン（vn）、ジャキス・モレレンバウム（vc）、坂本龍一（p）
［フォーライフミュージック 2007年4月］

そして、この《たなばたさま》にこそ信時楽派の理想とした音楽のひとつの姿があると思う。

いや、少し先走りすぎた。前回は、一九三二年、東京音楽学校に作曲科が新設され、信時潔はそこの中軸に弟子の橋本國彦を据《す》え、みずからは教授から非常勤講師に退いたという話をした。それゆえ、信時は後事を橋本に託したようにもみえる。けれど、おそらく違う。信時の作曲美学は、あくまで簡潔質素をよしとするもので、その継承役を期待されたのは、才人橋本ではなく、その影で地味にしていた下総ではないか。すると、信時から下総に何がどうつながるか。そこに現れるのが《たなばたさま》なのである。

下総は一八九八年に生まれ、東京音楽学校で島崎赤太郎や信時につき、一九二〇年に卒業してから、各地の師範学校などで教え、そのかたわら、長いことずっと、信時に師事しつづけた。

信時は下総に、東京音楽学校教授としての最後の大仕事だった「尋常小学唱歌」の改訂をだいぶん手伝わせた。それが無事にすみ、作曲科も誕生する一九三二年、下総は三四歳にして、ベルリンの高等音楽院に官費留学した。ヒンデミットに学ぶためだ。お膳《ぜん》立《だ》ては信時である。

師はなぜ、愛弟子をヒンデミットの下へ送ったか。明確な理由がある。信時門下の長谷川良夫は、昭和初期の師の教えとして次の四点を記している。第一に、大編成の複雑な音楽はしだいに廃《すた》れる。第二に、今後の音楽は線的・対位法的な方向で簡潔になってゆく。第三に、対位法の根幹は三声体であり、切りつめられた三声部の音楽に未来の一理想がある。第四に、モノクロームな音色でメゾ・フォルテでモデラートでやって聴くに耐えるものが本物の音楽である。

第一点を不思議と感じる向きもあるだろう。複雑化してゆくのが歴史の鉄則ではないのか。しかし、音楽は必ずしもそうではない。ルネサンスの巧緻なポリフォニーのあとに、より簡潔なバロックが来た。一九世紀フランス音楽は巨大編成が売りのベルリオーズから小編成好きのフォーレに向かって成熟したともみなせる。

その種の音楽史的推移を、信時も一九二〇年代のベルリンで実感していた。いっぽうにはR・シュトラウスやシュレーカーの肥大しきった断末魔的音楽がある。もういっぽうにストラヴィンスキーの《兵士の物語》に始まるスリムで小気味よい音楽がある。時代は前者から後者へと切り替わりつつあるのだ。信時はそう確信した。

その判断には、信時個人が明治期に、単旋律かせいぜい二声ていどの賛美歌に真実の美を見出していたこともからむ。また、大編成を探究したロマン派の歩みが和声に偏していたとすれば、それを克服する小編成への志向は、対位法か裸の単旋律に頼るよりほかないとの予測も導かれる。そのへんから、信時の教えの第二点から第四点までも、ほとんど自動的に引き出されるだろう。

とりわけ第四点は興味深い。色気もなにもない音色で、強弱も速度も中庸で、裸でやって映える近代日本の音楽といったら、信時の《海ゆかば》がいちばんだろう。そもそも信時はその譜面をメロディしか書いていない。ピアノ伴奏は他人の手だ。《海ゆかば》は単旋律で完結している。あの曲は第四点のまぎれもない実践例なのだ。

ともかく、そんな理想を抱懐する信時にとり、未来の日本音楽は、いっさいの虚飾を捨て、単声から三声ていどに切りつめられたものでなければならず、信時がそのための範例とみなしたのが、線的書法を特徴とし、「現代のバッハ」の呼び声も高かったヒンデミットなのだった。そこで下総がベルリンに派遣され、二年後帰国すると、信時の意向で上野の教官に任じられ、戦時中には学生の團伊玖磨に三声体の意義を力説し、弦楽三重奏曲を作らせたりすることになる（62頁参照）。

南部民謡と『戦場のメリークリスマス』

だが、以上の物語ではもちろん足りない。信時が求めたのは、たんに少ない声部の欧風即物主義音楽でなく、あくまで近代日本の国民的音楽だ。旋律にはなんらかの日本の刻印が必要だ。バッハやヒンデミットの対位法の流儀にはめても生き、なおかつ日本らしくもある旋律が創造されねばならない。《海ゆかば》では駄目だ。なぜなら、そのふしはまるで西洋賛美歌調だから。

そこで信時が戦時期に発見したのが、岩手県の南部民謡だった。たとえば《南部牛方節》は、ト・変イ・ハ・ニ・変ホという、日本伝統の都節音階に乗っているようだ。ところが、旋律の結びは、中心音と思しきトに行かず、ハで止まり、まるでハが主役とも聞こえるので、もとの音階をハ・ニ・変ホ・ト・変イと並べ替えたくもなる。そうなるとヨナ抜き短音階だ。へと変ロを足すと、ハ短調になる。ゆえに《南部牛方節》は都節音階にもとづく日本の民謡らしくもあるが、ハ短調に近い西洋風のようでもある。こうした南部民謡の音感を応用すれば、東西折衷《せっちゅう》の味がし、ヒンデミット流に処理してもおかしくない旋律が、編み出せるのではないか。

だからこそ信時は南部民謡に執着し、鍵盤独奏のための《東北民謡集》を一九四一年頃に編んだ。前々回のテーマ・ディスクである花岡千春のアルバムに、それは入っている。下総が律音階とヨナ抜き長音階を融通無礙《ゆうずうむげ》にし、しかもバッハやヒンデミットの大好きなカノンのやれる《たなばたさま》を作ったのも、そういう信時の発想や志向に触発されてのものだろう。

するとそのあと、信時楽派の単純質素で味わい深い近代日本音楽確立の夢はどうなったか。信時のそうした音楽の理想は、肥大したロマン派への反発と、賛美歌へのノスタルジーからはぐくまれたといえ、別に戦争の時代と関係づけられなくてもよい。しかし、信時の単旋律歌曲の代表作《海ゆかば》のモノクロームさは、戦時期の「第二の国歌」とされることで、総力戦体制下の国民生活の単純化・簡素化と一体で記憶されてしまった。信時は芸術にとっての普遍的真理として質素の美を説いていたはずなのに、それはよくも悪くも戦争の時代につなぎ止められ、戦後にも通用するアクチュアルな考え方と思われなくなってしまった。《たなばたさま》などの下総の日本風カノンも、複雑さを超克した真の近代日本音楽の究極型というよりも、たんなる教育的作品として扱われた。保守的にせよ前衛的にせよ、信時の美学とは対極にある、凝ったしかけの音楽が戦後の主流でありつづけた。少なくともクラシック・現代音楽の範疇《はんちゅう》では。

だが、信時から下総への流れは、戦後に消え去ったわけではない。下総は東京芸大に自分の後継者として松本民之助《たみのすけ》という人を残した。彼は、ヒンデミットと日本的音感の折衷に凝り、しかも小編成の対位法的音楽に情熱を捧げた、絵に描いたような信時・下総主義者だった。

そして、その延長線上にひとりの作曲家が見つかる。坂本龍一だ。彼は、少年時代から芸大の大学院まで、一貫して松本の弟子だった。しかも坂本の本領は、下総や松本を進化させたような音楽にある。たとえば映画『戦場のメリークリスマス』の主題曲を思い出そう。レから始めれば、レミレラレ、レミレミソミ、レミレラドになる。レミソラドという、律音階の変種のような五音音階がみてとれる。ところが、その次に一種の転調が起きる。尻尾のドから急に一オクターヴ上のドに上がり、レからドに中心音が代わったようになって、その上のドからドシソミと下降するフレーズが響く。この四音はハ長調や南方的五音音階を意識させる。ハ長調というのは四音がドミソと導音のシからできているからで、南方的な五音音階というのはドミソシにファを補うと琉球音階になるからである。

ともかく、坂本の編み出したもっとも有名な旋律は、下総の《たなばたさま》のように、五音音階と七音音階のハイブリッドのように鳴る。しかも坂本の音楽は、この『戦場のメリークリスマス』の主題曲を含め、簡潔に発想されている場合が多い。少しの声部と小人数で充足する。必要に迫られてオーケストラを使うときは、しばしばオーケストレーターを雇う。信時や下総や松本と同様、大規模な編成に興味が薄いのだ。これはもう立派な信時楽派ではないか。

信時楽派は死なず、ただ気づかれないのみ。

［二〇〇七年八月号］

9 「代用の帝国」の逆襲

愉しきかな！ 代用生活

代用という言葉は、かつての日本では、おそらく今よりずっと多く使われていたと思われる。

「文明開化」の時代をむかえた明治の日本は、西洋の制度や科学技術をその初歩から最先端まで、一刻も早くとりいれる必要にせまられた。が、そんな大業は、ほんらい短時間でやれるはずがない。時間を節約するには金をかければいいかもしれないが、その金は、石油かダイヤでも無尽蔵に出てこないかぎり、無事に「文明開化」して「富国」が達成されたあと、やっとたまってくるのが普通だ。よって、急速な「文明開化」とは、どうしても騙《だま》しだまし達成されるものとなる。足りないところは、本物が揃えられるようになるまで、とりあえずはなにか簡易な代用品で、ごまかしごまかしつないでゆくほ

大中寅二《とらじ》リードオルガン曲集&岩浅和子前奏曲（礼拝奏楽のためのリードオルガン曲2）
大中寅二／前奏曲 K. No. 1, 12, 17, 151, 57, 70, 74, 112a, 120, 87, フーゲ K. No. 55, 86
岩浅和子／前奏曲ハ短調
三宮千枝（リード・オルガン）
［ウォーターカラーエンタープライズ　2005年9月］

かないのである。

たとえば、代用教員という言葉がある。正規の教員の代用をする臨時雇い教員、といった意味だ。日本では明治初期、西洋的学校教育制度を立ち上げたが、その制度に合わせ、全国に小学校などを作ってみても、かんじんの教える者が足りない。師範学校でいくら養成しても、人口は増えるいっぽうで、どこまでいっても足りない。学校は、無資格の人間を代用教員として雇わなくては、授業を維持できない。そこで中卒の十代の少年が、いきなり小学校の教壇に立ちもしたのである。石川啄木《たくぼく》も中山晋平も早坂文雄も、みな代用教員だった。日本の近代教育は、代用教員なしではなりたたなかった。

それから代用というと、どうしても第二次大戦期が思い出される。日本は、大正、昭和と、比較的順調に近代化と工業化を達成していったが、豊かな社会を国民全般が実感するまでには、なかなかいたらなかった。そして、ついに大戦争に入ると、生産力の余裕のなさがすっかり露呈した。日本経済は、すぐに軍需で手いっぱいとなり、民需にこたえる余力はなくなった。家庭用金属製品は陶器か木製品で代用されるようになった。革製品も不足したので、西瓜《すいか》の皮で、革靴ならぬ皮靴を作るところまでいった。

代用食という言葉も流布された。農村の働き手が不足し、外米も入りにくくなり、主食の米が、さらには食糧全般が足りなくなってきたので、工夫してなんでも食用にせよというのである。すいとんにはと麦御飯、さつまいも餅にじゃがいもの漬物《つけもの》、さらには、茶殻《ちゃがら》も、おみなえしも、たんぽぽも、あざみも、食べることが奨励《しょうれい》された。

東宝映画はそんな時代に棹《さお》さし、一九四三年に成瀬巳喜男《みきお》監督で『愉《たの》しき哉《かな》人生』という作品を製作した。柳家金語楼《やなぎやきんごろう》扮する謎の男や中村メイコ扮する謎の女の子が、鈴木静一の軽快な音楽に乗って、雑草をおいしい料理に変えたり、観葉植物を眺めて空想するだけで旅行に出かけたのと同じ楽しみを味わう方法を教えたりし、耐乏生活にくさる街の人々を、和《なご》やかに変身させるのだ。ここでの金語楼やメイコは「代用生活による愉しき人生」の啓蒙者なのである。

代用教員から代用食まで。近代日本の歴史は、代用を主題とすることで、かなり語れてしまうだろう。神風特攻隊にしても、爆弾の命中精度を上げるための機械じかけを、人間で代用するものだったと、考えることができる。大日本帝国は「民族耐乏の帝国」

であり、欲する本物をなかなかもてずにいる「代用の帝国」であった。

であるならば、近代日本の音楽史にも、さまざまな代用品の歴史が見つけられるだろう。

たとえばリード・オルガンである。この国は、「文明開化」には西洋音楽教育も欠かせぬと考えた。学校には、唱歌の授業が設けられた。歌を教えるとなると、伴奏楽器も必要である。そこで想定されたのは、やはりピアノだ。しかし、それは高価で、演奏技術の習得も容易ではない。急いで「文明開化」しなくてはならないのに、ピアノを買いそろえ、ピアニストを養成していては、間にあわない。そこで代用楽器が要請された。登場したのは、ピアノよりは演奏が楽で、構造も簡易で、国産化も可能で、価格も安かったリード・オルガンだった。また、明治以来、日本にはキリスト教が大規模に流入し、教会もつぎつぎとできたが、そこにパイプ・オルガンを据《す》えるのは、困難だった。職人を海外から呼ばなくてはいけない。費用も厖大《ぼうだい》だ。すぐにはできない。しかし、ミサをやるにもなににも、楽器は要る。そこでパイプ・オルガンの代用品も、しかたなくリード・オルガンになった。

こうして、明治のうちに、日本の津々浦々にリード・オルガンが普及した。その音色に親しみ、音楽家を志す者も多く出た。おそらく、山田耕筰も信時潔も、そこに含まれるだろう。そしてそのなかには、大中寅二もいた。

代用・イズ・ビューティフル!

大中寅二(一八九六—一九八二)の名は、今日ではなによりもまず、島崎藤村の詩に作曲した《椰子《やし》の実》(一九三六)によって知られているだろう。その子息は、橋本國彦門下で童謡《サッちゃん》などを作った大中恩《めぐみ》である。

寅二は東京に生まれ、少年時代に関西に引っ越し、そのころから一族がプロテスタントに傾倒していったので、寅二も信者となり、中学の年から教会オルガニストをつとめた。もちろん、オルガニストといっても、代用品のリード・オルガンを弾いていたのである。そして、同志社大学の学生時代に本格的な教会音楽家を志し、作曲を学ぼうと東京に出、山田耕筰に師事して、飯田信夫、宮原禎次《ていじ》らと並ぶ、耕筰の側近になった。

やがて大正後期、寅二は、作曲の腕を磨くにはどうしても本場での修業が必要と、ついにドイツに渡り、師匠の耕筰が留学時代についていたカール・レオポルト・ヴォルフに学んだ。この留学時、彼ははじめて、代用品でない本物のオルガンとその演奏に、深く触れたようである。

すると、そのとき、寅二はどうしたろうか。教会音楽家を志す者として、ついに出会えた本物のオルガンに感激し、うちふるえ、代用品にしか育てられなかった日本での音楽生活の貧しさをあらためて呪ったのだろうか。違うのである。寅二は、パイプ・オルガンよりリード・オルガンのほうが魅力的な楽器だと確認したというのだ。本物よりも代用品のほうがいいというのだ。そんなことがあるだろうか。

「代用の帝国」は、痩《や》せ我慢の帝国である。土鍋《どなべ》でお湯を沸かしてひびを入れてしまうよりは、最初から薬罐《やかん》を使いたいし、皮靴より革靴のほうがいいに決まっている。そこを我慢して、帝国はなりたつ。すると、寅二の態度も痩せ我慢なのだろうか。それがどうやらそうでもない。

パイプ・オルガンとリード・オルガンとを比較するまでもなく、代用品とは一般的に本物よりも、簡素で貧弱で小さく侘《わび》しくなにか足りない感じを与えるものだ。だから普通は本物が勝ると考えがちである。ところが、ここに日本の伝統をもちだすと話がひっくり返ってくる。

日本家屋は、西洋人からみれば頼りなさすぎる。なにしろ薄っぺらな木と紙でできているのだ。しかし、そのぶん、自然と密に触れあえて素敵なのかもしれない。日本の伝統的食事は、粗末である。しかし、低カロリーだから、健康にはいいのかもしれない。また、日本人には、箱庭的景観を愛《め》でたがったり、五七五や五七五七七といった短詩型文学に世界のすべてを押しこめようとする美意識がある。とにかく、小さな世界こそが醸《かも》し出せるこまやかな表情と繊細な移ろいに、理想の表現を見出す傾向が、日本人にはあるのだ。大きくて派手で押しつけがましいものは、苦手なのである。そこから時と場合によっては、貧弱な代用品のほうが豪奢《ごうしゃ》な本物よりも価値があるという、逆転の思想も生まれてくるだろう。

大中寅二とは、まさにその逆転の思想の体現者だった。彼は、パイプ・オルガンとは図体ばかり大きく音もやかましすぎ、ニュアンスに欠ける楽器だと言い、対してリード・オルガンとは、パイプ・オルガンにない繊細な弱音を有し、指の加減によって微妙な表情づけもいくらでも可能な、パイプ・オルガンに優る楽器と考えた。寅二のなかでは、代用品は本物に勝ったのである。そして彼は、理想の楽器のために、長きにわたって厖大《ぼうだい》な独奏曲群をしたてていった。それは概して、賛美歌調の旋律を静かに漂わせ、繰り延べてゆくといった性質のものである。そこに聴かれるリード・オルガンの響きは、やはり浅く弱く貧しく単調かもしれない。しかし、それだから、その音楽は、深く強く豊かで複雑な響きのパイプ・オルガンでは表現しえない領域へ、踏みこんでゆけるのだ。その領域とは、やはり清貧という言葉に示される世界なのだろう。

代用品の思想を、痩せ我慢やコンプレックスではなく、つましい日本の美学と織り合わせて、ものの上下を逆転させること。寅二はそれをやれた。それを信じられた。みんなが寅二になったなら、みんなはつましい暮らしと小さな音楽に囲まれて、とても平和になるだろう。

寅二は、日本の生んだ、真にスモール・イズ・ビューティフルな音楽家のひとりである。

［二〇〇五年一二月号］

10　近衛秀麿と「日本的近代」

あのころ、みんな訛ってた

第二次世界大戦までは各国の演奏家に民族的様式の相違が認められたが、戦後、とくに西側の演奏家からはそういう要素は急激に失われ、その原因はアメリカの根無し草型画一文化の遍在化に求められる、といったことを、一九七〇年代に柴田南雄《みなお》がさかんにいった。『レコード芸術』などの音楽雑誌にも柴田のそんな文章が、そのころはよく載っていたと思う。

もちろん、それからさらに四半世紀以上たった今日でもなお、演奏家の性格に民族的相違を発見できなくもない。たとえば、小澤征爾が年をとってきてからのことさらに協調的とみえる指揮ぶりは日本的和の精神の発露だとか、ブーレーズの指揮に年を経るにつれなおさらに感じられるようになった透明で均衡美を重んじる管弦楽の配合法は「明《めい》

ベートーヴェン／ピアノ協奏曲第五番《皇帝》作品七三
園田高弘（p）、近衛《このえ》秀麿《ひでまろ》指揮日本フィルハーモニー交響楽団
［デノン　2005年2月］

晰《せき》ならざるものはフランス語に非《あら》ず」というリヴァロールの至言を継ぐものだとかいったことである。しかしそれは、小澤なら、短い練習時間しかない現代のオーケストラとつきあうには、齋藤秀雄やトスカニーニのようにしごいていられないから、皆多かれ少なかれそうなってきたのだと、ブーレーズなら、近代はすべてを合理的に明晰的に見通し管理しようとする性向を帯びており、音楽の領域でのその典型的な発露こそ彼なのだと、言い換えられもしよう。どっちが絶対的に正しいということでもないけれど、とにかく、民族性に着目すればものごとが見えきるわけでは、もうなくなった。それに、そもそも小澤もブーレーズも、美意識や観念の水準では、日本的とかラテン的といった言葉でその個性の一面を言いあてることはできるだろうが、実際の音の語り口は、すっかりインターナショナルでコスモポリタンである。お国訛《なま》りが演奏そのものに見出される

ことは、まずない。

そう、柴田のいう民族性云々の話は、けっしてなにか抽象的な事柄ではなく、音の実際にお国訛りが表れるか否かという、きわめて具体的で生々しい問題なのである。しかも、別にそれは、ウィーン人がウィンナ・ワルツを演奏するとかいった、本場ものにかぎって表れるのではない。フランス人が普通にベートーヴェンを、ドイツ人が普通にベルリオーズをやろうとしたときにも、いつも出てしまうのが本当の訛りである。

作曲の領域に置き換えてみれば、近代日本なら、明治から第二次大戦中へと、瀧廉太《たきれんた》郎《ろう》や山田耕筰から諸井三郎や小倉朗《ろう》まで、あくまでヨーロッパ的に書こうとした作品の系譜がある。ところが、それがとくに日本の聴き手には、しばしばどこか日本的に感じられる。日本人の作曲家と思うからそう聞こえるのか。違うだろう。瀧でも山田でも、たとえばドレミファソラシドの横にドミソの縦でハ長調らしくしたてているつもりでも、そのなかでドファソドのテトラコードなどがおのずとめだつ音の動きを、なぜか書いてしまう。ヨーロッパ語を喋っているつもりなのに、日本語の訛りが出てしまうのだ。

演奏の訛りとは、それと同じようなことだろう。何を弾いても音のここそこに微妙にお国訛りが表れる。ピアニストや指揮者ならリズムやアーティキュレーションに出やすいだろうし、弦の奏者ならお国ぶりは音程にも反映しやすくなる。たとえば、シゲティのヴァイオリンは音程を一般的感覚より狭めにとりがちである。最近の批評家はそこをつかまえて、シゲティは音程が悪い、下手だという。しかし柴田流にいえば、シゲティの音程感覚はハンガリー語の抑揚《よくよう》のピッチと結びついた民族性の表出にほかならない。それを音程が悪いとかたづけては、シゲティが背景に背負った文化を否定することになる。

とにかく、柴田の時代区分にしたがうと第二次大戦までにできあがった演奏家には、それなりの訛りが発見されやすかった。むろん、訛りばかりが前に立ってはおかしなことになる。シゲティにしたって誰にしたって、世界共通語を喋ろうとして音楽をやるのだ。音楽は国境を越えるのである。しかし、そこにどうしても訛りが入る。標準語と方言の混合の率が、二〇世紀前半の音楽演奏の多様性を支えていたともいえるだろう。

ここでさらにいえば、かつての作曲家は、かなりの場合、自国の演奏家の訛りの入り具合を考慮して譜面をリアライズしていた。こう書けば、音価やアクセントはおのずとこうとるという暗黙の了解がはばをきかせていた。お国訛りを前提に明文化しないですます慣習法の世界である。が、第二次大戦後は慣習法が急速に崩れたので、二〇世紀前半の音楽ですら、オーセンティックな演奏術がわからなくなっている場合が多い。こうした問題は、ピリオド奏法なる概念の普及のせいで最近は前期ロマン派の音楽くらいまではあたりまえのように吟味されているが、じつは同じ問題が、バルトークでもプーランクでも、日本なら諸井三郎や伊福部昭くらいにまでは確実にある。そういうレパートリーの最近の演奏は、技術的にはたしかに昔より上手く感じられる。が、音楽は上手い下手だけではない。今日、上手いとされる演奏は、だいたいかつては音楽に必要と考えられていた灰汁《あく》や濁《にご》りや慣習法を除《の》けた上に成立している。そうして挟雑物《きようざつぶつ》がなくなれば、いかにもスッキリと磨かれて、上手くみえる。が、それは、昔の鈴木ヒロミツの歌の文句を借りれば「でもなにかが違う」のである。

今では、みんな訛らない

さて、園田高弘の追悼《ついとう》のため復刻された《皇帝》のことだ。一九七〇年に録音されたこのディスクで園田と共演するのは、最晩年の近衛《このえ》秀麿《ひでまろ》である。園田は父・園田清秀やレオ・シロタに戦前・戦中のうちにかなり仕込まれているとはいえ、演奏歴からいえば純然たる戦後派で、戦後のさらなる研鑽《けんさん》によりいちだんと花開いた人だ。彼は、日本語の訛りが身につかないのがあたりまえになった、柴田いうところのアメリカ化した世界を生きることで、コスモポリタンの音楽をやるようになった最初の世代に属する。いっぽう、近衛は、第二次大戦前までの民族の相違による演奏の多様性を、日本代表としてになっていた音楽家のひとりとなろう。つまり、この《皇帝》は、訛りのない新世代と訛りのある旧世代の共演であり、それすなわち、第二次大戦による文化の変容、そこに生じた亀裂を記録するディスクなのである。バレンボイムとクレンペラーとか、海の向こうならその種の共演盤は山ほどあるが、日本では珍しい。

すると、訛りのない園田に対する近衛の訛りとは、具体的には何なのか。それは近衛の場合、なによりもリズム感だろう。彼の指揮には独特なリズムの伸縮がある。二拍子系なら、心持ち前拍が長く、後拍が短い。これがおそらくシゲティの音程に相当する民族的訛りなのだ。日本人の身体には、古来、二拍子がしみついてきた。その二拍子は前後が行進曲のように等価ではない。鋤鍬《すきくわ》を振るう農耕の二拍子だ。ウントコ・サとかヤットコ・サとかドッコイ・ショとか。前が長めで後ろが短めなのである。もちろん、農耕は欧米人だってする。しかし西洋クラシック音楽は本場では工業化・都市化・機械化の歴史と一緒に発達してきたのだ。クラシックはメトロノームとともに、である。対して後発近代国の日本は、民族のリズムをメトロノーム的な等価リズムに馴化《じゅんか》させるのに、かなりの時間を要した。早い話が、日本人は西洋人のように等価リズムで行進しようとしても、明治、大正どころか、昭和になってもイチ・ニッといかず、オイッチ・ニッと前が少し長かったのである。近衛の棒はまさしくこのリズムをもっていて、それが日本人指揮者としての訛り、味わいを生んでいた。

では彼は、この微妙に不均等なリズム感を、棒でどう表現したのか。私は生まれてきたのが遅かったので近衛の実演に接したことはないけれど、ＤＶＤで観るかぎり、その指揮は下から振り上げる楕円《だえん》運動が基本のようである。イチ・ニッと分けて刻むのではなく、伸び上がって落ちるひとつの運動だ。拍をどこで切るかは微妙になる。しかも、上がるのと下がるのでは、重力に逆らって上がるほうが長めになるのが自然の理だ。よってその振り方は曖昧な日本的二拍子を的確に表現する。とはいえ、近衛はおそらく日本的に指揮しようと努力して、そんな振り方をしたのではないだろう。彼はフルトヴェングラーにじかに接し、そのテクニックに触発された人なのだ。かの大巨匠の、下から出て起点のはっきりせぬ棒と、そこから生まれる、メトロノーム的世界へのアンチテーゼとしての表現主義的音楽こそを、近衛はこれからのクラシック音楽の正道と確信し、それと日本人の自然なリズム感をおのずと宥和《ゆうわ》させてゆき、みずからの芸風ができてしまったのである。かくのごとく近衛は、ヨーロッパ語と日本語を混合させたのだった。

そんな近衛の棒は、今日的感覚でいえば、シゲティの音程と同じで、妙な癖のついた下手な演奏といわれかねない。が、それを下手と思う意識と、その意識を作り上げた、柴田のよぶアメリカ的な世界とが、演奏の多様性を失わせ、クラシック音楽を上手いだけのつまらない代物にしてきたというのもたしかだろう。でなければ、ヒストリカル録音ばかりがこんなに出るものか。

［二〇〇五年五月号］

11 齋藤秀雄の不幸

齋藤秀雄と東京モダン

近衛《このえ》秀麿《ひでまろ》が一九三三年、手兵の新交響楽団（現NHK交響楽団）を振り、スッペの《詩人と農夫》序曲をSPにしていて、その演奏は例の前半にあるチェロの独奏がまこと生真面目かつ几帳面であるがゆえに印象的なのだが、はて、それは誰が弾いているのか。クリストファー・野沢氏のご教示によると、当時の新響首席奏者、齋藤秀雄なのだという。しかもこれが彼のまとまった独奏が聴ける最初で最後の正規録音になるようだ。ともかくそのおかげで、日本が国際連盟を脱退した年には、彼のチェリストとしての芸風がすでにじゅうぶんにできあがっていたらしいとわかる。

では、演奏家・齋藤のもうひとつの顔、指揮者としての録音はいつごろまで遡《さかのぼ》れるのだろう？　彼が本格的に指揮を始めたのは一九二八年と思われるが、たとえばそれから四年後、つまり《詩人と農夫》録音の前年、彼が新響を振った音が残っている。といってもそれはレコードではない。映画のサウンドトラックだ。その年、諸外国に日本の現在を紹介すべく文部省肝煎《きもい》りで企画された一本として『東京（活動する東京と静かな東京）』という二十分強の記録映画ができたのだが、その音声部分は効果音や語りを伴わず、全篇、フル・オーケストラによるオリジナルな音楽で埋められていて、その作曲が諸井三郎、演奏は齋藤と新響なのだ。

一九二七年、ルットマンがベルリンの朝から夜までをスタイリッシュにコラージュした『大都会交響楽』を発表し、これが都市記録芸術映画とでもよぶべき分野を切り拓いた。近代都市の、メカニックで機能性に徹し古めかしいものをひたすら排除してゆく三次元の姿を、二次元の銀幕上に快適なリズムと歯切れよいモンタージュで置換してみせること。それが世界の映像作家の課題となり『大都会交響楽』が一九二九年に作られ、

ムソルグスキー／組曲《展覧会の絵》（ラヴェル編）、J・シュトラウス二世／《皇帝円舞曲》
斎藤秀雄指揮新日本フィルハーモニー交響楽団
［TOKYO-FM　2003年8月］

三三年にはソ連のスタッフが日本の首都を撮りまくった『大東京』が山田耕筰の音楽を得て完成した。そして諸井と齋藤がかかわった『東京』も、そうした映画史的潮流に乗っている。

『東京』は『大都会交響楽』同様、都会の二十四時間を描く。朝、目覚めが急速に訪れ、ラッシュ・アワーになり、工場に労働者が殺到し、機械が回り、オフィスが賑々しくなり、夜にはネオン街へ群衆が吐きだされる。人々は一日中、せわしなく行き交う。昼休みのひとときだって一刻も無駄にすまじと懸命に蕎麦《そば》を流し込む。そんな映像に諸井三郎の作曲は完全に密着する。皆が蕎麦を勢いよく食べれば、音楽も急速なスケルツァンドでつるつる行く。そのスタイルは、諸井の一九三一年の未完成交響曲から三三年の交響曲第一番、三八年の第二番へとつながる、ヒンデミットにも近い力動感あるポリフォニーを基調としている。そして演奏はというと、じつに機能的で、映画と作曲の傾向によく適合する。オーケストラの技巧はやや拙《つたな》いけれど、齋藤の棒が澱《よど》みなくイン・テンポで押しまくり、映画のリズムをビジネス・ライクに際立たせる。その流儀は美術や文学や演劇で云うところの都市モダニズムとまぎれもなく共振している。そういう弾き方・振り方は、音楽の領域では即物主義とよばれてきた範疇《はんちゆう》に属すだろう。

ジャパン・アズ・ナンバー1？

即物主義は、ロマン主義や表現主義といった情の勝った音楽のありようと縁を切り、より客観的に非情にやろうじゃないかという行き方の総称だ。その出現は音楽史固有の展開としても把握できるいっぽう、それが第一次大戦後・ロシア革命後に急激に世界を席捲《せっけん》したことから推察されるごとく、戦車や飛行機や摩天楼や共産主義の世だというのに、今さら前近代的情念にしがみつき、歴史の澱《おり》を懐かしんでいる場合でもあるまいという、その時代ならではの気分とも深く関連している。そうした意味で音楽の即物主義と都市モダニズムは親密な兄弟だ。ストラヴィンスキーやヒンデミットを特徴づける格子状の伴奏音型の執拗な繰り返しは、古典派やバロックへの憧憬であると同時にハードボイルドな都市や工場のリズムの模倣でもある。その冷酷さを前にして、手垢《てあか》にまみれた伝統の微妙な味わいなんて退場するほかない。曖昧さの介在の余地なき合理性とか、一点の曇りなくマニュアル化可能な技術とかが、今後ますます世界を覆いつくしてゆくだろうというのが、都市モダニズムと即物主義の信念だった。

齋藤秀雄はまぎれもなくそんな時代の子供である。大都市、東京のまっただ中で生まれ育った彼が、ベルリンとライプツィヒへ留学したのは一九二三年から『大都会交響楽』の作られた二七年までで、さらに彼は三〇年から三二年にかけ、ベルリンに二度目の留学もした。それにしてもこの二度目から戻ってきてすぐの仕事が都市モダニズム映画『東京』のための音楽録音だったとは象徴的である。その『東京』と《詩人と農夫》の演奏ぶりからいっても、やはり彼こそは、戦間期日本の生んだ即物主義的演奏家の代表なのだ。三六年、ユダヤ人であるがゆえにナチに追われ東京に来、新響の常任となったベルリン仕込みの大いに即物的な指揮者ヨーゼフ・ローゼンシュトックへの、齋藤の徹底した傾倒ぶりも、それを駄目押しする。また、彼がチェリストとしても指揮者としてもこれまた即物的なヒンデミットを熱心に紹介したことも、ここで思い出されておいてよいだろう。

ところで、ならば齋藤は、そうした時代の価値観にひたすら忠実に振る舞いつつ、あくまで演奏家として生涯をまっとうしてもよかったはずだ。オーケストラやレコード会社に恵まれれば、日本のセルかライナーのごとく振る舞えたかもしれない。けれど彼はそうしなかった。彼は演奏家個人の芸の完遂より日本音楽界の将来のため教育に時間を割くことを優先させた。なぜなら、もし第一次大戦後に勃興した即物主義がモダニスティックな近代文明に最もふさわしい音楽の潮流として長くグローバル・スタンダードになってゆくとすれば、クラシック音楽後進国の日本にも大きな機会が訪れるからだ。クラシック音楽が一九世紀までの積み重ねを尊重し、伝統の深い陰翳《いんえい》、音程やリズムの取り方の微妙なさじ加減をきわめ味わいつくすほうへとひたすらゆくのなら、伝統なき日本人にはいつまでもハンディがつきまとい、彼我の懸隔は容易には埋まらない。が、モダニズムの伝統破壊が陰翳もさじ加減も吹き飛ばし、非情な機能性・合理性・技術性に支配された演奏が新たな普遍となるなら、手先が器用で小技に優れると折り紙のつく日本人がいっきにクラシック音楽の王座を占める目も出るのだ。とすれば日本人演奏家として即物主義の先端に立つ齋藤には日本楽壇全体への教育者的使命がのしかかってくる。かくて齋藤は、不動のイン・テンポ演奏を可能とすべく絶対テンポを習得させるとか、耳による微妙なさじ加減なんぞ後回しで指板に直接ポジションの目印をつけ弦楽器の音程をとらせてしまうとか、とにかくそれに従えば即物主義的な美意識に立っての最上級の演奏が最短即座に可能となるような音楽教育のメソードを考案し実践していった。

その結果、齋藤の名はたしかに偉大な教育者として日本音楽史に刻まれた。けれど、愛弟子の小澤征爾やサイトウ・キネン・オーケストラが、齋藤の理想とした演奏様式を継承しているとはいい難いだろう。なぜなら、齋藤の担った戦間期的価値観は、けっきょく、二〇世紀後半において、ある種、行きすぎ、大切なものを切り捨てすぎたとされ、長く時代を制すべき思想から相対的に存在する一陣営ていどに格下げされてしまい、齋藤の弟子たちは各人各様の軌道修正を迫られていったから。それに伴い齋藤の教育法も、最高の演奏を保証するメソードというより、客観的演奏を心掛けるための大事な基礎というくらいに成り下がってしまった。

そのような時の推移は、やはり齋藤の当初の思惑からは外れていたと思う。彼は即物主義に時代を超えた真理を見すぎた。しかしそのことは、齋藤が戦間期的モダニズムを最高に具現した日本人音楽家と断言することへのなんの妨げにもならない。ウィンナ・ワルツの古めかしい情趣をギリギリまで殺《そ》いだ《皇帝円舞曲》。ドライに硬直しきり、とくに〈殻をつけたひなどりのバレエ〉のメカニカルな雰囲気などたまらぬ《展覧会の絵》。逝《ゆ》く半年前に遺されたこのライヴは、日本の音楽史にもセルやライナーに相当する演奏様式を身につけた大指揮者がいたということを永遠に語り伝えるだろう。そして後の世の音楽ファンのなかには、教えてばかりおらずに、もっとたくさんこうしたどぎつい演奏を録音しておいてくれればよかったのにと、惜しむ者もあるかもしれない。

［二〇〇三年一一月号］

12　橋本國彦の懺悔

天才ヴァイオリニスト、橋本

朝比奈隆ははじめヴァイオリニストだった。彼は京都帝大時代にメッテルの指揮する同校のオーケストラでその楽器を弾き、メッテルの勧めでさらに腕を磨こうとモギレフスキーらに師事して、ついに本職として起つにいたった。

といってももちろん、彼は大学で初めてヴァイオリンに触ったのではない。もしそんなありさまなら、グラズノフの弟子メッテルにとくに目をかけられるはずもない。朝比奈はすでに東京高校時代、この楽器の基礎を固めていたのだ。なにしろ彼はそのころ、「東京音楽学校創立以来の天才ヴァイオリニスト」（朝比奈の言）に個人レッスンを受けていたというから。その人の名を橋本國彦という。

橋本は《お菓子と娘》や《母の歌》の作曲家として知られ、本人も中学からその道を志し東京音楽学校に進んだ。が、橋本の入学した大正期、この日本における音楽の最高

ファイン・デュオ／日本の響 Vol. 3　妖精の距離／沼田園子＆蓼沼明美　ファイン・デュオ――よみがえる日本の小品集
橋本國彦／《サラバンドの面影》、《吉田御殿》から〈侍女の舞〉、吉松隆／《プレイアデス舞曲集第二集》より、山田耕筰／《アレグレット・ブリランテ》、瀧《たき》廉太郎／《荒城の月》（山田耕筰編）他
ファイン・デュオ／（沼田園子〔vn〕、蓼沼明美〔p〕）
［カメラータ　2002年2月］

学府には作曲科がなかった。作曲志望の学生は楽器などを専攻しつつ勝手に勉強していた。たとえば山田耕筰は声楽、本居長世はピアノが学校での専攻。そして橋本はヴァイオリンだった。彼は幸田露伴や延《のぶ》の妹で日本ヴァイオリン界の創始者といっていい安藤幸《こう》につき、めきめき上達し、昭和初頭には演奏家としても一家をなす勢いだった。《ドナウ河の漣《さざなみ》》やらを録音してもいて、これはすこぶる端正なよいもの。よって先の朝比奈の評言はけっして大げさでもない。

そんな橋本は、当然ながら日本ヴァイオリン音楽の草分けのひとりともなり、一九二四年（大正一三）の《ガヴォット》を皮切りに、いくつかの小品を作曲している（ヴァイオリン協奏曲があったともいうが未確認）。

しかしそれらの作品群は戦後長く忘れられてきた。いや、そもそもSP時代から録音がなかった。よってファイン・デュオによる《サラバンドの面影》（一九二六）と《侍女の舞》（一九三二）はじつにありがたい。これで前者の擬古典的優雅さと後者の日本的哀調がようやくいつでも味わえるようになった。

ところで《侍女の舞》のことである。この四分ほどの作品は舞踊音楽《吉田御殿》からの編作とされている。《吉田御殿》は初代花柳寿美《はなやぎすみ》が主宰していた曙会が三一年に初演したオーケストラ伴奏による創作日本舞踊であり、その作曲を橋本が担当したのだ。曙会は現在も存続していて、《吉田御殿》は今もほんのときおりだが舞台にかかる。

私は二十年ほど前、渋谷の今はなき東横ホールの日舞の会でたまたまそれを観た。千姫が色に狂い御殿に色男をつぎつぎと招き入れては殺す話で、侍女の踊り、武者の踊り、色男と千姫のからみなどが続いてゆく。音楽はテープだったがなるほどオーケストラで、ちゃんと橋本のオリジナルという。こんな珍しいものが聴けるとは！　大喜びした。

しかし後日、そこから編作されたはずのヴァイオリン曲《侍女の舞》の楽譜と出会い首をかしげた。東横ホールで聴いた《吉田御殿》の〈侍女の舞〉と雰囲気は似るが違う曲なのだ。それからさらにしばらく経ちまた不思議なことがあった。ある日本のピアノ曲の楽譜集に矢代秋雄の《荒武者の踊り》というバーバルな小品が入っていたのだが、その但《ただ》し書には舞踊音楽《吉田御殿》より編作とあり、内容ときたら私が橋本作曲として聴いた《吉田御殿》の〈荒武者の踊り〉と同じだった。これはいったい？　謎は関係者に取材して解けた。

《吉田御殿》は二つある

さて、時は大正。モダナイズされてゆく都会の中で、若い日本舞踊家たちは危機感にとらわれた。三味線伴奏でチントンシャンと踊っていては時代に取り残されるのでは？ここに登場したのが藤蔭《ふじかげ》静枝だ。彼女は藤蔭会《とういんかい》を率い、大正末期から戦時期にかけオネゲルの《パシフィック二三一》やらで踊り、またつぎつぎと西洋音楽畑の作曲家に新作を委嘱し、小松平五郎の《蛇身厭離《おんり》》、松平頼則《よりつね》の《富士縁起》（コノハナサクヤ姫が主役）、小船幸次郎の《立正安国》（日蓮が主役）、石井五郎の《大日輪》（以上すべて管弦楽）、大木正夫の《旱魃《かんばつ》と豪雨・飢》（合唱と打楽器合奏）などなどが生まれた。

そして橋本を日舞の世界に招き寄せたのも藤蔭静枝。すなわち橋本は二七年の藤蔭会公演のため管弦楽用舞踊曲《ヒドランゲア・オタクサ》（シーボルトの愛妾《あいしょう》、お滝の話）と《幻術師ヤーヤ》（老婆が踊るうち若返り美女になる話）を書き下ろしたのだ。それからしばらく橋本と藤蔭会との蜜月時代が続く。

そのころ、日舞界には静枝の活躍に刺激され、やはり新傾向の舞踊をめざす西崎緑の若葉会、花柳寿美の曙会などが生まれ、やがて橋本は藤蔭会よりも、曙会と組むようになる。その最初の成果が三一年の《吉田御殿》なのであり、これは大好評を博し、気をよくした橋本は翌三二年に羽衣伝説による《天女と漁夫》（管弦楽）を、三四年に印象派的な《三枚繪》（ピアノ）を重ねて寿美に提供し、橋本の舞踊音楽作曲家としての声望もいよいよ高まった。

が、ここで橋本は文部省から欧州留学を命ぜられる。そして三七年に帰国してあとはもう東京音楽学校教官として「時局的作曲」に邁進《まいしん》するのみとなる。皇紀二六〇〇年の交響曲、山本五十六《いそろく》追悼カンタータ、《大日本の歌》《学徒進軍歌》《勝ち抜く僕ら少国民》……。彼は日本の勝利を信じてあまりに活躍しすぎ、戦争が終わってみれば排除されるべき「前時代の亡霊」になっていた。彼は母校を追い出され、その鎌倉の家になお彼を慕《した》い寄りつく者は、戦時中からの愛弟子《まなでし》、黛敏郎と矢代秋雄の二人くらいだったともいう。

そのころ、花柳寿美は東京の廃墟の中でもういちど、代表作の《吉田御殿》を踊り、出直したいと思っていた。が、ただひとつあった楽譜は空襲で焼けていた。思い悩むうち寿美は四七年二月、四四歳の若さで急逝《きゅうせい》する。残された一門は師の遺志を継ぎ《吉田御殿》の蘇演をはかり、橋本に再作曲を依頼。けれど彼は拒否した。その時の台詞がい い。「吉田御殿は若い侍がいっぱい死ぬでしょう。僕はもう若い人が死ぬ音楽を二度と書けないんです」。しかし曙会は諦めない。そこでしかたなく橋本は矢代を推挙した。曙会の踊り手にはもちろん、戦前《吉田御殿》に出演した者がいっぱい残っている。彼らは曲を口三味線で稽古していたから旋律やリズムは曖昧ではあるがひととおり覚えており、それを一生懸命、矢代に伝え、矢代はその口三味線をもとに半ば新作として管弦楽用舞踊曲《吉田御殿》を再創造し、四九年に完成した。矢代にとってそれはほとんど自作といってよいものだったから、彼はその中より〈荒武者の踊り〉を切り離し、ピアノ曲にしてみずからの名で発表した。対して曙会のほうはあくまで橋本の作品を復元してもらったつもりなので、今も橋本名義で踊りつづけている。まあ、それが真相である。

矢代が「若い人が死ぬ」《吉田御殿》の「復元」に励んでいたころ、橋本は戦後の彼の最高傑作とすべき、悔悟と懺悔《ざんげ》の心に満ちた、バリトン独唱と管弦楽のための《三つの和讃》を書き上げ、四九年、胃癌で逝《い》った。享年四十六。矢代と黛は葬式に来て泣いた。

というわけで三一年の《吉田御殿》オリジナル版を今に正しく伝えるのはヴァイオリン曲《侍女の舞》のみ。この哀しげな舞曲を聴き、昭和初期の新作日本舞踊黄金時代や、その後の人がたくさん死んだ時代に思いをはせるのも悪くないだろう。［二〇〇二年五月号］

13　幻の作曲私塾

恐るべき呉泰次郎

カルチエラタンに赤軍派……。学生反乱の季節だった一九六〇年代末の日本での流行歌に、新谷のり子のうたう《フランシーヌの場合》というのがあった。シャンソン調の洒落たもので、てっきり翻訳ものかと思ったほどだが、じつは作詞も作曲も日本人のオリジナルだった。それから七〇年代にはやったCMソングに、「牛丼ひとすじ」と唸ってから二拍合の手が入り、「八〇年！」とがなり立てて決める奴があった。これは今でも使われているかもしれない。

さて、このいっけんかけ離れた二つの歌には共通点がある。じつは作曲者が同じなのだ。その名は郷伍郎。そして彼は、イーゴリとスーリマの両ストラヴィンスキー、渡辺浦人《うらと》と岳夫《たけお》、宮川泰《ひろし》と彬良《あきら》などと同じく親子二代の作曲家である。ではその郷伍郎の父とは？　その人こそ呉《ごう》泰次郎にほかならない。

呉泰次郎（一九〇七—七一）は日本近代音楽史に重要な足跡を残しながら、今日ではすっかり忘れられ気味になっている。日露戦争直後に旧満洲は大連の資産家の息子として生まれた呉は、少年期からピアノとチェロと作曲を学び、十代後半になって、叔父で『食道楽』を書き日本におけるグルメ文学の開拓者となった小説家、村井弦斎を頼り、

金井喜久子／《母と子の沖縄のうた》、交響曲第一番ハ短調
金井喜久子指揮中央交響楽団（現東京フィル）
［キング　2000年4月］

大連から上京。東京音楽学校で信時潔《のぶとききよし》とクラウス・プリングスハイムに師事した。そして彼は日本でおそらく最初に本格的なヴァイオリン協奏曲を書いた作曲家となり（一九三五年の第一番イ短調）、また三九年には《主題と変奏》が、フェリックス・ワインガルトナーの主催し、彼みずから審査にあたった日本人作曲家向け管弦楽作品コンクール、ワインガルトナー賞で、早坂文雄《古代の舞曲》、箕作《みつくり》秋吉の小交響曲、尾高尚忠《ひさただ》《日本組曲》、大木正夫《夜の瞑想》と《五つのお話》とともに最高位で入賞し、作曲家としての地歩を固めた。その受賞作はポリドールからSPにもなった。

呉の作風は、生まれ育った中国、あるいは日本の民族的要素も一部取り入れているが、基本的にはドイツ・ロマン派の影響が強く、創作分野としてもドイツ音楽の影響を受けて交響曲を重んじ、番号付きのそれを八つか、もしかしてそれ以上作った。そのうち第五番から第八番までにはそれぞれ《日本》《亜細亜《アジア》》《祖国》《長城万里》という標題が付され、第六番《亜細亜》ならその三楽章は、これまたそれぞれ〈インドの仏陀〉〈日本のさくら〉〈蒙古《もうこ》の成吉思汗《ジンギスカン》〉というタイトルを有している。その他の主要作品としては、ワーグナーばりに上演に四時間も要する歌劇《ロサリア夫人》、ピアノ協奏曲第三番《英雄の生涯》、ヴァイオリン協奏曲第三番《花》、《チェロと木魚と管弦楽のための一章》、管弦楽序曲《天山南路を越えて》、交響詩《ブラジル》などなど。このように呉はなかなか大作志向の管弦楽作家なのである。

　そしてそんな作曲の業績の他に、呉を語るうえで忘れてならないのは、作曲教育者としてのまことにユニークきわまる活動だ。たとえば朝日新聞の創業者、村山龍平の孫娘で、大阪国際フェスティヴァルの運営などに活躍した村山未知（美知子）と團伊玖磨《だんいくま》の対談を読むと、こんなくだりにぶつかる。

團　小さいときから音楽がお好きだったでしょう。
村山　はい、好きでした。
團　ご姉妹とも作曲なさいましたね。
村山　はい、おもちゃみたいな作曲。
團　いや、ぼくは演奏うかがいました。中央交響楽団〔現東京フィル〕を指揮なさるのも日比谷でうかがいました。
村山　ああ、まあ、恥ずかしい。
團　ガッチリしたオーケストラの曲があったのと、それから歌をお書きになったでしょう。昭和十四、五年ですね。
（團伊玖磨『かんづぁせいしょん・たいむ――團伊玖磨音楽的対話集』音楽之友社、一九六九年）

ちょっとビックリする内容ではないか。戦前に、たぶんまだ十代かそこらの少女が、日比谷公会堂で自作のオーケストラ曲をプロ・オケを指揮して披露するなんて……。じつはここに呉泰次郎が関係している。

呉は東京音楽学校を卒業後、しばらく母校の選科で教えていたが、やがて学校と衝突してやめ、以後はみずから開いた音楽私塾での教育活動に力をつくすようになった。しかもその塾のカリキュラムは、ピアノやらの手ほどきなんてところにとどまってはいなかった。その内容は音楽理論、指揮法、作曲法、管弦楽法にまでおよび、さらに彼は生徒に、それらの勉強の成果を集約するにかっこうの作業として、彼の傾倒するドイツ・ロマン派の流儀に従っての交響曲や協奏曲などの制作を求めたのである。もちろん楽式、和声、オーケストレーション……、場合によってはさまざまな面で師の呉が補助することはあったろうが、とにかく生徒は建前としてはあくまで自力でシンフォニーやらを作ったのだ。まさに恐るべき私塾！　今日ですらそんなことをやっている音楽教室なんてめったにあるまい。

しかも呉は生徒に作曲させるだけでなく、昭和一二年からしばらく毎年、日比谷公会堂で発表会を開き、生徒のオーケストラ曲をまとめて初演させていた。村山未知やその妹の富美子は、この呉の塾の生徒だった。團伊玖磨は日比谷での呉門下の発表会に行って、彼女らの作品を聴いたというわけなのだ。

驚くべき一九四〇年日比谷公会堂ライヴ

　では、呉の指導のもとに作られていた交響曲などなどとは、いったい実際どんな代物か。その音による証拠が、何を隠そう金井喜久子自作自演による交響曲第一番ハ短調のCDなのである。

　金井（一九〇六―八六）は宮古島出身で、琉球伝統音楽と西洋クラシック音楽とを融合させることを夢見て作曲を志し、一九三三年に東京音楽学校に入学。呉泰次郎、および下総皖一《しもふさかんいち》に師事して、卒業後も呉の塾で学びつづけ、また尾高尚忠や平尾貴四男《きしお》にもついた。そして三七年には琉球風の民謡歌曲《木ヤリ唄》を書き、四〇年前後には《琉球舞踊組曲》《琉球の印象》といった管弦楽曲を創作するまでになって、その路線は戦後の交響曲第二番や歌劇《沖縄物語》などへと連なってゆく。

　が、そういう琉球民族主義を志向する金井にも、師の呉はドイツ的な交響曲の創作を課した。それで、金井がまったく琉球色を排除して呉の音楽観に従い作り上げたのがこの交響曲第一番となる。それは急緩急の三楽章からなり、メンデルスゾーンあたりを思わせる堂々たる仕上がりだ。この作品がもし呉の塾生たちによる創作の一般的水準を示しているとすれば、彼の教室はやはり捨てたものではなかったらしい。しかもその金井の曲は、日本の女性作曲家の手になる本格的交響曲第一号といってさしつかえなく、おまけに当盤のその録音は、金井家で発見されたアセテート盤の復刻による四〇年一二月二〇日、日比谷公会堂での呉門下の作品発表会のライヴなのである。戦前・戦中期の日本での演奏会の音が遺されているなんてことは、その時代の放送音楽番組の録音すらほとんど保存されていないこの国の事情からいって、本当に稀有のことだ。大連出身のドイツびいき作曲家が主宰した驚きの音楽塾、そこに民族主義的作風をめざす琉球人女性が学び、そして生まれた日本人女性作曲家初の交響曲、そのライヴ録音の奇跡的発見と復刻……。日本近代音楽史を語るうえで不可欠なディスクである。

［二〇〇〇年九月号］

14　孤独に耐えられぬ者は哀れである

虚子と友次郎と加壽子は傷つかない

二〇〇六年はモーツァルト生誕二五〇年ばかりではない。池内友次郎《いけのうちともじろう》の生誕百年でもある。

池内は、日本作曲界の「大師匠《グラン・メートル》」として、楽壇に君臨した。別宮《べつく》貞雄、黛敏郎、矢《や》代《しろ》秋雄、諸井《もろい》誠、松村禎三《ていぞう》、等々。弟子の名を挙げだしたら、キリがない。

彼の理想は、灰汁《あく》や濁《にご》りがすっかり除かれ、どこまでも澄み、スイスイとゆく音楽だった。完璧に彫琢《ちょうたく》された精巧な硝子《ガラス》細工か、舌に何も残らないくらいにサラリとした、中華料理の最高級の清湯《チンタン》でも、連想すればいいかもしれない。

はて、そのような美的想念はどこから来たのか。俳句と近代フランス音楽からだと思う。

池内の父は、俳人の高浜虚子《きよし》である。正岡子規《しき》の弟子で、「ホトトギス派」の総帥だった。そのスローガンは「客観写生」と「花鳥諷詠《ふうえい》」。虚子が子規から継承したものと言っていい。

田中希代子／東洋の奇蹟《きせき》
ショパン／ピアノ協奏曲第一番、練習曲第一五番、同第一八番、同第二〇番、舟歌嬰ヘ長調、ドビュッシー／《前奏曲集第二巻》より〈花火〉ほか
田中希代子（p）、グジニスキ指揮ワルシャワ・フィルハーモニー管弦楽団他
［キング　2006年2月］

子規は、日本の短詩型文学が近代の衝撃に耐えられるか否かと、苦悩した人だった。「文明開化」以後、科学は発達する。社会は複雑化する。階層は流動化する。人々は、多くの場で、多くの他人に出会う。新しい型の人間ドラマも無数に生まれる。付随する喜怒哀楽も一筋縄では行かない。これに処するに五七五や五七五七七では、あまりに短い。中身が追いつかない。このままでは俳句も短歌も滅亡してしまう。

そこで子規は、緊急避難的に、短詩型文学の使命を、自然景物の写生に限定しようと提唱した。どろどろと煩雑《はんざつ》な人間の話はもういい。政治も経済も犯罪も近代人の苦悩も、短詩型文学の埒外《らちがい》としよう。そうすれば短歌も俳句も安心だ。虚子の「客観写生」と「花鳥諷詠」は、この子規の延長線上にある。いくら近代が混沌としても、花鳥風月の世界はなお健在であり、日常眼前の景物を素直に写すくらいの精神的余裕は、近代人にもまだある。そこに徹すれば、この混乱した近代にも、すがすがしい境地が保てるだろう。

池内は父にならって句作もした。処女句は「麦畑にわが来し道の白きかな」。写生の精神にしたがっている。父親に従順な息子だった。

そういう彼が、音楽では近代フランスに惹《ひ》かれたのには、ある種の必然があったろう。ドビュッシーからのかの国の音楽は、ベートーヴェン以来、音楽を煩雑な人事の場にし、響きに人間の思念や感情を盛りつけすぎ、支離滅裂になりつつあったドイツ流のロマン主義と、訣別《けつべつ》しようとした。音楽からあくを抜き、ひっかかりなく流暢《りゅうちょう》に、透明に浮遊するかのようにしたかった。そこで好んでとりあげられたのは、水の戯《たわむ》れや、月の光や、花火や、雨の庭だった。どれも、子規や虚子を喜ばすにじゅうぶんな、「客観写生」的素材である。その意味で、「ホトトギス派」と近代フランス音楽は力強く提携できる。池内はそれを悟ったとき、いっさいのどろどろを拒否する音楽家として誕生したのである。

ところで、池内が一九三〇年代、パリ音楽院に学んでいたとき、そのピアノ科に、ひとりの日本人が入学した。一歳からのパリジェンヌ、ラヴェルの時代のただなかに育ち、その時代のフランスを、骨の髄《ずい》にまで染み込ませた、安川加壽子《かずこ》である。彼女のピアノは、池内の作曲上の理想を、まさに演奏に引き移したものだった。それは純粋で流麗で円滑な運動だった。一般に多くのピアニストには、左右の手や五本の指の力や機能にムラがあって、そこから音楽に、言いよどみや、舌足らずな感じや、速度の不均等や、和音のアンバランスがもたらされ、それがしばしば演奏家の個性ということにもされるのだが、安川の柔らかすぎる手首とよく伸びすぎる指は、その種のムラを感じさせない。作品解釈も、まるで「客観写生」的で、妙なアゴーギクなどには目もくれない。喜怒哀楽からも、悲劇や喜劇や哲学からも、超然としている。人間の肉体を力みなくのびやかに動かしている点で、安川ほど自然体のピアニストはおらず、あらゆる主情的なものをけして外に迸《ほとばし》らせない点で、安川ほど人工的なピアニストもいない。とにかく、自然体と人工美のあいだで、どろどろとした類の人間の姿は消えるのである。

戦後、安川も、池内同様、日本演奏界の「大師匠《グラン・メトレス》」となった。そして、とうぜんながら、この二人は意気投合したようである。池内の代表作のひとつ、ピアノ・ソナチヌは、安川のレパートリーだった。

秋桜子と晃と希代子は傷つく

「ホトトギス派」は、人事の世界を消去することで、俳句の地位を保った。しかし、やはり人間がいないと辛い。「ホトトギス派」の有力俳人だった水原秋桜子《しゅうおうし》は、短詩型文学でも現代の人間の心を語りたいと、虚子と袂《たもと》を分かった。

すると、池内と安川にとっての秋桜子はいたろうか。いたと思う。池内には三善晃、安川には田中希代子である。この二人はけっして師匠と決裂したわけではない。けれど、師のなにか蒸留《じょうりゅう》された世界にいたたまれなくなったときから、二人は真価を表しだした、という気がする。

田中は一九三二年に生まれ、四八年から安川に師事し、五〇年にパリ音楽院に留学した。三善は、一九三三年に生まれ、池内に私淑《ししゅく》し、五五年にやはりパリ音楽院に留学した。そして、安川と池内がそうだったように、二人はフランスで出会う。三善はこう回想している。

「田中希代子さんのピアノの音は、果実のタネの様に固く緊密な芯《しん》に向かって集中する。指から放たれたその芯をとりまき、やがて何物をも拒絶する固い核をつくり、いつも私が馴れ合うことのできた「ピアノ」を私から奪い去る。私は厳しい断絶感を味わった。ピアノは、田中さんの鋭く孤独な内省を、そのまま形造るためだけに鳴っている、としか思えなかったから」

この文章にすべては尽きている。川の流れか海の波のように純粋で円滑な運動の中に「我」を消し去る安川のピアノに対し、田中のピアノは、生々しくきつい「我」を打ち出す。

たとえば、ショパン《舟歌　嬰へ長調》を、安川と田中で聴きくらべてみよう。安川が一九六七年に録音したそれは、冒頭からまるでブーレーズが指揮するような解像度で、あらゆる音を明確に響かせ、この導入がはるか後年のドビュッシーやラヴェルを予告する和声的斬新さでむせかえっていることを、白日の下にさらす。四小節目からの左手の「舟歌リズム」の繰り返しは、徹底的にイン・テンポ。どの音符も明確で、感傷的な揺れなど入りこめない。ところが、今度の新盤が初CD化となる一九六四年の田中の演奏は、師匠とすべてが逆だ。テンポも強弱も、左右の手の力、指の力のバランスも、揺れまくり、そこかしこに強い感情のひだがつく。

もっとも、音楽じたいがロマンティックなショパンなのだから、この田中の表現はあたりまえの範疇に属するかもしれない。安川のほうが斬新というべきだろう。しかし、田中は、やはり今度の新盤に含まれる、一九六一年録音のドビュッシー〈花火〉という、流麗な「客観写生」がふさわしそうな曲でも、強い「我」の表現の行いにかかる。曲は、いたるところで、わななき、叫び、痙攣《けいれん》し、ほとんど表現主義時代のシェーンベルクのようになってしまう。馴れ合いを拒む孤独で厳しい響きといった三善の評言は、このような演奏でこそ確かめられるだろう。ともかくも田中は、師匠の反対側へ歩いていったのである。

もちろん、その反対側とは、たんに人間のいない側からいる側へということではない。近代俳句やフランス近代音楽が人事を遠ざけたのには、近代では人間どうしがディスコミュニケーションになるいっぽうであり、自然の光景や些細な日常のスナップくらいにしか、精神の平静を保てる世界が残っていないという認識が働いていたのだろう。それでも人事に突っ込み、正面きってのコミュニケーションを求めれば、ムンクの絵か、マーラーの交響曲か、ベルクの歌劇のように、ボロボロに傷つくのが関の山だ。池内や安川は、そんな時代にも、芸術を傷つけず、超然とさせておくための流儀を、よく知っていたのだ。

そんな池内や安川をわかっていながら、そこから身を翻《ひるがえ》すとは、その関の山のほうにどうしても行きたいということだろう。誰ともわかりあえず、バランスのよいところに着地できず、宙吊《ちゅうづ》りになるしかないと思っていながら、それでもテンション高く他者に向かって叫び、傷つき、その孤独に耐えようというのだ。そのためには、きゅっと締まった果実の芯のように強い自我が、必要となるだろう。そういう精神のかたちへと、日本のクラシック音楽で、はじめて到達したのが、田中のピアノであり、それから、もしかするとその演奏に触発されて、一九六〇年代以後、ヒステリックに叫んだり、不定形に内向したりする、けしてとっつきのよくない、まるで傷だらけといった、器楽作品を書き続けるようになった、三善の作曲だったかとも、思われる。田中と三善を聞くことは、われわれの誰しもが抱える内なる孤独に針を突き立てることだ。

「孤独に耐えられぬ者は哀れである」（ハマトン）

〔二〇〇六年五月号〕

15　朝比奈隆の「無国籍」

朝比奈隆か山田一雄か

「ストラヴィンスキーとバルトークが両方好きな人間がいてはならない」とは、一九八四年の暮れに伊福部昭先生からうかがった名言である。バルトークには過剰な自意識が、ストラヴィンスキーにはそれを殺す冷たい意志があり、二人の音楽にまじめに接したら二者択一を迫られぬはずがないという趣旨から出た言葉だった。この論でゆくと夏目漱石と森鷗外、長谷川一夫と三船敏郎が両方好きな人がいてもおかしいだろう。そしてそういうペアに朝比奈隆と山田一雄を加えることもできるだろう。

少なくとも八〇年代以後はイン・テンポを基調とし、重厚で自信たっぷりで背筋をピンとし、ある種、鈍な感じもあり、ブルックナーを十八番とした朝比奈。いっぽう、テンポといい強弱といいケレン味たっぷりで、背を丸め苦悩し煩悶し、そんな自分とマーラーを二重写しにした山田。私は前者より後者に惹かれた。地道な積み重ねの誠実な産物より、その日、何が起こるかわからぬスリルを愛した。朝比奈が長年の手兵、大阪フィルとブルックナーを心ゆくまで繰り返し演奏できているのに対し、どのプロ・オケでもマーラーをなかなか振らせてもらえない山田の境遇を思い、悔し涙にくれた。それが私の十代、二十代だった。

が、といって朝比奈を嫌っているわけではない。むしろ興味がありすぎるくらいだ。そのブルックナーやベートーヴェンを聴けばこちらも背筋がのびる。深井史郎の傑作《ジャワの唄声》の初演者にして初録音者、大栗裕の盟友、創作オペラ運動への偉大な貢献者、現代音楽祭「大阪の秋」の中心人物……。そうした面もこれから振り返られねばならない。それから朝比奈の芸術家としての構え方とでもいうものがとても気になる。彼はみずからを「無国籍のインタープリター（解釈者、演奏者）」と位置づけようとし

ブルックナー／交響曲第八番ハ短調（ハース版）
朝比奈隆指揮大阪フィル
［オクタヴィア　2002年1月］

たそうではないか。それはいったいどんな存在なのだろう？

大陸発「無国籍」行き

もはや周知のとおり、若き朝比奈は一九四三年暮れから敗戦まで、まず上海響、ついでハルビン響を指揮していた。これらは当時アジアに存在したただ二つの西洋人による本格的オケといってよく、そこで朝比奈はイタリア人がイタリアらしくイタリアものを、ロシア人がロシアらしくロシアものを弾くときのツボにはまった表現の強さをあまりに生々しく思い知らされたらしい。となると、日本人がこれに伍するには日本らしく日本ものをやればいいはずだが、残念ながら日本にはヴェルディやチャイコフスキーに匹敵する作曲家がいない。なら残る道は「無国籍」な行き方か。というわけで、朝比奈は上海とハルビンで「無国籍」に目覚めたのである。

とはいえ「無国籍な演奏」といってもいろいろだろう。流行歌の歌手なら、根なし草の悲哀を声のひだにこめ、これぞ「無国籍者の情念」とやってもよい。クラシックの演奏家なら、しかも朝比奈の世代なら、「無国籍な様式」としての新古典的アプローチに従うのもひとつの道になろう。つまりドイツ風とかスラヴ風とか称するよけいな歌い回しやら演奏の癖を清潔に洗い流し、音楽を新品の機械のようにピカピカに磨き上げるのだ。そのようにして演奏に民族性云々の容喙《ようかい》する道を奪うのだ。さすれば音楽はかなりスポーツに近いものに化ける。セルやロスバウト、あるいはある年齢までのヴァントもこの領域で語れようし、日本人なら齋藤秀雄がここに入る。とにかくこの方角に針路を定めれば、伝統の入りこまぬ技術だけの勝負になるから、鍛えようでは日本人にも勝ち目が出てきそうだ。

が、朝比奈は明らかにそういう意味での「無国籍な演奏家」になろうとはしなかった。だいたい新古典主義と不可分な鋭角的・等価運動的音作りは朝比奈の辞書にない。とくに晩年の彼の音楽にはいかにも弦楽器奏者の出らしい歌ごころがけっしてこれみよがしでなく慎重に煎《せん》じつめられたかたちで息づいている。評論家のよく使う朝比奈の音には意味があるといった類のレトリックは、そのへんを指しているのだろう。

鍵は植田寿蔵にあり？

では朝比奈の「無国籍」とはけっきょく何か。それは特定の演奏様式と結びつく具体的なものというより、おそらくドイツ人のオケとドイツものを、ロシア人のオケとロシアものをやってもけっして気後れせぬための心の薬のようなものでなかったか。そしてそれを彼に与えたのは植田寿蔵《じゆぞう》かと私は勝手ににらんでいる。

これも周知のとおり、朝比奈は京大法学部を出たあと、サラリーマン生活を経、京大文学部に学士入学した。専攻は美学で、その指導教官が植田だった。

この植田の思想が面白いのだ。彼は論じる。西洋の代表的美術史家ヴェルフリンによれば、たとえば一六世紀イタリア絵画の特徴は水平と垂直のコントラストを強調した「閉ざされた形式」にあり、その代表例はダ・ヴィンチの『最後の晩餐』で、いっぽう、そうしたコントラストにこだわらぬ「開かれた形式」によるのが一七世紀オランダ絵画で、代表例にはレンブラントの諸作が挙げられるという。しかしこれはじつに恣意《しい》的に都合のいい材料を取り出しての否定さるべき結論にすぎない。なぜならその気になって探せば、ダ・ヴィンチの絵画には「開かれた形式」とみなせるもの、レンブラントの絵画にはその逆がいくらも見つかるから。つまり「閉ざされた形式」と「開かれた形式」は一六世紀イタリアにも一七世紀オランダにもともにあったのだ。このようにその時代、その国、その民族に特有な精神とか美学とか様式とか性質とか、われわれの信じたがるものは、注意深く見ればたいていでっちあげ同然なのである。それらはいかにもありそうだがじつはない。よって芸術作品とは、ただ一個一個が、時代や民族とまったく無関係でないけれど、といってそれを強く顧みるには必ずしもおよばぬ、孤独なものとして存在するとみなすべきだ。だからわれわれはおのおのの作品を虚心坦懐に細部から見つめてゆくしかない。ドイツとか日本とか古代とか中世とか地域・時代の特徴を先に思い描いては迷妄の淵に落ちる。そんなわけだから、ロシア人がロシアの、日本人が日本の芸術をことさら理解できるといった考え方もじつは幻想にすぎない。植田の思想の前では、そもそも芸術の国籍を問うのが無意味なのだ。国籍などとは無関係に作品そのものとそれを前にする我がいるだけ。芸術とは本源的に「無国籍」な営みなのだ。

おそらく朝比奈はこの過激な植田美学をその片鱗なりとも想起するだけで、上海やハルビンでの本場の演奏にはかなわないという実感を虚妄と振り払えたのではあるまいか。自分が日本人だとか相手がドイツやロシアの音楽だとかはついには本質的問題でないのだ。植田美学に従えば、音楽において存在するのはただ楽譜とそれを丹念に読みこむ演奏家だけ、作品とそれを虚心坦懐に眺める我だけだ。もちろん、演奏家は特定の教養にしばられた生身の存在である。朝比奈の場合なら法律を勉強してガッチリしたものを好んだり、弦楽器をやったせいで歌うことにこだわったりというのは一生ついて回らざるをえない。そうした志向から、ずっとつきあえる音楽のタイプも、たとえばブルックナーやベートーヴェンに落ち着いてくるのだろう。とにかくそこまで行けばあとは虚心坦懐を貫くだけだ。日本人にドイツの音楽がわかるかなんて問いは、植田を師とした朝比奈の前にはどうでもよい。しかも植田によれば、芸術はけっして作品一個で完結しうるものでなく、あくまでそれを眺める我との関係、作品と我との対話のなかに現象し、生々流転してゆくものだ。もちろん、我が虚心坦懐に芸術の細部を探求してゆけば、眺め味わう内容は日々変じるだろう。よって極論すれば芸術は一日として同じでない。朝比奈のスコアを執拗に繰り返し読むだけが勉強という姿勢、同曲異演ディスクの厖大な積み重ね、そしてその内容がいちいち味わい深く違うとの世間の評価は、まさにこの植田の思想を地でいっている。こんど出たブルックナーの八番は正規盤としてじつに八度目の録音だ。

山田一雄はつねに迷っていた。日本人に西洋音楽が本当に理解できるかとの問いの前で堂々めぐりを繰り返し、その解決なき魂の流浪は、ユダヤ的漂泊者マーラーへの心情移入にもつながった。が、朝比奈はおそらく植田の薫陶《くんとう》のおかげで、そんな次元を早くに脱したのだろう。なにしろ彼はこの世界には西洋も東洋もなく、作品とそれに堂々と向きあい対話する我があるのみと信じられる人だったはずだから。そんな自信でもなければ、人間は九〇過ぎて人前であれほど背筋をピンと伸ばせはしない。

朝比奈はとても古い人のように思われている。が、じつはあまりに新しかったのではないか。彼ほど日本人であることを克服できた日本人はいない。

［二〇〇二年四月号］

16　戦時日本語母音明徴化運動論序説

敗戦十五年目の平井康三郎

平井康三郎は歌曲《平城山《ならやま》》や「山はしろがね朝日を浴びて」で始まる《スキーの歌》の作曲家だ。三善晃の幼少期からの師でもある。彼の《抒情組曲「瀧廉太郎《たきれんたろう》」》の唯一の録音がCD化された。もとは一九六〇年発売のLP。同年の芸術祭参加用に日本コロムビアが委嘱し、この録音がすなわち初演だった。

組曲の中身は題名のとおり。東京音楽学校（現東京芸術大学音楽学部）が軍楽隊の瀬戸口藤吉や永井建子《けんし》に少し遅れてやっと生み出せた本格的作曲家、しかしあまりに早く逝《い》った瀧廉太郎の作品三十曲を、合唱とピアノと室内管弦楽でメドレーにしている。《荒城の月》や「箱根の山は天下の険」の《箱根八里》や「春のうららの隅田川」の《花》などがつぎつぎと、明治人の一途な志を伝えるかのような、奇を衒《てら》わず真面目で生一本な編曲と演奏で、現れては消える。

平井康三郎／叙情組曲《瀧廉太郎》
平井康三郎指揮アンサンブル・フリージア、東京室内合唱団、平井丈二郎《たけじろう》（p）
［日本ウエストミンスター／ヴォアドール　2007年11月］

そしてトリを飾るのは、ドイツに留学したとたん病に倒れて送還された瀧が、大分での療養中に書いた激烈なピアノ小品《憾《うらみ》》だ。平井は、短命の瀧の無念を増幅するかのように、ロマン派ピアノ協奏曲風に派手な管弦楽伴奏をつけ、リストの第一番のコンチエルトではないけれど、トライアングルもやたらけたたましく鳴り響き、まさにうらみを遺《のこ》して全曲をしめる。

その《憾》の独奏は、作曲家の子息の平井丈二《たけじ》郎《ろう》。指揮は康三郎だから、貴重な父子共演盤だ。いや、それだけではない。合唱のメンバーにも、作曲家の薫陶《くんとう》を長く受けた、いわば平井一家の人たちが多く含まれているようだ。というのも、コーラスの発する母音が、やや杓子《しゃくし》定規に過ぎるのではないかというほどに律義で明晰なのである。《荒城の月》なら「はアるウこオろオのオ……」と書きたくなるくらい、一音一音、強めに母音をスタンプしてゆく。「模範的口形」がハッキリみえる、真面目で生一本な合唱だ。母音を曖昧《あいまい》にして響きを細かく彩ろうなんて小細工は微塵《みじん》もない。そう聞こえる。そしてそれこそが平井流日本語歌唱の真髄なのだ。

平井康三郎は、一九一〇年（明治四三）、高知の伊野で生まれた。瀧廉太郎より三十一、山田耕筰より二十四、歳下《としした》になる。康三郎と名乗るのは戦後で、もとは平井保喜《やすき》といった。東京音楽学校でクラウス・プリングスハイムに学び、母校の教官に残ったが、戦時下に活躍しすぎ、戦後は戦争責任を問われるかたちで、同僚の橋本國彦や細川碧《みどり》とともに上野を逐《お》われた。戦後の改名には、そういう過去をいったん断ち切りたい思いも反映していたのかもしれない。

すると平井は戦争中、どう活躍したのか。もちろん時局的作曲を多々おこなったということもある。カンタータ《幕末愛国歌》や交響詩《捧げまつる靖國《やすくに》の御霊《みたま》に》や《聖戦歌曲集「雪華《せっか》」》等々。だが、それは他のおおぜいの作曲家でも同じだ。山田耕筰や信時潔や橋本國彦よりも、平井がその種の創作でめだったわけでもない。

が、平井がやったのはそれだけではなかった。彼は日本人が日本的自覚に満ちあふれた「大東亜戦争」下の今こそ、諸外国の影響を排した真の日本語歌唱法を確立すべしと、先頭に立って叫びまくった。そこがおおいにめだったのである。

敗戦前年の平井保喜

は て、平井の主張したその唱法の肝は何だったか。母音重視である。たとえば彼は雑誌『音楽文化』の一九四四年二月号でこう述べる。

「日本語は母音と子音の結合によって生じる。之《これ》は五十音列によって充分諒解《りようかい》できる。されば発音の明徴《めいちよう》は母音の究明に始まる。日本母音は清明にして闊達《かつたつ》なることあたかも秋の晴天を見る如くでなければならない。之即ち日本精神の発露であり、日本刀の光冴《さ》えたる如く一点の汚濁《おだく》をも許さない。然《しか》るに今日の教養人のどれだけがはたしてかかる晴朗なる母音を発音しているであろうか。西欧の言語にみらるる混合母音や中間母音は、それを学んだ為に日本語本来の発音を混乱させる事があってはならない」

平井がここで慨嘆しているのは、日本語の発音の乱れだ。とくに大正以来のクラシック音楽を含む西洋の文化芸術の市民層への普及、なかんずく昭和初期のモダニズム時代におけるアメリカ・ポピュラー音楽の流行により、純正な日本語をそこなう混合母音や中間母音が、とくに都会生活者の言葉にだいぶん入りこんでしまった。オペラ歌手風、ジャズ・シンガー風の、西洋っぽい日本語が氾濫《はんらん》した。この堕落を正さないかぎり、日本人は母語を見失ったエセ日本人にすぎず、エセ日本人には大和《やまと》魂も宿らず、戦争遂行にもさしさわりを生ずる。民族更生のためには国体明徴運動ならぬ母音明徴運動が急務なのだ。

この平井の、日本語の真髄は晴朗な母音にありとの思想は、本居宣長《もとおりのりなが》以来の国学の伝統を受け継いでいる。宣長は『漢字三音考』にだいたいこんなことを記していた。「外国語はすべて朦朧《もうろう》と濁《にご》っている。曇りの日の夕暮れのような響きだ。外国人の発するアはウウにもオオにもワアにも聞こえる。清く正しくない。そんな言葉を使う外国人はけっきょく、野蛮である。対して日本語は朦朧とせず濁らない。世界に冠たる清く正しい言語だ。その言葉をもちいる日本人はやはりとうぜん、世界に冠たる清く正しい民族なのだ」

宣長のいう日本語の清さと正しさとは、母音がアイウエオという口形のハッキリした五つしかない点に由来する。したがって平井の母音明徴運動も、具体的には口形明徴運動になるだろう。彼は、「明朗・壮大なアは口を大きく円《まる》く開き下歯は見せず」「尖鋭《せんえい》・理智的・冷徹なイは唇を強く左右に開きかつ後方に引きつけ」「温柔・愛情的・夢幻的なウは下顎《あご》を前に突き出し唇をすぼめ多少外に反《そ》らす気味にて歯は見せず」「強硬・勇気的なエは唇を楕円《だえん》形に横に開き下顎を後方に引き下げ」「円満・感動的・慰藉《いしゃ》的なオは顎を落とし唇をO型に寄せ集め歯は全然見せず」、それぞれきちんと発音できるように、口形練習を徹底すべしと説いた。

歌の稽古《けいこ》なら、まずは子音を抜く。瀧廉太郎の《花》だとすると、「はるの、うららの」ではなく、「あうお、うあああお」と練習するのだ。それが上手にできたら、はじめて子音を添える。そうして母音のハッキリと粒の揃った歌ができあがる。このような積み重ねによって、西洋に毒された近代日本語はついに純正に蘇《よみがえ》るのだ。けれど、東京音楽学校助教授の平井がいくらがんばっても、道は険《けわ》しかった。なぜなら平井の所説は必ずしも広く納得されなかったから。

たしかに日本語は、本居宣長のいうように、いちおう五母音にもとづく晴朗な言語ではあるだろう。しかし、この国の伝統音楽のかずかずを思い出せば、ことはそう単純ではなくなる。平家琵琶《びわ》にしても謡曲にしても浄瑠璃《じょうるり》にしても、現代人の耳には字幕が必要なほど、言葉の響きはわかりにくいではないか。日本人は、舞台語としての母国語を、放送局のアナウンサーのようにハッキリ発音することばかりを考えてこなかったのだ。それどころか、声をつぶしたり曇らせたり呑みこんだりし、混合母音や中間母音的な響きもたくさん使い、日常の晴朗な日本語とは異なる、複雑多様な音の世界を作りあげてきたのだ。

つまり、口形をはっきりさせないのが日常的日本語とは別の芸術的日本語の伝統ではないかということである。その伝統は、音声芸術とは使える音の種類があればあるほど表現を豊かにしうるという常識にもかなっている。たとえば、ドイツ・リートになぜ深い美を感ずる人が多いのか。ドイツ語に、宣長流にいうと濁った怪しい音が多く、響きにひだや綾《あや》をつけやすいからだろう。日本人もそのへんをよくわきまえていたからこそ、口形をハッキリさせずモゴモゴ鳴る音を舞台語では探求してきたのではなかったか。ところが平井は、その種の響きを西洋の悪しき影響として排除しようとする。その態度は日本の伝統的美意識に背馳《はいち》するのではないか。

作曲家なら、宮城道雄とのコラボレーションをとおして邦楽発声への知見を深めた菅原明朗などは、平井に与《くみ》せない立場だった。近代的に明澄な日本語発声に憧れながら、長唄や義太夫《ぎだゆう》からも得るところの大きかった山田耕筰あたりは、どっちつかずの中間派になるだろう。

母音明徴化か。それとも母音曖昧化か。答えの出ないうちに戦争には負けた。そして戦後日本の声楽界の関心は、どれだけドイツ語やイタリア語を本場に負けず劣らず歌えるかに集中した。日本語の問題はずっとなおざりだった。

だが、少なくとも平井は戦時下の主題を戦後も忘れなかった。保喜から康三郎に改名しても母音明徴化運動を続けていた。その意味にかぎれば、平井にとっての戦争は終わらなかった。

そのひとつの証拠が、日本語の乱れゆく大正昭和より前の、最後に日本語が美しかったろう明治への思いに満ちた《抒情組曲「瀧廉太郎」》なのだ。敗戦から十五年目に作られた、いっけん、アナクロでノスタルジックな音盤は、戦後の日本人が無責任に投げ出したままでいる未来へのたいせつな問いを、今もなお突きつけている。

［二〇〇八年三月号］

17　柴田南雄のマーラー的な夢

ヤマカズはマーラーで夢をみる

ついに伊福部昭の《交響譚詩《たんし》》（一九四三）のSP盤を聴いた。作曲と同年、山田和男（のち一雄）指揮の東響（現東フィル）が録音したものだ。たしかにその時代の日本のオケは技量的に現在のオケより劣るだろう。しかしこの演奏にはそんな次元とは別のかけがえない魅力があった。その第二楽章は〈じょんがら舞曲〉の原題をもち、津軽の「じょんがら」のリズムで書かれているのだが、この録音ではオケがまさにそれらしい律動でやっている。戦後のオケはこういう伝統的リズム感を失ってしまった。私はこの楽章が「じょんがら」らしく奏されているのに今回初めて接した気がする。純正民族主義的音楽を真に「本場もの」の演奏で聴ける喜びが少なくとも戦時期まではあったのか。思わず涙が出た。

ところでこの録音のころの山田は、まだ指揮と作曲の二足の草鞋《わらじ》を履《は》いていた。そして《交響譚詩》の名演など残しつつも、作曲家としては戦時期に増えた日本情緒にこだわりぬく純正民族主義的音楽に満足していなかったらしい。そんな彼が伊福部らとは違った角度から彼なりの日本を表現しようとした管弦楽曲が《おほむたから》になろう。表題は古語で日本国民くらいの意だ。

この十五分ほどの作品は四五年一月に初演され、それきりになり、今春（二〇〇一年）、五十六年ぶりに再演されたのだが、その内容には驚いた。というのもそれはマーラーだったのである。いや、影響されているとかの次元の話ではない。マーラーの交響曲第五番第一楽章がそのまま曲の雛型になっているのだ。そしてその上に日本の伝統歌

柴田南雄と日本の楽器
《枯野凩《かれのこがらし》》《狩の使《つかい》》《霜夜の砧《きぬた》》《夢の手枕《たまくら》》芝祐靖（能管、龍笛《りゅうてき》）、沢井一恵（十七絃箏）、高田和子（三絃、唄、語り）、三橋貴風（長管尺八）、友渕のりえ（箏、唄、語り）
［フォンテック　2001年2月］

謡の源泉たる天台聲明の旋律が盛られる。というか声明の旋律型とマーラーの主題群とがたくみに混合され《おほむたから》の主題群が作られている。しかもその作業にたいして無理がない。なぜなら、たとえば第五番第一楽章の纏綿《てんめん》たるトリオ主題は、声明においても特徴的な長二度や短二度の音程を多く含み、その気になって聴くと、もとから声明に似ていなくもないように思われてくるから。とにかく、マーラーの《復活》を借用して騒がれたベリオの《シンフォニア》より約四半世紀も前に、ここまで上手にマーラーを引用した音楽が日本で書かれていたとは「音楽史的発見」ではないか。

それにしても山田はなぜそんな曲を作った？　おそらく彼は、純正な民族主義の類とは違った、より国際的な日本主義といったもののかたちを音で示したかったのではないか。ヨーロッパ・ロマン派音楽のなかでもとりわけ非ヨーロッパに開かれた響きをもつマーラーに日本の声明にも通じる節回しを発見し、両者を結ぶ音楽を書くことで、東洋と西洋が対立するのではないのだ、日本は日本であるままに欧米につながれるのだと、主張してみせる。それが山田の秘められた戦略だったろう。国際的な香りいっぱいの大正教養主義的文化のなかにどっぷりつかって育ち、三七年には深井史郎らと作曲グループ「楽団プロメテ」を結成し「偏狭な民族主義」に反対して文化における国際協調を唱えた山田であってみれば、それくらいの仕掛けを思いついてなんら不思議でない。

シバミナもマーラーで夢をみる

　さて、ここにもうひとり、マーラーに魅せられ、それを媒介として洋の東西、日本と欧米の壁を乗り越えた音楽のかたちを夢見た作曲家がいた。柴田南雄がその人である。山田一雄より四つ年下で、山田同様、東京の豊かな家庭で大正教養主義的な雰囲気のなかに育った柴田がマーラーと決定的に出会ったのは、山田より二年遅れだった。山田は一九三二年、上野の奏楽堂でクラウス・プリングスハイム指揮東京音楽学校管弦楽団の演奏によりマーラーの第五番を聴き、「あらゆるものを呑み込んで見事に統一された」(山田の自伝『一音百態』より)、つまり聖も俗も西洋も東洋もなくただ世界そのもののごとく鳴り響くその音楽に引きこまれ、作曲の道をひた走ってゆくのだが、柴田は三四年、同じくプリングスハイムでマーラーの第六番を聴き、「感動というよりは異常な興奮」にとらわれ、その興奮は「わたくしが結局、音楽の道を選ぶことになった幾つかのきっかけの最大のもの」(柴田『グスタフ・マーラー』より)となった。柴田はかくしてマーラーを敬愛し、伊福部や早坂や清瀬らの純正民族主義的音楽に拒否反応を示しつつ戦時期を過ごした。

　というわけで、山田と柴田はともにマーラーを指針に「偏狭な民族主義」と違う、より国際的に開かれた日本の姿を夢想したといってよい。もっとも山田がたぶん、いかにも彼らしくマーラーの音楽にある世界的ひろがりをきわめて直観的に把握したのに対し、柴田はこれまたいかにも彼らしく、マーラーの音楽がなぜ全世界を包括するかのごとく響くかを理論的に分析しようとした。たとえば《巨人》の第一楽章冒頭がラの音ではじまるのはラが「中世以来の西洋音楽の組織の基本をなす音階の出発点の音」であることによって音楽史的根源性を感じさせるとし、続いて木管が下降四度の動機を奏でる箇所に縄文の石笛《いわぶえ》や日本民謡やハンガリー民謡との潜在的関連を指摘し、そのあとクラリネットがカッコウの鳴き声をヨーロッパ音楽のそういう場合の慣例たる三度でなく四度で模倣するのにマーラーの耳の脱西欧性を聴き取り……。こんな具合に柴田は、マーラーの音楽がいかに特定の地域や民族や時代にしばられていないか、それらを自由に越境し、世界的ひろがりのある響きを実現しているかを、微に入り細をうがって論じてみせた。

それから戦後の山田と柴田の音楽家としての軌跡もだいぶ違った。山田はマーラー的に世界を切り結ぶ作曲の夢を《おほむたから》でやりとげたと思ったか、戦後は活動を指揮に絞り、マーラーをライフワークとした。対して柴田は作曲家として成熟を重ね、ついにはマーラー的な世界音楽を範として、が、山田のごとくマーラーを引用するのでなく、あくまで彼なりの流儀で、日本とヨーロッパ、東洋と西洋が対等に響きあう音楽を作ろうとした。

そういうひとつの作例が『柴田南雄と日本の楽器』に収まる《夢の手枕《たまくら》》（一九八一）

なのだと思う。本居宣長《もとおりのりなが》をテキストに龍笛《りゅうてき》と箏と声のために書かれたこの半時間の作品には凝った工夫が詰まっている。声楽パートは語りと歌の二要素でできていて、それはもちろんまずは日本伝統の語り物と箏歌《ことうた》などの歌に対応するのだが、それらの歌唱芸術が発達した江戸期はヨーロッパに歌劇が現れたのとほぼ同時でもあり、歌劇の声のパートとなればレチタティーヴォ（語り）とアリア（歌）である。これは偶然か。洋の東西の壁を越えた大いなる歴史の力がそこに働いてはいないか。かくてこの曲の声のパートには、山田がマーラーと声明をだぶらせたように、江戸とヨーロッパが二重映しされる。また江戸期の箏曲に段物とよばれる変奏曲形式が多くみられるのは、安土桃山期の「洋楽輸入時代」にヨーロッパの変奏曲が日本に移入されていて、その記憶が生き残り、独自の発達をとげたせいではないか。よってこの曲には器楽のみの間奏が置かれ、それは江戸の段物と西洋音楽の変奏曲をこれまた二重映しにするのである。

日本を考えきわめた響きがおのずと西洋の響きにつながる。マーラーに引火され、国際化された日本音楽への夢が《夢の手枕》にはたしかに実っている。

［二〇〇一年七月号］

18　尊子と春子と長唄と

高齢歌手の夜明けは近い？

驚いた。メゾ・ソプラノの栗本尊子《たかこ》が日本歌曲の新盤を出した。一九四一年に東京音楽学校を卒業し、四六年に、リヒャルト・シュトラウス《皇紀二六〇〇年奉祝音楽》の世界初演者であるフェルマーの振った、長門《ながと》美保歌劇団の《蝶々夫人》でスズキを歌い、四八年には《ミカド》の日本初演にピティシン役で出たという人が、現役で歌っている。しかも声が素晴らしい。

クラシックの歌手には年齢の壁がある。とくに日本人は、人種的な造作と西洋式の喉《のど》を開いた発声とに齟齬《そご》があるのか、早めに声を使い切ってしまいがちだ。邦楽式の喉を詰めた発声だと、長唄でも謡曲でも、老いてますます磨きがかかる。それといちじるしく対照的である。一般に加齢が円熟と結びつかない。スポーツ選手と同じだ。が、栗本は違う。音程がぶれるとか、年齢相応の精度の衰えは、たしかにあるだろう。

しかし、声の張りと艶《つや》はみごとだ。といっても、単純に若々しいとかいうのではない。老人らしい陰や濁りや渋みは声の響きにきちんと出ている。

邦楽なら、そういう人は珍しくない。喉を狭めた発声では、声色に渋みを増すのと、人前で芸として披露して文句のないくらいの力感や声量を保持するのとは、両立しうる。けれども、洋楽ではそうはいかない。声色に陰が出てくるのと、鳴らなくなって舞台での歌唱がきつくなるのとは、かぎりなく同時に近いように思われる。だが、栗本はその壁を突破している。自分の身体に合った発声法をよほど心得ているにちがいない。口を不必要に大きくあけないとか、最低の労力で最大の効率を上げるための基本――しかし実際にはほとんどの歌手がやれていない基本――を、長年、守ってきたのだろう。他の秘密の諸々も。この生きた見本を研究すれば、日本人クラシック歌手が邦楽の歌い手に

栗本尊子《たかこ》／愛と祈り――歌いつがれる日本のうた
山田耕筰／《ばらの花に心をこめて》《愛と祈り》《赤とんぼ》《みぞれに寄する愛の歌》《さくらさくら》《からたちの花》、
中田喜直／《悲しくなったときは》《さくら横ちょう》《サルビア》他
栗本尊子（Mezzo Sop）、塚田佳男（p）
［カメラータ　2006年8月］

伍《ご》して老いを生きられる道が開けるかもしれない。

と、渋いのによく響くまれな声についてばかり触れてきたけれど、栗本の魅力はそれだけではない。オペラでキャリアを積んだ人らしく、色気と芝居っ気があるのだ。たとえば、中田喜直《サルビア》で「夏の風邪は嫉妬する熱風」なんて歌うときのフェロモンの放出ぶりは、尋常でない。このみずみずしい芝居心が、歌の日本語を豊かに活《い》かす。しかも、今の栗本には渋みが味方する。若々しく元気なベル・カントで「夏の風」だの「嫉妬」だのと叫ばれても、暑苦しくてうんざりだが、老いの陰の刻印の入った今の栗本の西洋式発声だと、暑苦しさは適度に中和され、心地よさに変わる。三十一文字に託するならば、「老いてなおよく鳴る声の気持ちよさやらなさすぎずやりすぎもせず」というところか。

日本オペラの夜明けは遠い?

ところで、栗本のオペラ現役時代の貴重な記録に、一九六〇年、山田耕筰の作曲生活六十年を記念し、山田みずからの監修で録音された《黒船》の全曲盤がある。幕末を舞台にしたこのオペラで、栗本の演じるのは姐《あね》さんだ。出番は少ないが、米国人領事と攘《じょう》夷《い》浪人の間で苦悩する、主役のお吉の心の奥底に分け入り、物語を動かすだいじな役だ。お吉のふとした態度から事を推量する高い演技力が求められる。芝居心たっぷりの栗本にはうってつけだ。じっさい、その録音で栗本は、お吉の伊藤京子とたくみに掛けあい、ほんのひとくさりにも、機敏な心の動きを台詞じみた声に乗せて、ドラマの細部を際立たせている。

その《黒船》の初演は一九四〇年である。主役のお吉は辻輝子《てるこ》と長門美保、攘夷浪人は伊藤武雄と留田武、米国人領事は藤原義江と永田絃次郎《げんじろう》のダブル・キャスト。すると姐さんは誰だったのか。全公演共通で、杉村春子が歌った。

杉村とは、むろん、あの新劇女優である。劇団文学座に女座長として長年君臨し、舞台では『女の一生』の布引《ぬのびき》けいを当たり役とし、小津安二郎の『東京物語』、成瀬巳喜男《みきお》の『晩菊』、黒澤明の『赤ひげ』など、多くの映画にも出演した。山田がわざわざ彼女を選んだのである。

なぜか。難しい芝居のできる、栗本のような達者なオペラ歌手がまだ育っていなかったので、やむをえず、歌の素人を引っぱってきたのか。いや、そんな消極的な話ではないだろう。

じつは杉村は、新劇女優になる前、オペラ歌手をめざしていた。三浦環《たまき》に憧れ、東京音楽学校を受け、二度すべった。それで新劇に行った。だから彼女の歌は、けっして素人ではない。といっても、本職のオペラ歌手とはだいぶん違った。

当時の杉村の歌声は、今でも聴ける。《黒船》初演の三年前、島津保次郎監督の松竹映画『浅草の灯《ひ》』のなかで、浅草オペラの花形歌手として、うたいまくっているから。その声は、オペラ歌手の歌と役者の歌とのちょうど中間くらいだ。つまり、ベル・カント風でもあり、地声のようでもあり、といったところだ。そして山田はそういう声を、おそらく自分のオペラに強く欲した。

山田は日本語オペラに執念を燃やした作曲家である。能や歌舞伎の伝統をもち、音楽とドラマの一体化を好むこの国に、西洋音楽を根づかせるには、交響曲やソナタは二の次で、国民的に愛される日本語オペラを確立するのが先決というのが、山田がたどり着いた結論だった。

そこで一九二〇年代に入ると、それまでは管弦楽やピアノ曲の作家と思われていた彼は、にわかに歌曲や童謡を量産しはじめる。日本語を美しくわかりやすく聞こえさせるための節づけを探究しだす。《この道》や《からたちの花》や《赤とんぼ》など、山田のスタンダードな歌のほとんどは、この一九二〇年代の作品である。そして、ぶつかったのが日本語発声法の問題だ。

ベル・カントで日本語を朗々と歌われても気持ち悪い。今日でも、世間でよく聞かれる感想である。山田は早くも八十年前に、それに直面していた。彼は一九三〇年に『邦語歌曲に拠《よ》る研究　歌のうたい方』というSPレコードを録音し、実際にみずからいろいろな仕方で歌ってみせながら、日本語歌唱のいい悪いを論じている。そこで非難されたのは、当時の藤原義江に代表されるオペラ歌手たちの気張った歌い方だった。

すると、よい日本語の歌い方とは？　そのSPでは、ベル・カントを尊重しながらも朗々と張るのではなく、柔らかく脱力した歌唱法が推奨される。フランス歌曲のレジェ（柔弱な発声によるうたい方）や日本の新内をイメージして、上品に詩的に気持ち悪くなくということだろう。が、それでは声量や迫力は出ない。《からたちの花》みたいな叙情的な歌曲ならばともかく、大劇場のオペラでは厳しい。

山田はさらに試行錯誤を重ねざるをえない。そして、一九三四年に二つの声を見出す。

第一は、やはり邦楽発声だ。といっても、日本語を歌うには、伝統に培《つちか》われた邦楽発声に三味線とかの伴奏がいちばんと認めてしまったら、西洋音楽作曲家の立つ瀬がなくなる。それでは困る。が、日本語オペラに適切な歌唱法をさがすのに、邦楽発声は無視できない。そこで山田はとりあえず、邦楽発声とオーケストラを共演させる実験をした。一九三四年、伝統的な長唄《越後獅子《えちごじし》》《吾妻《あづま》八景》《鶴亀》の三曲に、交響楽団の伴奏を付け、長唄交響楽と称したのである。それらによって山田は、この異種格闘技戦は意外に調和しうると証明してみせた。そうであるなら、あとは邦楽の歌い手が五線譜さえ読みこなしてくれれば、長唄や清元や謡《うたい》の人がオペラに出てもおかしくないことになる。

第二は、新劇の役者の声だ。思い起こせば、近代日本人の心性を表象する劃期《かつき》的な歌として一九一五年に大流行し、歌謡曲の元祖ともなった中山晋平《しんぺい》作曲の《カチューシャの歌》をうたったのは、邦楽の歌手でもクラシックの歌手でもなく、新劇女優の松井須磨子《すまこ》だった。生きた現代日本語で芝居する人が、台詞の延長で、音楽的にいえば下手《へた》にうたった歌が、大衆に説得力をもったのだ。山田がこれを気にせぬはずはない。彼は一九三四年に金曜会という組織を作り、新劇俳優とオペラ歌手を共演させる音楽劇の舞台を立て続けに制作した。山本安英《やすえ》、東山千栄子、滝沢修、小沢栄太郎といった新劇の名優たちが、オケ・ピットの山田指揮新響（現N響）とともに、歌い踊り喋《しゃべ》った。そういうなかで山田が発見し、リアリティのある日本語を歌える女優として期待をかけたのが杉村春子だったのだ。

ゆえに《黒船》の初演に杉村はいた。残念ながら伝統邦楽の歌手までは揃わなかったけれど。

そうして本格的に始動した山田の日本オペラへの夢は、しかし、そこで終わってしまった。戦後すぐ、山田は半身不随となり、新たなオペラを完成させ、興行にもってゆくための、気力も体力も失った。日本語オペラのための最適発声の探究も、中途半端に途切れ、まじめな後継者もなく、二一世紀にいたっている。

思うに、山田の見果てぬ夢の最終的落としどころは、今の栗本のような、渋みの入って暑苦しくなくなったベル・カントと、杉村のような俳優の歌声と、邦楽発声の作る三角形のまんなかではあるまいか。その場所を上手に見つけないかぎり、日本語オペラの歌声は座りの悪いままだろう。

［二〇〇六年一一月号］

19　細腕のトスカニーニ

常識は間近で崩れる

手に汗握って指揮者の出を待っている。新宿文化センター大ホールの一階最前列中央の席に陣取って、舞台袖《そで》を凝視《ぎょうし》する。なにしろ今日は、私の大好きな山田一雄がホルストの《惑星》を振るのだ。きわめて珍しいことだ。少なくとも私はこの組み合わせをはじめて聴く。だからこの日を指折り数えていた。ステージに居並ぶのは東京都交響楽団である。なにも一列目なんて、バランスもヘチマもなく音に埋もれるだけの席にいなくてもいいようなものだが、ヤマカズの芸術はやはり身体のパフォーマンスなのだ。それを味わうには、かぶりつきがいちばんだ。バランスよく聴こうとして、臨場感を犠牲にするのは、御免こうむる。一回性の喜び、自分だけの経験は、アンバランスから生まれるのだ。それでいい。

チャイコフスキー／交響曲第五番ホ短調 作品六四、ロッシーニ／《どろぼうかささぎ》序曲、マスカーニ／《カヴァレリア・ルスティカーナ》間奏曲、ヴォルフ＝フェラーリ／《マドンナの宝石》間奏曲第一番
森 正《ただし》 指揮東京都交響楽団
［フォンテック　2005年7月］

ややっ、指揮者らしき人物が袖に見えた。が、白髪でも小柄でもない。舞台へつかつかと歩んできたスラリとした男は、どう見直しても森正である。演奏会を間違えたのか。慌てて手もとの刷りものをめくる。「指揮者病気につき代演」とある。そんな馬鹿な！全身の力がぬけた。

しかし、気を取りなおして聴いたこの晩は、とても記憶に残った。千葉馨《かおる》独奏によるモーツァルトのホルン協奏曲は、無事にすんでよかったというていどであったけれど、《惑星》は素晴らしかった。〈火星〉の五拍子を森正は、かなり懸命に強張《こわば》りながらも、といってけっして機械的な均等拍ではなく、一拍目から五拍目に向かってゴリゴリ押していった。拍が進むにしたがって詰まり、切迫していったのである。兵隊アリのような、やや軽量級の押しではあるのだけれど、曲の、軍隊行進曲風スケルツォという性格を、前進的リズムのノリに賭けて、よく表出した演奏にちがいなかった。それから〈木星〉である。例の中間部の歌を、森は、フレーズをはっきり切り、細かくメリハリをつけ、急ぎすぎてごっつんこする童謡のアリのように慌て気味にではあるが、とにかく濃い口にやる。その、ぐいぐいと来る歌い回しがいい。森って、こんなにいい指揮者だったのか。はじめてそう思った。

もちろん、森正の棒は、それまでにもしょっちゅう聴いていた。が、特別興味を惹《ひ》かれなかった。そつのない職人とか、耳がいいので無調や複雑なリズムの現代曲の練習がちゃんとできるとか、オペラをまとめるのがうまいとか、世間の与えてくれる先入見にしばられっぱなしで、単調で面白みのない即物主義者と思いこんでいた。だが、新宿でのあまりに目と鼻の先での体験は、私の森のイメージを根底から揺るがした。

そういえば私は、森正指揮東京交響楽団による芥川也寸志の《交響管弦楽のための音楽》と《トリプティーク》の録音を愛聴していたではないか。猛烈にキビキビと尻上がりで前進するアレグロ。歌謡的楽想になると、やや浅く寸詰まりではあるのだが、それでも豊かな起伏をもって生き生きと立ち上がってくる旋律。ついつい曲じたいにばかり結びつけて考えていたけれど、それは演奏の過小評価というものだ。あれはやはり森の仕事だ。とくに《交響管弦楽のための音楽》の、歌わせどころになる前で、楽譜にはない休符がじつは本当はあるのではないかというくらいに、ハッキリざくっと切って、ポテンシャルをためなおす箇所。ああいう一種のデフォルメが指揮者の個性でなくて何だろう？　もっと森を聴くべきではないか。そんなことを思いはじめながら、追っかける余裕の作れぬうち、やがて彼は急逝《きゅうせい》し、私の森正体験はそう深まらずに終わってしまった。一九八〇年代の話である。

よく歌い、よく刻め

そういう、かつて整理も決着もつかなかった想念が、都響創立四十周年を記念して出た森正のライヴ盤を聴いていて、まざまざと蘇ってきた。そこには、一九六七年六月の第二回定期演奏会から、チャイコフスキーの交響曲第五番が入っている。私はそのころ、生まれてはいたけれど、まだ幼稚園児。都響を聴き出すのは七〇年代後半からだ。よって、未知の時代の演奏である。

森は六七年から七二年まで、創立まもない都響の常任をつとめた。つまりは育ての親である。とはいえ、さすがにまだ第二回定期だから、オーケストラは今これから育てられるというか、巣立ちの少し前に巣から地面に落ち、飛んでいるつもりで実際はほとんど歩いてしまうばかりのツバメの雛《ひな》のような具合だ。パートはかなりバラバラで、音色も粗い。集団として練れていない。しかし、そのなかで森正は、あのときの《惑星》や芥川の録音と同じ音楽作りを、しっかりやっている。たとえば第一楽章の第一主題。後拍をやや尻切れトンボ気味に詰めてぐいぐい前拍に乗せていき、不断の前進性を作り出す、やや慌て者風の森のリズム感が、しっかり出ている。そして第二主題のカンタービレなこと！　筆に墨汁《ぼくじゅう》をたっぷりつけ、性急に押しつけるようにグリグリと歌う。やはり森正はいつでも森正だったのだ。彼は個性あふれる指揮者だった。

すると、その個性は日本の指揮者の系譜のなかで、どう位置づけられるべきなのか。森正のになった歴史的役割とは何だったのだろう？

振り返ると、日本で最初の重要なオーケストラ指揮者には山田耕筰がいる。その棒は、いくぶん微温的なロマン派とよべると思う。角をたてず振幅も大きくなくほどほどによく歌って流してゆく。いかにも和を重んじる日本人らしい。次に出た大物、近衛秀麿は、フルトヴェングラーに刺激されたが、結果は、あの表現主義的に叩きつける荒々しさにはいたらなかった。なぜなら、雅楽をあずかる公卿《くぎょう》の家柄に生まれた彼にしっかり身についていた、雅楽の、けっして事を荒立てないみやびやかなグラデーションの感覚が、フルトヴェングラーの迫力を、濾過《ろか》してしまったからだろう。近衛は、フルトヴェングラー流の拍の不明瞭さを、拍子をはっきりとらずに滔々《とうとう》と流れゆくのがよいとされる雅楽のリズム感と結びつけ、そう刺激的でない芸風を築いた。

そんなわけで山田耕筰と近衛は、リズムをはっきりさせずに呑気《のんき》に歌う傾向をもっている。その反動として現れたのが齋藤秀雄だ。彼は、日本に居着いたローゼンシュトックや、それからセルやミトロプーロスの体現した、反フルトヴェングラー的に明確にリズムを刻み、綿々と歌うことには背を向ける即物主義の美学に奔《はし》った。齋藤より若い尾高尚忠《ひさただ》は、録音が少ないので軽々にはいえないが、ワインガルトナーに仕込まれたせいで、熱くなりすぎず流麗なロマン主義的指揮をしたようだ。そして山田一雄はというと、フルトヴェングラーだ。表現主義的に不定形な爆発の感覚を、近衛のように日本的和へ馴化《じゅんか》せず、そのまんまやろうとした。いや、それはフルトヴェングラーというより、マーラーから山田一雄の師、プリングスハイムにつながるテンペラメントの継承というべきかもしれない。

ようするに、戦前から戦後すぐの日本指揮界には、微温的に歌うか爆発的に歌うか、とにかくロマン主義・表現主義の線上で流れるようにやる人と、即物主義を奉じて刻むようにやる齋藤との対立があったかとも思われる。よって次に出る者は、この対立の止揚《しよう》を期待される。その役をになったのは、おそらく上田仁《まさし》でも渡邉暁雄《わたなべあけお》でもなく、第一に森正ではなかったか。彼は刻むべきところでは苛烈《かれつ》にリズムを刻む。しかし、それは齋藤のように機械の正確さでなされない。後ろの拍が縮んでゆくような生気の流動がある。即物主義とロマン主義の折衷《せっちゅう》だ。また、彼は歌うべきところで懸命に歌う。しかし、それは綿々とやるのではない。寸詰まりのように切迫したテンポ感のなかで、ぐりぐり起伏をつけてゆくのだ。これは表現主義と即物主義の折衷だ。

それにしても、こういう指揮を、他にも聴いたことがないだろうか。尻上がりに思い切りよく加速しては食ってかかるように第一拍に戻ることを繰り返すイキのいい運動。けっして呑気にならずにぐいぐいやる歌いっぷり。そう、トスカニーニである。ロッシーニからヴェルディにいたるイタリア・オペラの、歯切れよく走り、ぐいぐいと歌い、ロマン主義とも二〇世紀の即物主義とも共振する指揮の伝統を、尖鋭《せんえい》に集大成した、かの巨匠の芸こそ、おそらく森正の意識していたものなのだ。思えば森は、指揮者としての最初期のキャリアを、一九五〇年代、藤原歌劇団のオペラ指揮者として築いたのではなかったか。

とはいうものの、森はトスカニーニに比べれば細腕だった。あそこまで強引な腕っぷしはなかった。それが日本人のよさともいえるし、指揮者になる前の素養の違いともいえるかもしれない。トスカニーニはオケ・ピットでヴェルディのオペラなどゴシゴシ弾いていたチェロ奏者だったが、森は、尾高尚忠のあの優美な協奏曲を初演したりしたフルーティストであったのだ。

とにかく森は、歌うことと刻むことをイタリア・オペラ的な弾みと勢いのなかで両立させようとした指揮者ではなかったか。今は、ノリントンとか、俊敏な指揮者がはやりだけれど、彼らと似た部分もあったかもしれない。再評価を！

［二〇〇五年一〇月号］

20 入野義朗という難関

前進、前進、また前進

『太閤記《たいこうき》』というNHK大河ドラマがあった。緒形拳《おがたけん》の豊臣秀吉、高橋幸治《こうじ》の織田信長のコンビが国民的人気を博し、視聴率は平均で三〇パーセントを超えた。原作は吉川英治の『新書太閤記』で、それは一九三九年、すなわち第二次大戦勃発《ぼっぱつ》の年から読売新聞に連載された。同時代的感覚に即していうなら、日本がどんどん勢力圏を拡大し、子供が大きくなるときは日本も大きくなっていると信じられていたころあいである。ちょうどそのとき、太閤のひたすら前のめりな出世と天下統一と朝鮮・中国相手の大日本建設戦争が語られるのは、まこと時節に適《かな》いすぎていたのであり、その小説が高度成長まっただなかに蘇り、こんどは軍事でなく経済で新たな覇権《はけん》を築けると興奮しはじめた日本人のあいだに弘められるというのも、これまたできすぎた筋書きだった。

そう、このドラマが放送されたのは一九六五年のことだった。大河ドラマとしては

『花の生涯』『赤穂《あこう》浪士』に続く三作目になる。そしてこの第三作では音楽の面で新事態が起きた。主題曲をNHK交響楽団がはじめて演奏したのだ。前二作の、それぞれ冨田《とみた》勲《いさお》と芥川也寸志によるテーマ音楽は、小人数のスタジオ・オケによるものだった。しかし『太閤記』でNHKは、大河ドラマの豪華さ、それに凋落《ちょうらく》しつつある映画にたいするテレビの優位を、より強調したいと願った。その切り札がN響で、以来、同オケによる主題曲演奏は慣例化し、今日にいたっている。

では、この記念すべき『太閤記』の音楽の作曲者は誰か。入野《いりの》義朗《よしろう》である。戦後初期からNHK専属といいたいほど放送のため厖大《ぼうだい》に作曲してきた彼に、大河ドラマ飛躍の大仕事が任されたのはもっともであったろうし、その期待を入野は裏切らなかった。じっさい『太閤記』の主題曲は傑作である。頭から総奏による長調系の力強い響きで、大

入野義朗《いりのよしろう》没後二〇周年コンサート
弦楽四重奏曲第二番、七つの楽器のための室内協奏曲、尺八と箏の協奏的二重奏、独奏チェロのための三楽章、《シュトレームンク》《四大《しだい》》
安田弦楽四重奏団、アンサンブル・コンテンポラリーα、三橋貴風《みつはしきふう》（尺八、篠笛《しのぶえ》）他
［ALM　2004年6月］

河ドラマかハリウッドかという豪奢《ごうしゃ》さが印象づけられ、それからわずか一分半のあいだに旋法的楽想に五音音階的動機をつぎつぎ繰り出し、日本風の哀愁や活気などを数秒単位のモザイク状の変化で目眩《めくるめ》くように印象づけてゆく。『花の生涯』と『赤穂浪士』の主題曲が単一主題の繰り返しや変型でできているのに比べると、ずっと手がこんでいる。この入野流の起伏に富み情報をつめこむ主題曲の書き方は、以後の大河ドラマ音楽のひとつの定石《じょうせき》となった。そして『太閤記』の主題曲は、入野の作品中、彼の交響曲や歌劇をはるかにしのぎ、もっとも人口に膾炙《かいしゃ》した。

その事実は、クラシック畑の大家、入野にとって、なにか口惜しいことだろうか。いや、そうでもあるまい。たとえば、原始主義的な作曲家である伊福部昭が原始的な怪獣ゴジラの音楽で世間にいちばん知られているのは、両者を連繫《れんけい》するのが原始的という作家の本性をさし示す記号であるがゆえに、けっして不幸ではない。それと同じ意味で、入野と『太閤記』もなかなか似合いだ。その大河ドラマは、高度成長を支える前のめりに突き進む時代の衝動と一体だったのだけれど、では入野の音楽はというと、それはつねに駆り立てられるように前進したい意欲をみなぎらせているのだ。俗にいえば『太閤記』も入野もイケイケなのだ。なら入野の代表作に『太閤記』が数えられてなんの不都合があろう？

難行、難行、また難行

入野の音楽の前進性には、本人の積極的かつ行動的な性格が関係していようし、それから、師匠の諸井《もろい》三郎の気質をもっとも忠実な弟子としてよく受け継いだということもあるだろう。

諸井三郎は「音楽よ、モトーリッシュであれ」と、いつも弟子に説いたという。諸井のいうモトーリッシュ（motorisch）とは、いつもモーターに押されグイグイいくらいの意である。諸井はそういう音楽のありようをベートーヴェンから学んだ。意志的に果断に突き上げるように前に進む。諸井はそんな理想を具体的には、目の詰んだ十六分音符や三十二分音符群による上行的でクレッシェンドの利いた走句を要所要所にしつこくはさむことで具現した。そんなバネの利いた走句の多用は、とくに日米戦争さなかの作品でいよいよ鬼気迫り、ほとんどバンザイ突撃みたいになった。入野が諸井についていたのは、師のテンションがそのように振れきっていた戦時中だった。

となると、入野も諸井同様、根はベートーヴェン的な激情家のロマン主義なのかというと、それはやや違う。入野は一九二六年一一月にウラジオストックで生まれた。父は、当時の日本の代表的商社たる鈴木商店の現地駐在員で、入野は六歳までウラジオストックにいて、あとは神戸や東京で育った。つまり外国生まれのドライな根なし草なのであり、彼の音楽の前進性も、ベートーヴェンよりも、ヒンデミットやブラッハーの、ドライにキビキビと湾岸の工場地帯でもいく四輪駆動車のようにモトーリッシュな、新古典的美意識と結びついている。とくにブラッハーは、満洲やシベリアに育った経歴や、乾いてスピーディな音の遊びをやらせたら天下一品の作風によって、入野と比較されるべき作曲家だろう。そんな入野には、ヒンデミットやブラッハーに連なる精力的新古典主義者として、ドライでモトーリッシュな一九二〇、三〇年代的演奏会用音楽を量産する人生もありえたはずだ。じっさい、入野は放送のためには晩年までその種の音楽を書きつづけた。私には城山三郎原作、丹波哲郎主演のNHKテレビ・ドラマ『堂々たる打算』のためのモソロフ《鉄工場》の入野版のような機械的で硬質なアレグロの主題曲など忘れがたい。

しかし戦後第一世代としてなにか新しい響きを探究すべき時代的宿命を背負わされた入野が、演奏会用のシリアスな音楽のためにそういう様式を選ぼうはずもなかった。彼は自身の音楽的体質たるモトーリッシュな衝動を、ベートーヴェンとも諸井とも新古典派とも違う新しい方法に嵌《は》めようとした。そこで見出されたのは新ウィーン楽派の十二音音楽だ。入野は一九五一年の《室内協奏曲》で日本最初の本格的十二音音楽の書き手として認知され、以後、《シンフォニエッタ》や《合奏協奏曲》などで同一路線を突きつめていった。入野の音楽史的名声は『太閤記』や『堂々たる打算』の作曲家としてではなく日本における十二音主義の英雄としてである。

が、その名声に比して、入野の音楽は、彼が一九八〇年に没して以後、そう多く演奏され、聴かれ、論じられているとはいえない。そのわけはおそらくこういうことではあるまいか。

新ウィーン楽派のうち、ベルクの音楽は調性の残滓《ざんし》をたっぷり残し、しかも分厚くロマンティックである。このロマンティシズムが入野には合わない。いっぽう、引きこもりの幻想のようなヴェーベルンの音楽は、基本的に力動性を拒絶している。意図された停滞や分断が推進性を懸命に除去するのだ。だから入野には合わない。すると残るはシェーンベルクである。彼は音楽にモトーリッシュな推進力を保とうとしたし、ベルクのごとく古い響きへの懐旧の念にしばられることもなかった。キビキビと音列を駆使して前に進む。このシェーンベルクの流儀こそ、入野にみずからの個性を裏切らず新しい響きにいたる道を指し示した。入野は一三日生まれだがシェーンベルクもそうだった。入野は東京帝国大学を出たあとしばらく横浜正金銀行に勤めたがシェーンベルクも銀行員だった。そのへんの親近感が入野をまたいちだんと、かの作曲家に傾倒させたようである。

が、そこにひとつの難関が出てくる。そもそも旋律的な動きにバネを利かせるにはなんらかの調性感に依拠するのが楽だ。主音・属音・下属音の引きあいとそこよりの逸脱から生まれる緊張や弛緩《しかん》がすなわちバネの伸び縮みになり、音楽を前へと進める。ベルクは十二音におぼろな調性感を組み合わせることで、音楽に前進性を保てた。このベルクの道をとらず、調性感を消すべく専心すれば、それと一緒に音楽から前進性も除いてしまうのが楽だ。そこにヴェーベルンが出る。となると調性を消しつつも前進しようとするシェーンベルクがいちばんの悪路を行っているとわかろう。前進せぬものを無理やり前進させる力技の難行がその音楽を支配する。シェーンベルクのヴァイオリン協奏曲がベルクのそれよりも、シェーンベルクの十二音の弦楽四重奏曲がヴェーベルンのそれよりも演奏されない理由はそのへんにつきる。戦後前衛は、はじめシェーンベルクを、ついでヴェーベルンをモデルにし、より急進化したといわれるが、それはむしろ後退したのではないか。十二音で行くなら、前進するよりも、とっ散らかったほうが自然なのである。

入野の音楽が敬して遠ざけられてきた理由は右に同じだ。シェーンベルクの続きをやる入野の、やはり前進せぬものを無理やりアクセルを踏んで前進させる難行に、演奏家も聴衆もまだついていけていない。その意味で入野はなお未知の作曲家なのだ。前のめりの苦行が快に裏返る転機変成の時があるか。その幻の時を求め、入野はもっと弾かれ聴かれねばなるまい。

［二〇〇四年九月号］

21　もうひとつの涅槃交響曲

我信心するゆえに我あり

山本直純《なおずみ》の父、山本直忠が、一九四〇年、日本放送協会の委嘱で、ピアノと管弦楽のための《日本幻想曲》を発表した。《さくらさくら》から《荒城の月》まで、日本人のよく知る旋律を束にして、愛想よくパラフレーズしたものだったから、とても受けた。日本ビクターからSPレコードにもなった。日本人のオーケストラ曲が、そうそう録音されない時代であったから、このことを歓迎する好事家も多かった。

しかし、この発売に噛《か》みつく投書が音楽雑誌に載った。日本の作曲家たちの思想や技術は近年おおいに進み、宮原禎次《ていじ》のような、主題をじゅうぶんに展開させ、よく構築された、大型の交響曲を書く人も現れているのに、そういう仕事を無視して、《日本幻想曲》みたいな安直な低徊《ていかい》趣味の音楽を録音するとはなにごとかというのが、たしかその内容だった。投稿者は二〇歳前の男子学生である。

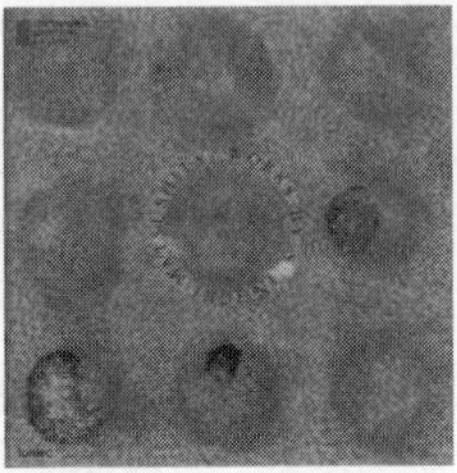

松下眞一《しんいち》作品集
《コンツェントラツィオーン》、
《シンフォニア・サンガ》(＊)
ジグモンド・サットマリー(org)、
秋山和慶《かずよし》指揮読売日本交響楽団
(＊)、東京混声合唱団、岡田晴美
(S)、高橋悠治(p)、横山勝也
(尺八)他
[フォンテック　2006年3月]

じつはこの学生は、並大抵《なみたいてい》の音楽愛好家ではなかった。およそ独学で作曲につとめ、なんと一三歳の一九三五年には交響曲第一番を完成させたという。彼が日本人の交響曲を紹介せよと投書をしたとき、すでに彼自身が交響曲作家であったのだ。そして戦後、この学生は、数学者、理論物理学者となって、大阪やハンブルクで研究職につくいっぽう、一九五〇年代後半から、作曲家としても知られていった。その名を松下眞一《しんいち》という。

彼は、一九五八年の第二回軽井沢現代音楽祭作曲コンクールに《八人の奏者のための室内コンポジション》を提出し、武満徹《ソン・カリグラフィ》と賞を分けあった。その四年後には、交響曲第三番《次元》が、若杉弘指揮大阪放送交響楽団によって初演された。彼の交響曲が音になったはじめである。この時期の作風は、トータル・セリーや音響作法といったヨーロッパ戦後前衛の流れに深く棹《さお》さすものであった。

ところが、一九七〇年代に入るころから、様子が変わってくる。好んで宗教的主題がとりあげられるようになり、響きの面でも、硬軟・新旧の諸要素を一曲のなかにまぜこぜにする、いわゆる多様式的な音楽、あるいは終始かなり平明な語法による作品が現れてくる。浄土真宗との結びつきから生まれたオラトリオ《親鸞《しんらん》》、立正佼成会の委嘱による、LPレコード九枚におよぶカンタータ《仏陀》三部作、作曲家最後の交響曲になった、『旧約聖書』の「詩篇」にもとづく第七番《新しい歌《みくに》》などである。そういえば私も一九八〇年代だったか、頭をきれいに丸めた三國連太郎の語りと松下の作曲による、築地本願寺での「音楽法要」に行って、門徒でもないのに「ナムアミダブ」と唱えたことがあったっけ。

それはさておき、こうして曲名を並べると、松下自身の宗教・宗派は何かと怪訝《けげん》に思われる向きもあるだろうが、松下にとっての問題は、ただ人間の根本的な信心だったようである。

その著書『法華経と原子物理学』によると、彼は、生きることはすなわち信心することと見つけたという。今、私は『レコード芸術』向けの原稿を書いているが、もしかするとこの瞬間、なんらかの事情で掲載誌面がなくなっているかもしれない。が、それはあるまいと信じているから書き進められる。自分がこの世界に生きていると思うのは錯覚で、じつは狐狸《こり》に騙《だま》されていて、すべては夢幻かもしれない。が、世界も自分も実在すると信じているから、狂わずにいられる。
このように、生は信心あってこそ。もしなにもかも疑えば、正気で生きてはいられない。我信心するゆえに我ありだ。芸術家が人間の根本に迫ろうとすれば、信心を主題とするほかない。松下にとっては、宗教の違いは信心の表れようの違いにすぎない。《仏陀》と《新しい歌》を同じ作曲家が書いてもさしつかえないのである。

我悟らざるゆえに作曲できず

交響曲第六番《シンフォニア・サンガ》は、松下のいわば「信心シリーズ」の中核をなす、仏教ものだ。委嘱したのは日本ビクターである。学生時代の作曲家が、日本人の交響曲を出すべしと噛みついたレコード会社だ。そこが松下に交響曲を頼んだのだ。ちょっと因縁話めく。

曲は一九七四年に完成し、同年六月のレコード用録音が初演で、そうしてできたLPは、その年の芸術祭で優秀賞を得た。それをはじめてCD化したのが、今回のフォンテック盤である。

私は、一九七七年だったか、中学生のとき、《シンフォニア・サンガ》のLPを秋葉原で買って聴いた。そのときはなによりも規模の大きさに驚いた。二人の独唱、ピアノと尺八と電子オルガンの独奏に、雅楽、混声合唱、巨大な管弦楽を用いての、一時間弱である。合唱が仏教声明《しようみよう》風にやるところは黛敏郎の《涅槃《ねはん》交響曲》を、横山勝也の尺八が虚無僧《こむそう》風に厳しく即興的にやるところは、琵琶がいないとはいえ、武満徹の《ノヴエンバー・ステップス》を、思わせた。

だが、聴き進むうちに、しだいに奇妙の感にとらわれた。長大なフィナーレの第三楽章がどうもおかしい。賛歌風の楽想が壮大に披露されもするが、その途中のかなりの時間を、尺八の、作曲家が中心音高を指示したくらいの即興演奏と、その背景に響く読《ど》経《きよう》だけでまかなっている。しかも、その読経は、独唱や合唱がやるのではない。本職の僧侶による普通の読経を録音で流すのだ。つまり、二百人規模を動員しているというのに、ついに山場というところで、生身は尺八ひとりになり、しかもその内容はほとんど演奏家にお任せで、あとは沈黙するわけだ。松下はかんじんなくだりの作曲を放棄しているのではないか。

その疑問を、それから三十年近く、詰めて考えずにすごしていたが、ひさびさにCDで聴くうち、今回、ようやくわかった気になった。

世の中には表しえぬものがある。たとえば一九六一年の大映映画『釈迦』。本郷功次郎がタイトル・ロールを演じ、彼は修行の末、悟りを開いて仏になる。すると、そこから画面に顔がまともに映らない。主役だというのに、遠見や声ばかり。なぜか。悟りを開いた仏の顔を、悟りを開いていない俳優に演じさせるのは、無理だからである。表しえぬものは映さぬほかない。

《シンフォニア・サンガ》の問題の箇所も、それと同じだ。サンガとは漢字で書けば僧伽である。仏道修行者の集団の意である。だから曲名は「仏を信心する共同体の交響曲」とでも換言できるだろう。そして、信心は表しうるものである。それは、ごく普通の人間に、ごく普通に起こる。誰でも何かを信じたくなる。祈りたくなる。その気持ちを音楽で表すのも容易だ。キリスト教の聖歌に賛美歌、仏教の御詠歌も、信心の発露としての音楽だ。《シンフォニア・サンガ》の第一楽章と第二楽章も、そういう信心や、それを脅かす邪心を扱っている。だから、音楽も雄弁である。作曲家は豊かな楽想を繰り出し、信心やそれを阻むものについて語る。

ところが第三楽章は違う。そこの主題は涅槃なのだ。仏教は、少なくともその始まりでは、魂に物質的・感覚的欲望があるかぎり、死んでも、ふたたび転生してくると教えた。欲望は充足を知らぬから、魂はなんど生まれ変わっても、絶えずなんらかの欠乏を意識し、四苦八苦して一生を終える。この繰り返しが無限に続く。これすなわち輪廻《りんね》の思想だ。無限の地獄だ。そこから抜け出すには、いっさいの欲望を捨てることだ。そのために修行する。そして悟りを開ければ、人は仏に変身し、輪廻から外れる。これが涅槃である。

そのときの魂の状態は、この世に二度と戻らなくていいあの世に行くのだ。悟りを開いていない作曲者にしかわからない。悟りを開いていない作曲家に涅槃を音で示せといっても無茶である。できることはせいぜい、涅槃とは凄《すご》いなあと、外側から称えるくらいだ。だから松下は、涅槃を賛頌《さんしょう》する音楽にはさみこむように、みずからの音符のない、空きスペースのような時間を作ったのだ。映画の『釈迦』で仏の顔がないのと同じことだ。

　そのアイディアの徹底をはかれば、ケージの《四分三三秒》のように、誰も音を出さないのがいいかもしれない。が、松下はそんな極端な真似はしなかった。本物の僧侶の読経の録音と、日本では禅宗の修行用楽器として発達した尺八の即興に任せることで、作曲者のあずかり知らぬ仏教的な音の空間を設定し、その穴のあいたような場所に聴く者を放りだして、表しえぬ涅槃とはいったいどのような境地か、瞑想《めいそう》させようとしているのだ。とにかくこの第三楽章は、表しえないくだり、すなわち涅槃そのもの、すなわち作曲家が音を書けないくだりと、表しうるくだり、すなわち涅槃を称讃する信心、すなわち作曲家が音を書けるくだりとを組み合わせるという、絶妙のアイディアで、涅槃の音楽を鳴らしている。それはおそらく、黛の《涅槃交響曲》という、作曲家がみずからの音をこれでもかと敷きつめて涅槃を表現しようとした音楽への、批判を含むだろう。

　徹底的に構築されつくした西洋近代的・剛構造的交響曲への夢から始まったろう松下の作曲の道は、第六番で構築されえぬものを内に含みこむ、柔構造的交響曲にたどり着いたらしい。これは、東洋らしい交響曲のよき手本だと思う。

［二〇〇六年六月号］

22　日本のハムレット

天皇といえば八代目

一九六九年の夏休み、伯母に連れられて仙台の映画館で『日本海大海戦』なる東宝の大作を観、まだ幼稚園児であったけれど、笠智衆《りゅうちしゅう》演じる乃木希典《のぎまれすけ》と、八代目松本幸四郎のやった明治天皇に強い印象を受けた。とくに後者は風貌といい声調といいまこと謹厳。これが天皇なるものかと恐れ入り、以来、私は明治天皇というと本物より先に幸四郎の顔が浮かぶようになり今日におよんでいる。

八代目幸四郎は九代目幸四郎やテレビで長谷川平蔵を当たり役にしている中村吉右衛門の父である。その生の舞台には七〇年代以後、帝劇や歌舞伎座でずいぶん接したが、やはり何者を演じても格調高くいかめしい役者だった。

さて、その八代目は五〇年代、けっこう悩めるハムレットだった。戦後の価値観の激変のなか、歌舞伎の将来が危ぶまれていたし、二代目中村鴈治郎《がんじろう》・扇雀《せんじゃく》（現坂田藤十郎）父子、大谷友右衛門（四代目中村雀右衛門《じゃくえもん》）、中村錦之助（後の萬屋《よろずや》錦之介）、市川雷蔵、大川橋蔵らが松竹のしきる歌舞伎界を離れ、東宝や大映や東映の映画へ新天地を求めていた。八代目もなにか新しいことをせねばと焦りつづけた。彼はすでに歌舞伎を代表する名優のひとりであったけれど、同世代の第一人者はどうしても六代目中村歌右衛門ということになりがちで、そのへんのイライラもあった。

そこに福田恆存《つねあり》という人が現れる。シェイクスピアの若き権威にして、左翼イデオロギーが優越していた当時の新劇界に格調高い「純芸術」的な風を送りこもうとする劇作家・演出家でもあった彼。その福田が八代目の品格と貫禄に目をつけ、五七年、自身が座員であった新劇の劇団、文学座の公演に、八代目とその一門を招いたのだ。演目は福田の書き下ろし『明智光秀』である。それはシェイクスピアの『マクベス』の一種の書

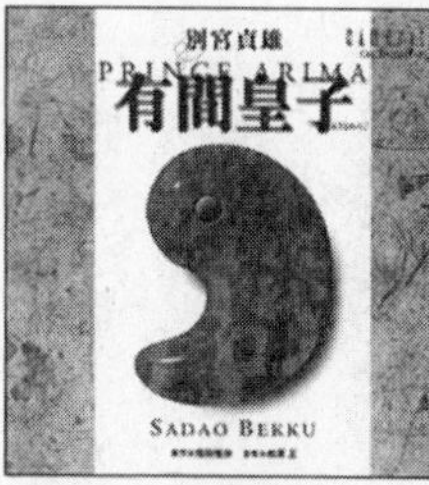

別宮貞雄《べつくさだお》／歌劇《有間皇子《ありまのみこ》》全曲
若杉弘指揮新日本フィル、福井敬（T）、大島洋子（S）、永井和子（Ms）、多田羅迪夫《たたらみちお》（Br）、勝部太（Br）、鈴木寛一（T）、経種廉彦《いだねやすひこ》（T）他
［カメラータ　2003年5月］

替狂言だった。

『マクベス』は、主人公が魔女にそそのかされ、夫人にも励まされて、主君を裏切る芝居だが、それを福田は、マクベスを光秀、主君を織田信長にし、みごと戦国史劇に直してみせた。もちろん、八代目が光秀で、信長は芥川比呂志《ひろし》、光秀夫人と魔女の二役は杉村春子が演じた。この試みは、新しがりたかった八代目と、シェイクスピアの格調をあくまで日本人ならではのスタイルで表現しうる大名優を求めていた福田との、両方ともを満足させた。

その『明智光秀』から四年後の六一年、古い興行体質の松竹にいつまでもいては時代に乗り遅れるという八代目のイライラはついに頂点に達し、彼は一門を連れて松竹から東宝へ移籍、歌舞伎にかぎらぬ多様な演目に挑戦してゆくと言明する。ここで早速、八代目たちの東宝での興行のため新作を提供したのは、またも福田だった。そうして生まれたのが『有間皇子《ありまのみこ》』である。

アリアといえば三十一文字

それはどんな芝居? じつは『ハムレット』なのである。デンマーク王たる父を殺され、母のガートルードは、父殺しの首謀者で父の弟のクローディアスと再婚し、その叔父が王位を簒奪《さんだつ》。で、王子のハムレットはというと、王位継承者の扱いは受けているものの、定かならぬ将来に怯え、狂気を装って暮らしている。その物語が七世紀日本の有間皇子とその周辺へ移されるのだ。

が、といってもその置き換えは先の『マクベス』から『明智光秀』ほどには単純でない。だいたい有間皇子には母がハムレットと違って複数いる。生みの母とその母よりずっと若い義理の母。有間皇子の父・孝徳天皇には妻が二人いたのである。そしてこの母たちが有間皇子からみれば二人とも亡父を裏切っている。若い義理母はその兄（有間皇子からすると義理の伯父）でこの国の政治を操る中大兄皇子《なかのおおえのおうじ》の命で父に背き、それが原因で父は憤死し、しかもその義母と中大兄は兄妹相姦の関係にあるようだ。いっぽうの生みの母はというと、中大兄と結ぶ豪族、蘇《そ》我赤兄《がのあかえ》とこちらも関係をもっているらしい。ようするに福田の『有間皇子』では、『ハムレット』の母ガートルードと叔父クローディアスに相当する人物がそれぞれ二人ずついるのだ。

　ではハムレットの恋人オフィーリアはどこに？　その役に相当するのは、ますますややこしいことに、若い義母である。有間皇子が好きなのはこの義母なのだ。そもそもシェイクスピアの『ハムレット』の世界を、ハムレットは母に恋い焦がれるがゆえに母を奪った叔父を憎んでいるのであり、といって『オイディプス王』みたいに露骨に母子相姦の話にもってゆくわけにもゆかぬから、母のとりあえずの代理としてオフィーリアを登場させていると解釈することもできなくはない。福田はそういう読みを際立たせてみたくなって、『有間皇子』の若い義母にガートルードとオフィーリアを兼ねさせたのだろう。そしてこの兼ねるということにこだわれば、『有間皇子』には他にも兼ねる役柄が発見できるのだ。たとえば中大兄。彼は有間皇子の若い義母を操り、権力をほしいままにし、有間皇子を邪魔者扱いしている点でまぎれもなく『ハムレット』のクローディアスだが、しかし彼自身がかつては蘇我入鹿《いるか》に実権なき一皇子として宙ぶらりんに扱われ、「大化の改新」で入鹿を倒してからもなぜか皇子にとどまりつづけている点では「永遠のハムレット」でもあるのだ（といっても後に即位して天智天皇になるけれど）。あるいはもうひとりのクローディアス、蘇我赤兄はといえば、有間皇子に狂気を装うのをやめ中大兄皇子と戦うよう勧める役、すなわち『ハムレット』における父王の亡霊の役割までなんと兼ねてしまう。ようするに福田版『ハムレット』では、シェイクスピアのもとの役柄が複数に割れたり一人で兼ねられたりして、入り組み、乱反射し、曖昧模糊とした世界が形作られるのだ。もし曖昧が日本的なもののキイワードであるならば、やはりこれぞ日本の『ハムレット』とよばれるにふさわしい戯曲ということになるだろう。

『有間皇子』は八代目一門の東宝移籍から約半年後の六一年九月に初演された。タイトル・ロールを務めたのは八代目の期待の次男、中村萬之助（現吉右衛門）で、八代目はみごとな台詞をたくさん与えられじつに良い役にされた蘇我赤兄を受け持ち、皇子の若い義母は久慈《くじ》あさみ、生みの母は山田五十鈴、中大兄は福田の信任厚かった文学座の加藤和夫が演じた。そしてこの公演の音楽を担当したのは別宮貞雄だった。

別宮には他の多くの日本の作曲家たち同様、日本オペラの規範を示しうるような作品創造への野心があった。彼はそれまでにできあがっていた、たとえば山田耕筰の世話物風や團伊玖磨の民話劇風の作品に満足していなかった。別宮にとっての日本オペラはもっと古典的格調に彩られていなければならなかった。それはちょうど八代目の芸風や福田の志と共振するものだった。そんな彼に、『ハムレット』を複雑で意味深げな日本古代宮廷劇へ置換し、おまけに福田ならではの高雅な日本語に満たされた『有間皇子』は、まさにかっこうの素材だった。しかもその戯曲は他にも別宮を喜ばせる設定を有していた。

オペラはあたりまえだが歌芝居である。そして日本人にとって声に出してうたう歌といえば何はさておき三十一文字だ。日本人は劇的感情の高まりを古来和歌に託し、それを朗唱して表現してきたのである。よって日本のオペラは劇的頂点に来るアリアのテキストに和歌をもったらいいと考えられもしよう。別宮にはどうやら早くからそんなつもりがあったようで、じっさい、五八年にはオペラへの一種の準備運動として独唱・合唱・管弦楽用のカンタータ《万葉集による三つの歌》を書いてもいる。

そんな彼が『有間皇子』初演の舞台付随音楽を任される。それはもう運命だったろう。

というのも、この戯曲で日本のハムレットこと有間皇子は、日本のクローディアスこと中大兄や蘇我赤兄に政治的には敗れてしまうのだが、その代わり日本のガートルードたる若い義母への愛のほうはかりそめにも成就させるのであり、戯曲のドラマ上の頂点にもなるその愛の場は、『万葉集』に採られた有間皇子の有名な二首「磐代《いわしろ》の浜松が枝《え》を」と「家にあれば笥《け》に盛る飯《いい》を」を有間皇子の台詞に盛りこむことでかたち作られるのだから。別宮はこの戯曲の構成を生かし、二首によるアリアに叙情のピークをおくよう作曲すれば、彼の夢見たとおりのオペラを仕上げることができたのである。

《有間皇子》は八代目の一座による上演から六年後、若杉弘指揮でオペラとして初演された。それからその初めての音盤が出るまで三十六年かかったのは、この国があいもかわらずいかれているせいとしかいいようがない。とにかく和歌によるカタルシスの達成という一点に集中し、そこへ向かい緻密に織り上げられたこの大歌劇は、日本オペラのありうべきひとつの理想型を示している。

［二〇〇三年八月号］

23　團伊玖磨と中国

「三人の会」は米中ソ三大国だ

二〇〇〇年の秋某日、横浜の映画館で團《だん》さんの隣に座らされ、豊田四郎監督、池部良・岸惠子主演の『雪国』を観た。音楽はむろん、團伊玖磨である。私は豊田の演出も、團の音楽も愛している。が、二人が一緒にした仕事となると、やや退屈に思われることもある。というのは、豊田の演出は少し間延びがちなほどゆったり気味だし、團の音楽もこれまた間延びを恐れずいつもおおらかだから。俳句の世界の表現を借りれば、このゆったりとおおらかは〝付きすぎ〟で、ここまで、はまりあいすぎていていいのかと、どうも引いてしまう。思えば豊田の作品で私がこれまで真の映画的昂奮《こうふん》を味わったのは『暗夜行路』といい『東京夜話』といい、いずれも作曲が芥川也寸志《あくたがわやすし》のものだった。そのややせわしげな音楽が豊田の間延びをちょうどよく詰めてくれるのだ。そんなことを考えつつふと隣を見やると、團さんは白いハンケチで目もとを拭っていた。およそ四十

團伊玖磨／交響曲全集
山田一雄、團伊玖磨指揮ウィーン交響楽団、ブサール（S）、赤尾三千子（能管、篠笛）
［デッカ　2001年8月］

五年前の豊田と團があまりにはまりあった映画に、今の團さんがまたはまって泣いている。意外と素直な人なのだ。そう思った。この人の音楽同様、人柄も愛せそうだとも思った。しかしそのあとはもう、あまりに時間がなかった。芥川や黛敏郎の想い出も根掘り葉掘り尋ねておけばよかった。

團と芥川と黛。彼らは一九五三年に作曲グループ「三人の会」を結成し、日本の音楽界に真の戦後を切り拓いたとかよく評された。その真の戦後なる言い方にはいろんな含みがあったろう。たとえば彼らの存在の華々しさ、若々しさ、戦時以来なかなか拭い去れずにきた日本人の貧乏な雰囲気をようやく克服するようなよく身についた豊かさ……。が、そういう次元のことだけでなく、彼ら三人がそれぞれ体現した芸術と思想がそのまま戦後世界の縮図となっていたという面もあるだろう。

まず黛。彼の根底にあったのはやはり米国的なもの、より直截《ちょくせつ》にいえばジャズだったろう。敗戦直後の焼け跡に鳴り響いたやかましいジャズ。そしてそこに象徴される自由奔放で大日本帝国を焼きつくしてもなお余力たっぷりの米国の底知れぬエネルギー。おそらくそれこそが黛を魅了し、そこから彼の音楽に生涯一貫したヴァイタリズム信仰というべきものが育ち、その延長線上に梵鐘《ぼんしょう》や仏教声明や雅楽のエネルギッシュな響きも「発見」されてくる。

次に芥川。彼は短いスパンでキビキビと整然と多くの繰り返しを伴いながら音の動く様《さま》に魅せられた作曲家であり、そうしたヴィジョンはプロコフィエフやショスタコーヴィチなどなどのソ連音楽に最良のモデルを見出した。黛が奔放で無定型な米国的自由に憧れたとするなら、芥川は規律正しく元気に足を揃え行進するソ連的平等に惚《ほ》れたのである。だからこそ彼は五〇年代にソ連に密入国までし、以後もその国と密接な関係を保ちつづけ、八〇年代には反米反核文化運動の指導者にもなった。

そして團。彼は師、山田耕筰を敬愛しつづけながらも、その音楽を息が短く箱庭的で島国日本のひとつの限界を呈したものとして批判し、より息の長い滔々《とうとう》たる音楽を志向した。そこで團が注目したのは、まさに大陸的な息の長い文化を具現してきた中国と、その向こう側に延びるシルクロードだった。さらにそこに彼の血統への確信もからんでくる。團家は大陸に近い九州の出身で、團という姓は中国にもある。つまり團一族は大陸からの帰化人では？　かくてここから、あの團の、日本的というより中国的な、ときに雄渾《ゆうこん》にときに嫋々《じょうじょう》と、とにかくたっぷりおおらかに流れる音楽世界が立ち上ぼってき、管弦楽曲の《シルクロード》や《万里長城》、歌劇《楊貴妃》など、その方面に取材した代表作も生まれてゆく。

ともかく、というわけで「三人の会」の人々は、戦後世界を仕切った米中ソ三大国への日本人の憧れや引け目をそれぞれに表現したともいえる。その意味でこのグループは戦後世界の国内的縮図だった。彼ら三人の鼎立《ていりつ》する様がまさに世界の今を感じさせたのだ。自社二党による五五年体制も米ソ冷戦の国内的縮図だったが、それより「三人の会」から見える世界のほうが、役者が一枚多いぶん、より立体的で味わい深い。

團の交響曲は日本列島改造論だ

さて、追悼ということで再発になった團の交響曲全集のことである。そこで聴ける一九四九年から八五年までの六曲は、どれもが團の大陸的に堂々たる節回しが底流を支配した息の長い音楽であることに違いはないが、しかし正面切っていかにも中国やシルクロードっぽい作品ばかりというわけでもない。いや、天真爛漫《らんまん》に大陸への夢を奏でているのは第二番だけといってもいい。多様な展開が単一楽章に押しこまれた第一番にはまだ山田耕筰流のせせこましさへの共鳴も感じられるし、第三番は中国好きの團が米国的なものをも取りこもうと呻吟《しんぎん》した曲だ。もっとも團にとっての米国は、奔放で快活な黛の米国からほど遠い、不安と狂気に満ちた「灰色の世界」で、結果、第三番はベルクや若き日のクルシェネクのように重く鈍く錯綜する。團はこの交響曲をニューヨークの摩天楼の光景から発想したというが、その響きはそれからすぐあとに書かれた第三次大戦ものの映画『世界大戦争』のための終末論的音楽に受け継がれる。摩天楼の交響曲と世の終わりのための映画音楽。この取り合わせは二〇〇一年九月以後の世界ではますますリアリティを放つだろう。

続く第四番は、これも米国のビジネス文明を見聞した余韻がありそうな新古典主義的な曲で、オーマンディとフィラデルフィア管が取り上げたのもうなずける。いっぽう、第五番はまた目先が変わり、終楽章に大規模な変奏曲が置かれるなど欧州の古典的精神に傾斜する。シルクロードを旅し、とりあえず終点まで行ってきた証しとでもいった音楽だ。

そして第六番。最後になったこの交響曲が取り上げたのはシルクロードの、欧州とは逆側の最果てに位置する日本である。作品には《ヒロシマ》と題が付き、独奏楽器として能管と篠笛が、旋律素材として瀬戸内の民謡が、さらに広島の惨劇に寄せられた詩をうたう独唱が入る。では、これは中国に魅せられ、シルクロードを遍歴し、新大陸の米国にも出向いてみたシンフォニストの最終的「日本回帰」を証する音楽だろうか。いや、そうではあるまい。そもそも團が島国的狭隘《きようあい》さを嫌い大陸に憧れたのは、けっして日本を拒否し大陸に精神的亡命をはたそうとしたわけでなく、日本人のなかにもおそらく大陸の血の流れる團一族が紛れているのと同様、シルクロードの終点である日本にも島国的狭隘さを打破する大陸的精神が潜んでいるはずで、それを自分の音楽で開放し、日本人の民族性を改造してしまおうとの大望あってのことだった。だから最後の交響曲が日本を扱うのは彼の創作の道筋としてまったく正しい。そしてその音楽では、日本の伝統楽器の音色も民謡の旋律も團の大陸的な風合と融和させられ、そこにシルクロードとたしかにつながった日本の姿が浮上してくるのである。この交響曲のあとで團が日本神話による歌劇に取り組んだのも、同じ文脈からとらえられねばならない。

團伊玖磨の音楽がもしも今ひとつこの国で理解されていないとすれば、それは日本人が今も山田耕筰的せせこましさの枠から出られないせいだろう。日本は小さい。いつまでも小さい。

［二〇〇一年一一月号］

24　人肉食と「ミシ」マ

放火オペラと人食いオペラ

團伊玖磨《だんいくま》には七本のオペラがある。すなわち《夕鶴》（一九五二）、《聴耳頭巾《ききみみずきん》》（一九五五）、《楊貴妃》（一九五八）、《ひかりごけ》（一九七二）、《ちゃんちき》（一九七五）、《素戔鳴《すさのお》》（一九九四）、《建《たける》》（一九九七）だ（正確にはあとラジオ向けのオペレッタがいくつかあるが、ここでは除けておこう）。しかし、戦後を代表するオペラ作家の團なのに、全曲のディスクとなると、これまで長いこと《夕鶴》しかなかった。そこにようやく今回、《ひかりごけ》が演奏会形式のライヴ録音として加わった。嬉しいことだ。が、それはあくまで團ゆかりの神奈川フィルが身銭をきって自主制作したもの。日本のレコード会社が正規に発売し、きちんと流通に乗せる性質の商品ではない。なぜ日本の作品の録音環境はあいもかわらずこうも貧しい？　悲しいことだ。

いや、とにかく《ひかりごけ》である。それは筋書きの鮮烈度も音楽の充実度もあま

團伊玖磨／歌劇《ひかりごけ》（全曲）
現田茂夫指揮神奈川フィル、二期会合唱団、木村俊光（Br）、吉田伸昭（T）、山口俊彦（Bs）、竹澤嘉明、工藤博（Br）
［神奈川フィル　2002年8月］

りに高くて、文句なく團のオペラの最高傑作だと思う。黛敏郎の《金閣寺》（一九七六）と、現在のところ日本オペラの双璧をなすといってもいい。そしてこの双璧がともに三島由紀夫の自決とかかわりのあるのが面白い。

《金閣寺》はむろん、三島の小説が原作だ。黛と三島は長年の盟友であり、二人は六〇年代、日生劇場のため共同してオペラ《美濃子《みのこ》》を作りかけたが、三島の台本はちゃんと完成したのに黛の作曲の遅れで初演はご破算となった。その後、黛はベルリン・ドイツ・オペラの委嘱で『金閣寺』をオペラ化することになり、作曲家はその許諾を得るべく《美濃子》事件でやや疎遠になっていたらしい三島と七〇年にひさびさに親しく面談し、それが二人の最後になったという。だからとうぜん《金閣寺》はたんに三島の原作というだけでなく、黛が三島に贈る鎮魂曲としての性格ももっている。幕切れで美しいものを焼き払いに決然と出立する溝口の姿は、みずからを滅ぼそうと市ヶ谷に向かう三島その人といやでもダブるのだ。

いっぽう、團は黛ほどではなかったろうが、やはり三島と親しかった。日本テレビでやっていた團と読響の番組に三島が出演し《軍艦行進曲》を指揮したのは、三島と音楽を語る上で最も印象的な挿話のひとつだし、團は《楊貴妃》の次のオペラを何にするか三島に相談し、三島の原作で話をまとめかけたこともあったようだ。そして團が《楊貴妃》の次を《ひかりごけ》にするとついに決めたのは、三島の割腹直後のまだ興奮さめやらぬ時期だったという。

といっても《ひかりごけ》は、黛の《金閣寺》のように三島の原作なのではない。それは三島の文学にはどちらかといえば批判的だった武田泰淳《たいじゅん》（彼の『富士』に出てくる自殺するニセ宮様は戯画化された三島だろう）の、前半が小説、後半が戯曲という不思議な作品にもとづく。では、三島事件と《ひかりごけ》にはどんな相関が認められるのか。それはまず物語の主題において見出される。なにしろ《ひかりごけ》は人肉食の話だ。腹を切って首が落ちる！　もはや現実に起きてしまったこの猟奇的大事に、あくまで現実をしのぐべきオペラがそれ以上の猟奇で対抗するとなれば、もう人肉食でも扱うしかないだろう。つまり團の《ひかりごけ》は三島事件への素直なリアクション、対抗意識の産物だったのである。

ミとシで戦後が撃てるか？

が、それはもちろん、ごく皮相なレヴェルでの話だ。三島事件と《ひかりごけ》はより深々と結びつけられもする。

三島は、自衛隊をけっして軍隊として認めぬ平和憲法と、明らかに軍隊的性格を備えて目の前に確実に存在する自衛隊とのあいだの矛盾を突いた。そこには整合不能な無秩序があり混乱があり虚偽があり、それを糊塗《こと》することにのみ腐心する戦後日本は本源的にインチキである。三島はその救いがたさに絶望し、腹を切ったのだろう。

いっぽう《ひかりごけ》は人が人を食う話だが、問題とすべきはその時代背景だ。事件が起きるのはじつは太平洋戦争中なのである。戦争末期、軍属たちの乗る船が公務中に遭難し、辺境の洞窟に四人だけ流れつく。彼らは天皇に忠誠をつくす臣民として生き残り与えられた任務を遂行せねばならない。しかし漂着した先には食うものがない。となれば同胞が同胞の肉を食っても生き残るよう努力すべきだ。こうした国家の論理により人肉食は正当化される。オペラの第一幕はそのようにして四人のうちのひとりが他の三人を殺して食って生き残る物語をやる。そして第二幕は戦争が終わった平和な世界である。そこでは仲間を食っても生き残り天皇のため奉公しようなどというかつての非常時の論理はもはや通用しない。生き残ったひとりはたんに殺人と人肉食をなした猟奇的犯罪者としてまったく平時の理屈のもと裁かれようとする。が、法廷は混乱する。なぜなら、生き残ったひとりは自分の首には人肉食にたいする天の罰で光の輪が掛けられており、その輪は人肉を食べたことのない人間には誰にも見えると主張するけれど、法廷にいる誰にもその光の輪は見えないから。つまり皆がじつは人肉食を行っていた！　いや、というより、皆は戦争中、他人の肉を食わずともやはり多くの仲間を犠牲にすることで戦後に生き残った！　そういう人間たちがどうして「人肉食はとんでもない」などというもっともらしいヒューマニズムの側にたち、生き残ったひとりを裁けるだろう？かくてここに人肉食者を断罪できる者は誰ひとりいなくなり、戦後の法秩序は崩壊し、オペラは壮絶なカタストロフへとなだれこむのである。

以上で三島事件と《ひかりごけ》の相同性は明らかかと思う。両者は矛先《ほこさき》は違えどとにかく戦後日本の一種のインチキさを突こうとする点では一致する。

そしてここでもうひとつ付け加えるなら、團はあくまで思想家でなく作曲家なのだ。そんな彼が《ひかりごけ》の世界をただ観念の水準だけで三島事件と重ね合わせ満足するはずがない。作曲家は必ず音としてもオペラのなかに三島なる人間を刻印しようとするだろう。さて、どうやって？　音名象徴という必殺技がある。つまりmishimaからs＝es、h、aをとるか、ミシマからミとシをとるかだ。團は必ずその手の細工をしたろう。そう思い調べてみると案の定だった。このオペラで決定的に重要な動機は次の三つ。その一は、第一幕冒頭にティンパニと大太鼓のトレモロによる重低音を伴って鳴り響き、以後も要所要所で繰り返されカタストロフを表現する四音の動機。それはミ－シ♭－ミ－シ♭だ！　その二は、人肉食という罪を犯してまで人は生き残らねばならないのかといった煩悶《はんもん》の動機として第一幕に大きく機能するものだが、それはファ－ラ♭－ソ－ミ、ファ－ラ－ソ－シ（h）。つまりファ－ラ♭－ソまで同じで、あとミに行くかシ（h）に行くか揺れることが即懊悩《おうのう》の表現になるような音型である。その三は、ひとりが三人を食い四人がいわば合一してしまったことを示し、第一幕後半から第二幕全体までを強固に支配する四音の動機。それはド－シ（h）－ミ♭（es）－ドだ！　というわけでミとシ、あるいはesとhがこのオペラを支配しているといっても過言ではないと思う。《ひかりごけ》。それは三島事件の秘教的記憶物なのだ。そこにはミシマないしmishimaが遍在している。

［二〇〇二年八月号］

25 斎藤高順と小津安二郎

軍楽隊と弦楽器

大正一二年（一九二三）の六月一日だから、関東大震災のちょうど三カ月前である。東京の帝国ホテルで海軍軍楽隊が、各界の名士を招いて特別演奏会を催した。曲目はボロディンの《中央アジアの草原にて》やドヴォルザークの交響曲第九番《新世界より》。指揮は軍楽隊長の田中豊明だった。その年は、山田耕筰と近衛秀麿がＮＨＫ交響楽団の大もとになる日本交響楽協会を作る二年前になる。そんなころあいに軍楽隊が《新世界より》をやっていた。もちろん全曲だ。

しかし、編成は？　軍楽隊だから吹奏楽編曲版？　そうではなかった。通常の交響管弦楽だった。日露戦争の勝利の後、軍楽隊は陸軍も海軍も、大国の軍楽隊にふさわしくグレードを上げなくてはと、管弦楽に手をのばした。隊員は、管打楽器だけでなく、弦楽器も兼任で練習した。そして、陸海軍とも、しばしば大曲をとりあげた。田中楽長時

斎藤高順《たかのぶ》／吹奏楽作品集――ブルー・インパルス
行進曲《ブルーインパルス（青い衝撃）》、自然への回帰、映画『東京物語』～主題と夜想曲、同『彼《ひ》岸花《がんばな》』～主題歌、同『秋刀魚《さんま》の味』～主題曲とポルカ、行進曲《輝く銀嶺《ぎんれい》》他
進藤潤指揮航空自衛隊航空中央音楽隊
［ユニバーサル　2006年11月］

代の海軍軍楽隊なら《運命》も《英雄》も《悲愴》も弾いている。日本の交響楽史は、軍楽隊の活動ぬきには語れない。

すると、軍楽隊の弦楽教育はどう行われたのか。上野の東京音楽学校（現東京芸術大学音楽学部）の教官連が面倒をみたのである。たとえば、大正期の海軍軍楽隊にチェロを教えたのは、昭和に《海ゆかば》を作曲する信時潔である。信時は、上野の学生時代、チェロ専攻だった。

教えてもらうからには恩返しもせねばならない。たとえば昭和九年（一九三四）一〇月末日、東京音楽学校のオーケストラは、R・シュトラウスの《ツァラトゥストラはかく語りき》と《アルプス交響曲》という壮絶な曲目で、コンサートを開いた。指揮は、マーラーの弟子で同校教授のクラウス・プリングスハイム。コンサートマスターはポラックで、ヴィオラのトップを《花嫁人形》の作曲家の杉山長谷夫《はせお》がつとめ、その後ろには平井康三郎もいる。チェロには、唱歌《故郷《ふるさと》》の作曲家、岡野貞一に、呉泰次郎《ごうたいじろう》、安部幸明《こうめい》、倉田高《たかし》ら。チェレスタは山田和男（一雄）だ。同校の教官、卒業生、学生を結集した、今からみると歴史展覧会のような顔ぶれである。では、管楽器は？　当時の上野では、それはあまり教えられていなかった。木管のかなり、金管のほとんど全員、それから打楽器もコントラバスも、海軍軍楽隊だった。上野側からは、ファゴットに片山頴太郎《えいたろう》や金子登《のぼり》がいたりするていど。この日は、四十人近くもの軍楽隊員が賛助出演している。この時代、プリングスハイムは、師匠のマーラーの交響曲の連続演奏などもしているが、それもみな、軍楽隊の応援があってこそだった。

このように、大正から昭和にかけ、東京音楽学校と陸海軍軍楽隊はすこぶる親密だった。その関係から、軍楽隊が上野の生徒の駆けこみ寺になったこともあった。昭和一八年（一九四三）、学徒出陣が始まると、音楽学生も例外ではいられなかった。そこで、前途有望な者を、徴兵される前に軍楽隊に志願させる手口が編み出された。軍楽隊なら、普通の兵隊よりは戦死率も低いし、勉強にもなる。杉山長谷夫らが音楽学校を代表して交渉にあたり、昭和一九年、十三名の生徒が陸軍軍楽隊にひきとられた。彼らは普通の隊員として、管打楽器を学び、そこで敗戦をむかえた。

そのなかには、学校で下総皖一《しもふさかんいち》についていた團伊玖磨がいた。彼は戦後、皇太子明仁親王御成婚に捧げられた《祝典行進曲》など、数々の吹奏楽曲で名声を博した。オーケストラ作品では、ホルンを重用した肉厚な楽器法を売りにした。そういう基礎は、軍楽隊で培われたと考えてよい。

また、橋本國彦に習っていた芥川也寸志もいた。その出世作の《交響三章》や《交響管弦楽のための音楽》は、活発で技巧的でよく映える、木管や金管の用法によって際立つ。軍楽隊時代がなくては、こうは書けなかっただろう。

そして、斎藤高順《たかのぶ》がいた。信時潔に学んでいた彼は、仲間たちのうちでもいちばん軍楽隊経験を活《い》かした音楽家になった。なにしろ斎藤は、行進曲《輝く銀嶺《ぎんれい》》(昭和四三、一九六八)の成功で吹奏楽界に地歩を固めると、その二年後には、航空自衛隊を象徴する音楽といえばこれしかない、浮力も推力もじゅうぶんな行進曲《ブルー・インパルス》を発表し、その功績もあって、昭和四七年に航空自衛隊航空音楽隊の隊長に就任するのである。隊長とはつまり主席指揮者だ。斎藤は上野では、プリングスハイムの弟子、金子登に指揮法を仕込まれていた。それが活きたのである。ついで、昭和五一年には、旧陸軍軍楽隊と歴史的につながりの深い警視庁音楽隊の隊長に招かれ、その地位に昭和六一年までとどまる。斎藤こそは、上野と軍楽隊の連携が生み出した最後の栄えある音楽家だったといってもよいだろう。

無声映画館とポルカ

斎藤は、戦後、東京音楽学校に復学すると、新教官の池内友次郎や伊福部昭に師事して、昭和二四年（一九四九）に研究科を修了した。それから吹奏楽界で名声を得るまでは二十年近くある。その間、何をしていたのか。主には映画や放送の音楽を書いていた。映画では、巨匠、小津安二郎とコンビを組み、『東京物語』『早春』『東京暮色《ぼしょく》』『彼岸《ひがん》花《ばな》』『浮草』『秋日和《びより》』『秋刀魚《さんま》の味』と、七本に作曲している。

この七本は、映画音楽の歴史を考えるとき、とても重い。小津と斎藤のコンビは、フェリーニとロータや、ゴジラと伊福部や、トリュフォーとドルリューにも匹敵すると、私は思う。

といっても、斎藤の音楽それじたいが個性的でユニークなのではない。むしろ、平凡で類型的である。けれどそれはわざとだ。斎藤は、小津が映画音楽にたいしていだいていた欲求をひたすら忠実に具体化した。そうしたら、そういう音楽になるほかなかったのだ。そして、その突きつめは、小津と組んだ他の作曲家たち、伊藤宣二《よしじ》や斎藤一郎や黛敏郎にはついにできなかった。小津の意を汲《く》みきれたのは斎藤高順だけだった。だから、このコンビは特別なのである。

はて、小津はどんな映画音楽を求めたのか。私が斎藤高順氏からうかがったときの言葉を使えば、「いつも天気のいい音楽」ということになる。

小津は明治三六年(一九〇三)生まれだ。サイレント映画を観て育ち、松竹に入り、トーキーになる前に、もう監督だった。

サイレントといっても映画館には音があふれていた。弁士や楽士がいた。大映画館には、室内管弦楽団規模のものを常雇いしているところもあった。そして、映画館の楽士といえば、元軍楽隊員である。《新世界より》を振った田中楽長も、大正のうちに映画館指揮者に転じている。

では、彼らはスクリーンにあわせ、どんな曲をやったのか。興業に力の入った映画では、場面場面でこの曲をと、指定された楽譜が付くこともある。しかし、おおかたは楽団の自主選曲だ。彼らがよく演奏したのは、マーチやポルカだったようである。ようするに、自然とわくわくして身体の動くような曲だ。その音楽は、物語や画面の動きには必ずしも合わない。銀幕上が大愁嘆場《しゆうたんば》でも、楽士は楽しげなポルカをやりっぱなしなんて状態があたりまえである。つまり、場面を説明するための音楽というよりも、しょせんは平面上の写し絵にすぎず、しかも俳優の声も出ず、放っておくと死物のようになりかねないサイレント映画を囃《はや》し、生気を吹き込むための音楽なのである。だから、マーチやポルカがいいのだ。

そういう音楽の使い方は、トーキーになると廃《すた》れていった。フィルムに音も録音されている。もう弁士も楽士も要らない。画面の役者が喋ってくれるし、効果音も付いている。画面と音が連動し、それだけで映画はかなり活物となる。わざわざマーチやポルカで囃さなくても、生きて動いている感じがする。ならば、トーキーに入る音楽は、場面の説明に徹するべきだろう。怖い場面では、役者の叫び声に不気味な音楽が被《かぶ》る。悲しい場面には泣き声に短調の泣き節が相乗する。そのような演出があたりまえになった。ところが、小津にはそれが気に食わなかった。彼はサイレントの美意識のなかで映画作法を完成させていた。喜怒哀楽は視覚だけで十二分に表現されるのであり、そこに映画芸術の神髄がある。大げさな台詞《せりふ》や説明的な音楽で上塗りするのは、下品なのである。音楽は、サイレント時代のように、画面上の喜怒哀楽から超然とし、マーチやポルカで囃しているだけでいい。だから、「いつも天気のいい音楽」なのである。

この思想は周囲にわかってもらえなかった。だが、「最後の軍楽隊員」の斎藤には、元軍楽隊員たちの無声映画館での仕事ぶりを受け継ぐ小津美学が、ピンと来たのだ。だから斎藤は、小津映画のサウンドトラックを、ブンチャブンチャというポルカや、ズンチャチャチャチャ・ズンチャズンチャというマーチのリズムで満たすことができた。それによって、小津のトーキー映画はついにほんとうに小津らしくなれた。トーキーにサイレントの美意識が召喚されたのである。

斎藤高順を回顧すること。それは、軍楽隊を転轍《てんてつ》機として、日本近代洋楽史から世界映画史までを駆けめぐる、目眩《めくるめ》く体験にほかならない。

［二〇〇七年二月号］

26 核の時代のオルフェウス

日本語オペラは歌えない？

「三人の会」の作曲家、すなわち團伊玖磨と黛敏郎、それから芥川也寸志は、三人三様にオペラを書いた。團はその七つのオペラにおいて山田耕筰の日本語高低アクセントにもとづく旋律法、その他、山田のやり方を批判的に継承しつつ、とにかく日本語を伝統邦楽とも、山田とも違ったふうに、より開放的に歌い上げようとした。いっぽう、黛は、欧州諸語に比べどうにも母音がはっきりしすぎ、そのぶん速度を欠く日本語で西洋風歌劇を作っても様にならないと、はなから観念していたようだ。だから彼は三島由紀夫が提供してくれた日本語オペラのための台本『美濃子』への作曲を完成させられず、彼の遺したオペラは二つともドイツ語になった。

では芥川は？　彼は團のように日本語をカンタービレにやることに身命を賭そうと思

わなかったようだし、といって黛のように自国の言語を放擲《ほうてき》するところまで思い切れなかった。結果、芥川の唯一のオペラで、長二度と短二度をすみずみにまで張りめぐらし芥川節を堪能させる《ヒロシマのオルフェ》は、声楽的には、能や歌舞伎や文楽で日本人が昔から採用してきた、語るごとくに歌い、また歌うごとくに語って、長い音楽劇の声のパートをまかなってゆくやり方を彼なりに探究することになった。シェーンベルクのシュプレヒシュティンメにも近い、語りと歌の中間のような声の扱いが基本にあり、そこから歌うほうや語るほうに自在に振れながら全体が進んでゆく、つまりは團のように歌に寄りかからないかたちに、芥川は日本語オペラの道を見出したわけである。もちろん、そうした日本語の扱いは、芥川の恩師で山田耕筰とはつねに一線を画したいと願っていた橋本國彦がすでに昭和初期に試していた（もっとも橋本は歌曲だけでついにオ

芥川也寸志／歌劇《ヒロシマのオルフェ》　本名徹次指揮オペラハウス管弦楽団及び合唱団、ころぼっくる合唱団、井原秀人（青年）、石橋栄実（若い娘のちに看護婦）、田中友輝子（中年の娼婦じつは巫女）、安川忠之（死の国の運転手のちに医師）、福島紀子、野上貴子、森田亜紀香（娼婦）
［カメラータ　2002年11月］

ペラは書かなかったが)。よって戦前の日本語歌曲における山田対橋本の構図が戦後の日本語オペラにおける團対芥川へと継承されたのだと考えてみてもよいだろう。

以上は言葉の側面からの話だけれど、思想・内容の面からも、この三人のオペラはやはり三様である。團は中国大陸的な大スケールの美意識で日本人の箱庭感覚を変革したいという執念に憑かれた人だったが、彼のそういうつもりは、初期の中国もの《楊貴妃》、および晩年のまさに大スケールな日本神話もの《素戔嗚《すさのお》》と《建《たける》》によって心ゆくまで実現された。黛は《金閣寺》で三島由紀夫との精神的つながりをアピールし、「天孫降臨」をフィナーレとする《古事記》で愛国者らしさを示した。すると芥川はというと《ヒロシマのオルフェ》は文句なく反核・反米である。皇室とも共産党系勢力とも仲のよかったぬえのような團、「右傾化」した黛に対し、芥川は一九五〇年代初頭から一貫して「左傾分子」であり、《ヒロシマのオルフェ》も国民的反米運動としての安保闘争の年たる六〇年に、「進歩的・反米的」な「新進作家」大江健三郎の台本を得て生まれている。三島と黛は五九年に仲良く「皇太子御成婚奉祝カンタータ」を作詞作曲しているが、芥川は大江と組むことでこの名コンビの向こうを張ったともいえるだろう。

すると《ヒロシマのオルフェ》のどこが反米か。主人公は広島で顔面にケロイドを負い原爆症による死の恐怖にさいなまれている青年で、その寿命がいよいよつきるかと思われるとき死の国から迎えに来る不気味な自動車は、原爆投下国、米国により広島に設置された、放射線の人体への影響を調査する機関が原爆症末期患者をモルモットとして収容するさいの運搬車のイメージの投影……。このくらいの指摘でもうじゅうぶんだろう。おそらくそうした要素が「評価」されたからこそ、このオペラはレーガン米大統領の「SDI構想」により冷戦最後の緊張が高まっていた八四年からしばらくソ連でなんども上演されたのだ。

被虐・自己愛・最終戦争

しかしここでフランス映画やコクトーのファンなら気づくことがあろう。「オルフェもの」で冥府からの迎えが自動車？　それはコクトーの脚本・監督、ジャン・マレー主演、オーリックの音楽による映画『オルフェ』（一九五〇）ではないか。そう、『オルフェ』と《ヒロシマのオルフェ》にはじつは他にも多くの共通点が認められる。たとえば前者では死のイメージの担い手は人を撥《は》ねるオートバイで、後者では原爆。オートバイと原爆ではだいぶ違うけれど、どちらも近代工業の産物ではあり、ここにコクトーと大江／芥川は科学文明批判のモティーフを共有することになる。

それからなんといっても鏡である。コクトーでも大江／芥川でも、鏡が死の世界と生の世界の通路として大きな役目をはたす。はて、なぜ鏡？　コクトーのオルフェ（詩人として登場する）も、大江／芥川のオルフェ（ケロイド青年）も、鏡の好きな一種のナルシシストなのである。詩人は鏡を見て老いと詩想の枯渇を意識し、若く輝いていたころのおのれを懐かしみ、青年は鏡に映るケロイドを嫌悪し、また同じ鏡にケロイドのない美しく健康なもうひとりの自分の幻を見て法悦する。ようするに鏡はナルシスにとっての泉の水面だ。ただし詩人も青年も今の自分は愛せない。そこから二人はともに一度死んで再生し真の若さを回復しなければという強迫観念にとらわれてゆき、鏡の向こうに冥界を見つける。そういう歪められた自己愛の物語だから、コクトーにも大江／芥川にも、ユリディス（エウリディーチェ）は基本的に要らない。オルフェは死んだユリディスではなく自分の若さや輝きこそを取り戻しに冥界に降りるのだ。ゆえにじっさい、コクトーの映画にユリディスは出てくるものの脇役扱いだし、大江／芥川にいたってはユリディスは最初からいない。

だが、ユリディスが活躍せず、オルフェがナルシシストではドラマが退屈かもしれない。そこでユリディスの弱体化ないし不在を補うべく、コクトーにも大江／芥川にも新たな共通のヒロインが登場する。それは前者では死神のプリンセス、後者では死の国の娘とよばれ、この若い女の死神が詩人、青年と恋仲になる。というか、再生するには一度死なねばならず、それが死への憧れになり、その憧れとしての死が擬人化されたものが女死神に化身するのだ。つまり、コクトーのオルフェも大江／芥川のオルフェも、ユリディスそっちのけで自分の願望に恋するわけだ。

　他にもまだ相似点はあるけれど、とりあえずこのくらいにしよう。けっきょく、コクトーの『オルフェ』の十年後に、それを現実的・政治的・社会的に大げさに仕立てなおして生まれたのが《ヒロシマのオルフェ》なのだ。『オルフェ』は、創作力の枯渇（＝死）に直面した詩人が女死神の司る多分に象徴的な死と再生の儀式によって旺盛な生命を取り戻す物語といえ（『オルフェ』の最後で、プリンセスの努力で冥府から現世に戻ったオルフェとユリディスのあいだに授かる子は、回復された旺盛さの記号だ）、ナルシシスティックな詩人、コクトーならではの幻想譚《たん》として見きれる。が、《ヒロシマのオルフェ》では、詩想のつきかけた詩人はリアルに肉体が滅びかけている被爆青年に置換される。詩人なら全人類のなかの永遠の特権的少数派といった存在だが、核の時代のもとで生命が風前の灯なのは特権もヘチマもなく人類全員だ。その意味で被爆青年は全人類の集約された姿であり、この物語が「オルフェもの」であるからには、冥界を旅する（＝死ぬ）段階を経ないと、魂の蘇りもありえない。芸術家の霊感の死と再生なら象徴的儀式だけでも事足りるものの、核時代の人類の死と再生となるとこれは象徴云々ではすまず、第三次大戦なりなんなりによる大勢のリアルな死が要求されてくるだろう。つまりケロイド青年も人類もあらためて核の業火に焼かれねばならない！　それで人類が本当に絶滅してしまえば再生もなにもないけれど、少数が生き残り改心し、平和のユートピアが来れば、核の時代のオルフェにふさわしい物語が美しく完結するだろう。ゆえに《ヒロシマのオルフェ》には未来のユートピアに住む子供たちが核戦争で死んだらしい祖先の墓参りをする幻を主人公が観て感激する場面も用意されているし、その幕切れは主人公と合唱団による核爆弾爆発前の秒読み、それすなわち全人類がいったん冥府に送りこまれる秒読みでなくてはいけなくなるのだ。

そういえば、レーガン・中曾根時代下の反核運動（そこには芥川の姿もあり、《ヒロシマのオルフェ》のソ連での上演につながるのだが）、その中心にいた大江健三郎のことを、吉本隆明が反核平和を叫びつつじつは核戦争による人類滅亡の夢に被虐的快感を覚えているのではないかと評し、物議を醸したことがあった。このオペラをあらためて聴くと、大江と芥川にその種の想念がまったくなかったら、ナルシシズムとマゾヒズムの結合したこんな迫真の作品ができるわけもなかったと、やはり思う。

［二〇〇三年二月号］

27　生産しない女

インドの中心で生産と叫ぶ

シューベルト／歌曲集《冬の旅》
シュトゥッツマン（A）、セーデルグレン（p）
［カリオペ　2004年4月］

芥川也寸志《あくたがわやすし》に《エローラ交響曲》という作品がある。一九五七年、芥川はインドのエローラに詣《もう》でた。そこには巨大な石窟《せっくつ》寺院がある。ひとところに仏教、ヒンズー教、ジャイナ教の石窟が集中している。それらはなんとも無秩序に茫々《ぼうぼう》と広がり、キリスト教やイスラム教の秩序ある寺院建築と好対照をなす。そしてそのエローラ石窟に含まれるヒンズー教のカイラーサナータ寺院には、赤裸々で根源的な性表現を示すレリーフが無数に彫りこまれている。ヒンズー教の最高神シヴァとパールヴァティーをはじめとするその妻たち、あるいはもうひとりの最高神ヴィシュヌとその妻ラクシュミーが戯《たわむ》れ交合する図像が、巨大な空間をこれでもかと満たしているのである。この無秩序な空間での無数の交合というヴィジョンが、芥川に霊感を与え、交響曲が着想された。それは、男女それぞれを象徴する無数の短い楽章が可変的に組み合わされくんずほぐれつする音楽、ということになった。

では芥川はこの作品で、男の楽章と女の楽章の差異をいかに設定したろうか。まずテンポである。人類には、男はよく動き、女はより動かぬという通念がある。懸命に走り回って戦争したりするのは男であり、家とか神殿とかに鎮座しているのは妻とか巫女《みこ》とか女である。その通念にしたがえば、男の楽章は速く、女の楽章は遅くなり、芥川はその図式をしっかり踏襲している。《エローラ交響曲》では、男はアレグロ、女はアダージョかレントが基本なのである。

すると音域はどうか。一般的に女の声は高く、男の声は低い。ヴァイオリンの高音域が柔らかく歌えば多くの人は女性的なものを連想しようし、チェロの低音域が野太く吠《ほ》えれば、そこにはたいてい男性的なる形容句がかぶせられよう。しかし芥川の音楽は、ありがちなこの図式にはまらない。男の楽章のアレグロをになう主楽想は、だいたいト音記号の付いた五線譜の第一線から第四線くらいに収まる音域を、しかも二度とかの狭い音程で推移する。つまり中音域に狭く固まろうとしている。対して女の楽章の遅い動きを支配する楽想群は、へ音記号のずっと下のほうの重低音を這《は》いずったり、低音から高音へ二オクターヴ以上にわたって音を順次積み上げクラスター音響を作ったり、一オクターヴにまたがるグリッサンドをやったりという具合なのだ。つまり芥川は、低音域と高音域のどちらもおもに女の縄張りとしている。上と下が女で、中に男がサンドウィッチ状態ではさまっているわけだ。

この構図は、男女の声域から素直に考えれば自然ではない。男の声より女の声がずっと低くてはおかしい。しかし神話的思考の反映とすれば、芥川の発想はまっとうともいえる。たとえば日本神話を思い出そう。上のほうの高天原《たかまがはら》を支配しているのはアマテラスで女。地の底の根《ね》の国には日本列島の産みの母ともいうべきイザナミが早くに死んで鎮座する。そのあいだの地上にいる主要な登場人物は、イザナギとかスサノオとかオオクニヌシで、彼らは男だ。ちゃんと男が女のサンドウィッチになっているではないか。

はて、上から見ても下から見ても女男女と並ぶこのかたちは何だろう？　たとえば世界の諸々の神話にも宗教の教えにも、天には男神、地には大地母神がいるというパターンが多い。キリスト教だって神は「天にましますわれらの父よ」というくらいだから男で、女性的なものの担い手、聖母マリアは、あくまで地上の女である。すると、上が男で下が女の、この二段重ね思考と、日本神話から芥川にいたる女男女の三段重ね思考とは、相反するものだろうか。いや、そうでもなかろう。おそらく女男女の意味を考察するためには、上下に並んでいるものを、九十度回転させてヨコにしてみるべきなのだ。

女が上下に分極した女男女というタテの構図をヨコに倒せば、平面上で女が大きく口を開け、上から入ってくる男を呑みこむ新しい構図が見えてくる。こうなれば、女が大地母神として地面に根を張っている観念と、女が天上と地下に分かれているかのようにみせる発想が、じつは同じとわかるだろう。女が大地母神だというのは、いうまでもなく、大地が農作物を実らせるのと、女が子供を産むことの複合イメージに由来する。その場合、大切なのは口か裂け目の大きさである。大きな芽が出るためには大きく大地が突き破られねばならないし、子供も大きく口が開かなくては出てこられないし、子種を仕込むにも同じくしっかりした開きが大事だ。かくして女性的なるものは、それが豊かであればあるほど大きな口と結びつく。だから《エローラ交響曲》の女の動機は、広い音程で大口を作るのだ。男はその口のあいだに突っこんでゆき、そこで溺《おぼ》れる。上下に開いた音程に突っこむためには、中音域に狭く締まらないといけない。このようにして、女男女の三段重ねという神話的思考が、世界の空間配置から、音楽における音高の配置にいたるまでに投射される。それでこそ、豊饒《ほうじょう》な恵みが約束されるのである。カイラーサナータ寺院の交合賛美も、別に性の快楽に溺れろというのではなく、大いなる生産への祈りなのだ。

欧州の中心で非生産と叫ぶ

ところで、女が大きく口を開けるさまを音楽的に表徴するには、広い音程を作ればいいのだけれど、それは上から下にさがっても下から上にあがっても同じことのようにも思える。しかし、やはり下から上へのほうがいいのだ。そのほうが迫力満点に開く感じがするし、なにしろ女は大地母神として神話的位置としては最初から下方にいるものだからだ。よって下から上へ激しく大きく突きあがるときこそ、女性的なるものの本領がもっともよく開示される。だから《エローラ交響曲》の女の動機には下から大きく開くかたちのものがあるのだし、そういう音の身振りが西洋音楽の領域で様式化されたものがコロラトゥーラ・ソプラノとなるだろう。最高音域で声をよく転がすのが彼女たちの使命だが、もちろん、最初からずっと高音でやっていても面白みが薄く、下からどんどん上がっていって極限までいって転がしてこそ、あの快感が湧出《ゆうしゅつ》するのだ。

その場合、女にとって不幸なのは、男よりも声の高く出る女のほうが地上のしがらみを超越し、天上界・抽象界・観念界・叡智《えいち》の世界に舞い上がりやすいはずという、いっけん妥当性のありそうな発想が、人間精神の根底を太古から支配している神話的価値観というか意味体系のもとでは、なかなか機能しないことだ。女の声が高みに上りつめても、それは天国や宇宙にタテに飛躍するよりも、地面の口か女の身体をヨコに開く意味に転化してしまう。西洋音楽でも、天上界の高さをになう高い声は第一にボーイ・ソプラノである。女はいつまでも地面にへばりついて生産する。天や抽象や観念や哲学の世界に旅立てるのは、いつも産むことから解放され、ひとところにとどまる必要のない男である。羽をまとって天へ飛んでゆくイカロスも、天の鳥船で天地を往来して遊ぶオオクニヌシも、男である。船乗りになるのも、馬で駆けるのも、飛行機を操るのも、たいがい男だ。男は移動の特権を有し、旅をする。女は生産基地としての土地や家を守って、旅立つ男の後ろ姿を見ている。

女性解放とかなんとかよばれる近代以後の運動の根本にあるのは、みずからにどうしようもなくまとわりついたこの生産へのベクトルを逆の非生産に向けてみたいという、女の欲求である。たとえば女の髪は多くの社会において長く伸ばされることで豊饒さを象徴し、生産の記号になるが、短く刈ってしまえば非生産の記号に転倒する。音楽なら女が高いほうへ声を張り上げてゆくのが生産へのベクトルなのだから、逆に低いほうへ沈降してゆけば生産拒否へのベクトルが出てくる。

その意味で、クラシック音楽において生産しない女の極限をいま体現しているのは、ナタリー・シュトゥッツマンだろう。彼女の声は、低さに徹してゆこうとするだけでなく、怖い。口を開けず抱擁《ほうよう》を拒む姿勢が、声の高低のベクトルの問題だけでなく、声の色にもあらわれている。

そういう女が《冬の旅》を歌うのがまた怖い。神話的思考にしたがえば、先述のように旅は男の記号であり、農作業の停止する冬は非生産の記号である。《冬の旅》は徹底して男のものなのだ。そこにコワモテのシュトゥッツマンが踏みこんでくる怖さ！ 生産しない女は今後、いたるところで増殖し、性差の超克はますます進むだろう。しかも、そこで生産しない女というのは、あくまで生産の領域に封じこめられ抽象や叡智から見捨てられた状況を拒否する女の謂《いい》で、実際は子を産めるのだから生産できるのだ。つまり正確には女は、生産と非生産、女と男を兼ねようとしている。おまけに最近の医学は、卵子に精子の役割をさせ、メスどうしで妊娠させる実験を、まだマウスだけれど成功させているのだ。
シュトゥッツマンを聴いたから、じきに男の絶滅記念日、という気がする。

［二〇〇四年七月号］

28　愛国のかたち

ジャズ小僧は右翼になれるか？

黛《まゆずみ》敏郎《としろう》は右翼だったろうか。神学者パウル・ティリッヒにしたがえば、人間とは、とりもどしたい過去、今あるがままの現在、たどり着きたい未来、以上三つのどれかに依拠したがるものだという。つまり、昔日《せきじつ》の懐旧に生きる力を求めるか、今ここに存在できる喜びをなにによりもまず噛みしめるか、いまだかつて実現されざる希望を先に託し

不滅の日本行進曲傑作集2
黛敏郎《まゆずみとしろう》／《黎明《れいめい》》、橋本國彦《くにひこ》／《若人《わこうど》よ》、團伊玖磨《だんいくま》／《青年》、C・ルルー／《陸軍分列行進曲(扶桑歌《ふそうか》)》、須摩洋朔《すまようさく》／《祝典ギャロップ》、永井健子《けんし》・瀬戸口藤吉編／《雪の進軍》他
古荘《ふるしょう》浩四郎二等陸佐指揮陸上自衛隊東部方面音楽隊
［ユニバーサル　2004年3月］

みずからを奮い立たせるかということだ。この三つを、順に復古・現状維持・革新と、あるいは右翼・保守・左翼と換言してみてもよいだろう。右翼と保守はしばしば類義で用いられるが、このようにハッキリ使い分けられるし、またそうしたほうが見えてくるものも多くなる。

すると黛敏郎は？　作曲家としての彼は、若き日には電子音楽や具体音楽の開拓などにつとめた。過去・現在を打破し、新しい美意識に未来を託そうとした。その意味で彼は革新であり左翼だった。しかし《涅槃《ねはん》交響曲》以後、しだいに雅楽や仏教音楽をはじめとする日本の伝統を顧《かえり》み、そこにみずからの根を求めるようになった。神道に茶道に……。古きことはよきことかなの境地に入った。彼が生きる力、創造の霊感を求めたのは、現在の流行でも未来への新しいヴィジョンでもなく、世間が骨董《こっとう》扱いする過去だった。こうした態度は復古や右翼と名づけうるだろう。

なら政治的行動者としての彼は？　黛は、彼の生きた戦後を、民族の伝統を軽視した悪世と考えた。そう遠くない過去、大日本帝国憲法の機能していた昭和二〇年までは、少なくとも民族の誇りは保たれていたとも感じていた。かくて黛にとっての戦後日本は、過去を不当に軽んじ現在教・未来教に没入した時代となり、それは積極的に過去を顧みることで否定されねばならなかった。そういう観点からすれば、黛はもちろん、左翼でも保守でもなく、やはり右翼である。

そして黛にとって、民族の誇りの回復は、この地上に民族がみずからの足でしっかと立つことによってはたされるのであり、地上が弱肉強食である以上、そこには力強き武力が不可欠と観念された。黛の自衛隊への熱い期待はそこに生まれる。戦後憲法を改め、自衛隊を真の軍隊にし、失われた過去の栄光を現在にとりもどす！　そうした黛の、民族の本当の自立のための日本軍隊という理想は、もちろん、日米安保体制の下《もと》、米軍に事実上、つねに従属する自衛隊という現実とは、齟齬《そご》があった。しかしその齟齬を赤裸々にし三島由紀夫のように暴発するほど、黛は子供でなかった。彼は保守とそれなりに手を携《たずさ》えながら、過去へと遡行《そこう》していける道を探っていた。しかも戦後の占領時代、ジャズの洗礼を受けた黛に、米国はけっして憎めなかった。米国の子分としてつねに現在を紡いできた戦後日本にあって、米国を憎める右翼は過去に遡《さかのぼ》りきれるかなり純粋な右翼となりうるが、米国を憎めない右翼は、どうしても現在に引きずられ、過去への憧《しよう》憬《けい》に現在の邪魔の入る、いわば保守寄りの右翼にならざるをえない。黛にもそういうところがあった。

とにかくそんな黛は、政治行動者としてのみならず作曲家としても自衛隊と、少しだが接点をもった。一九八一年に彼は、陸上自衛隊中央音楽隊の委嘱で行進曲《祖国》を、また同年に防衛大学のために行進曲《黎明《れいめい》》を作ったのだ。うち《祖国》は委嘱団体による商業録音があったが、こんどやっと《黎明》も陸上自衛隊東部方面音楽隊の演奏で初録音ということになった。

はて、ではその二つの行進曲はどんな音楽なのか。そこにはとうぜん、黛の自衛隊への、あるいは日本への思いがこめられているはずだが、それはどんなかたちに実を結んでいるのか。

スラヴとキューピーは仲良くなれるか？

まず《祖国》である。この曲の眼目は、ひとつの動機を、堂々たるテンポにのせつつ、カノン風に執拗に繰り返し積み重ねてゆくところにあるだろう。その動機とは、レーラーと勇ましく五度もちあがってから、ソファミドと、頭のレーラーとは半分の音価で下がってゆく旋律で始まる。音型としてそう特別ではないけれど、しかしテンポといい表情といい、少なくとも私はそこからある特定の音楽を想起する。それは伊福部昭の《シンフォニア・タプカーラ》の第一楽章の緩やかな序奏部でチェロの弾く、レーラーと上がりソファミレと下がる旋律。《祖国》の動機とは最後の音が違うだけだ。《タプカーラ》はもとは一九五四年の作品で、七九年に大幅に改訂された。第一楽章の序奏は、そのとき新たに付加された部分である。その版は八〇年四月六日、芥川也寸志《あくたがわやすし》指揮新響による伊福部個展で初演された。当日、東京文化会館の客席には黛敏郎もいた。師匠の伊福部のすぐ斜め一列後ろの座席に陣取り、休憩時間は師を護衛するように横にはりついていた。《タプカーラ》では感無量という顔をし、アンコールの《交響譚詩《たんし》》では目を泣き腫《は》らしているようにみえた。黛がメディアで伊福部をよくもちあげ、その音楽をスラヴ的・北ユーラシア的叙情とか讃《たた》えるようになるのは、ちょうどそのころからだったように思う。だから、翌八一年に書かれた《祖国》に《タプカーラ》の記憶の投影があっても、ごく自然という気がする。

黛は、《舞楽》や《昭和天平楽《てんぴょうらく》》で雅楽にとりくみ、日本のみやびの象徴というべきその音の世界が、アジア各地の音楽が古代日本に流入し重層して成立した、ゆえに一国ナショナリズム的切り口ではどうにも収まらぬ音楽だと気づいていたし、そもそも彼の戦後初期における《シンフォニック・ムード》や《スフェノグラム》といった「東南アジアもの」の所産からして、黛のもうひとりの師・橋本國彦《くにひこ》の交響曲第一番のような、琉球音楽を媒介として日本と南方の文化的親和性に思いをはせた戦時期の創作の影響をぬきには考えられぬものだ。つまり黛は、日本の伝統を掘り下げれば掘り下げるほど、右翼的になればなるほど、島国から逸脱し南へ北へと離れていってしまうほかないと、年々思い知っていたのである。

そうした過程において、旧師、伊福部の、狭い日本と距離をおく北方的・スラヴ的に雄渾《ゆうこん》な音楽が、黛の中でしだいに理想化されたとしても不思議でないだろう。とどのつまり、《祖国》で黛は、祖国の楯《たて》たる自衛隊に、日本人の根源に遡ってのユーラシア的なふしを捧げようとしたのであり、それは彼の耳にこびりついた伊福部からスラヴのほうへと流れてゆくものとなったのだろう。そういえば、レーラーソファミレという旋律は、たとえばプロコフィエフの《キージェ中尉》でのスラヴ風の子守歌の一節でもある。そしてじつは、もうひとつの自衛隊行進曲《黎明》を律するのも、《祖国》以上にいちだんとスラヴ的なふしなのだ。それは幅広い音程を揺れ動きながら、イ短調とハ長調、つまり同じ音階を共有する短調と長調を自在に行き来する旋律である。こういう音の動き方にこそ、われわれはユーラシアやアジアやスラヴを感じるのであり、黛は《黎明》でその核心を示している。

ということはけっきょく、黛は自衛隊に日本一国にとらわれずアジアの根っこを探り、ユーラシアの魂をこそ防衛せよと諭《さと》しているのか。いや、そう単純でもない。ふたたび

《祖国》に戻れば、その伊福部的主題を支えるリズム型は、ドン・ドン・ドドドになっている。四分の四拍子にすると、頭の二拍が四分音符ひとつずつか八分音符と八分休符のペア、三拍目が八分音符二つ、四拍目が八分音符と八分休符のかたちだ。これは黛の多用するリズム型のひとつで、しかもこのパターンは黛において、しばしば西洋近代、あるいは英米的なものの記号であるように思われる。たとえば米国製ミュージカル映画を意識した須川栄三監督の『君も出世ができる』に付された黛の音楽は、いきなりこのリズム型の強奏で始まるのだ。

　では、なぜそのありがちども思えるリズムが、西洋近代や英米の象徴にとくになりうるのか。救世軍の太鼓のリズムだからである。救世軍は英国発祥のキリスト教団体で、米国にも根をはり、明治早々、この国にもやってきて、太鼓をドン・ドン・ドドドと打ち鳴らして布教し、救世軍の太鼓といえば日本近代を彩る西洋的な響きの代表例となった。一九三〇年には中山晋平が童謡《キューピーピーちゃん》で米国からキューピー人形が太平洋を越えてくる姿をこのリズムで表している。黛は日本近代に刷りこまれた音のそんな条件反射みたいなものを継承しているのだ。よって《祖国》は、アジアのふしに米国の刻印を打ちつづけるかっこうになる。そしてそれこそは現実の自衛隊の肖像にして、アジアに焦《こ》がれつつハイカラな黛の自画像でもあろう。

　黛は右翼である。しかし彼は右翼であるがゆえに日本にとどまれずアジアに開かれてゆくほかない右翼である。しかも、彼の背後には米国の影がジャズや救世軍に身をやつして忍び寄っている。黛という存在は、アイデンティティをまじめに求めると、かえってどんどんアジアと太平洋に引き裂かれてしまうほかないという、戦後日本人の苦悩を余すところなく体現している。

［二〇〇四年六月号］

29　大和的原型と奈良的原型

黛には立山がよく似合うということ

戦後日本の作曲家として、まっさきに世界に名の知れた人は黛敏郎だ。その次が武満徹だ。黛と来れば《涅槃《ねはん》交響曲》で、武満ならば《ノヴェンバー・ステップス》だ。そしてこの二曲には共通点があると思えばある。ともに西洋管弦楽に日本の伝統的要素を組ませているのだ。しかも両方とも、その伝統とは仏教に関係する。《涅槃交響曲》は曲名からして赤裸々に仏教で、大管弦楽が梵鐘《ぼんしょう》の響きを驚くべきたくみさで模し、そこに男声合唱の聲明《しょうみょう》が加わる。対して《ノヴェンバー・ステップス》はというと、『平家物語』をうたい弾ずる法師の琵琶《びわ》の手と、虚無僧《こむそう》の吹く尺八の手を、西洋管弦楽に合わせている。仏教とのからみは曲名から上手に消されているけれど、法師のかき鳴らす諸行無常の響きと虚無僧の奏でる漂泊の調べを無意識の前提にし琵琶や尺八の音色を味わうからこそ、少なくとも日本人には気分の出る音楽なのだから、やはりこの国の仏教文化ぬきには、その根底を語りえぬ曲だろう。

だが、どちらも仏教に縁あるとはいえ、あとはずいぶん違う。《涅槃交響曲》の梵鐘の響きは、いかにも押し詰められて硬く強張《こわば》った質感に満ちて強烈であり、聲明コーラスも律動的にぎしぎしと迫る。黛の音は、瞬間においては原色的などぎつさと、持続においては雄々しい等価リズム的進軍の感覚と、結びついている。ようするに音色のコントラストも時間経過の仕切りも明瞭なのだ。対して《ノヴェンバー・ステップス》では、

黛敏郎／交響詩《立山《たてやま》》
黛敏郎指揮東京都交響楽団
［RCA／タワーレコード　2004年12月］

どこもかしこも茫漠《ぼうばく》と滲《にじ》んでいる。平家琵琶も虚無僧尺八も非計量的・非律動的な音の運びが身上だが、それは武満の音楽にも憑依《ひょうい》している。管弦楽の配合も黛のように原色的ではなくいつも暈《ぼか》しがかかり、触るそばから脆《もろ》くも崩れそう。時間経過の仕切りもファジーだ。

このように、黛と武満はまるで両極端である。黛は男性的に屹立《きつりつ》し、武満は女性的に身をくねらす。地水火風の四元素でいうなら、黛は、象が踏んでも壊れないたくましき地にして峻烈《しゅんれつ》になにもかも焼きつくす火であり、武満は、象が踏んだら溺《おぼ》れてしまう不定形な水にして軽やかに変幻自在に世界を吹きぬける風である。そんな武満が《水の曲》とか《そして、それが風であることを知った》を作っているのはいかにもだし、黛には、なにはさておき交響詩《立山》がある。

それにしても黛が、大地から力強く男性的にそそり立つ山の音楽を書いたとは、なんと象徴的なことか。この交響詩は、もとは松山善三監督が立山とその周辺の自然・信仰・生活を撮って一九七一年に完成させた記録映画のための音楽。そこにはよそでなかなか聴けないくらいに黛の地金《じがね》が出ている。とくに第一楽章の立山の主題。短調系の雄《ゆう》渾《こん》で武骨で祈るような、まるで讃美歌のごとき旋律は、黛の敬愛した師匠、橋本國彦というより、もうひとつ遡《さかのぼ》ってそのまた師匠の信時潔《のぶときよし》の「海ゆかば、山ゆかば」の世界と共振するかのようである。黛は衒《てら》いを捨てて素直に歌いたくなったらけっきょくこういう節を紡《つむ》ぐ。質実剛健で、かたちのくっきりした主題だ。対して武満の地金となれば、それはシャンソンやジャズのバラードのようなつかみどころなくたゆたう節だろう。たとえば武満が、もとはこちらは映画でなくTVのためにしたてた《系図》に接すれば、そのへんはすぐわかる。黛と武満の表の顔が《涅槃交響曲》と《ノヴェンバー・ステップス》なら、裏の顔は《立山》と《系図》だ。

しかし、表も裏もどこまでいっても対をなしてしまう黛と武満とはいったい何なのか。二人の個性の違いだけで話を片づけるのはたやすい。いつの世にだって、はっきりさせるのが好きな人も、その逆もいるものだ。が、黛と武満が日本の美学に立脚する作曲家としてとくに内外に認められてきた経緯をふまえれば、そんな一般論だけではすまないだろう。そこで私は、谷川徹三の縄文的原型と弥生《やよい》的原型をもじって、大和《やまと》的原型と奈良的原型ということを述べてみたい。

黛は心情的奈良時代人だということ

大和的原型と奈良的原型とは何か。それを端的に示すには、とりあえず色を表す日本語の歴史について振り返ってみればいい。

たとえば大和時代の、まだ外来文化の影響の少なかったころの日本語では「あか」は赤色だけを指したのではなかったという。橙《だいだい》も紅《くれない》も朱も桃色も「あか」だった。明るい色はみな「あか」なのだ。いっぽう、暗い色は、茶色も黒もみな「くら」転じて「くろ」だった。すると、明るいとも暗いともどっちつかずの色は？ それは「あお」とよばれた。明るさと暗さの淡く滲みあう色だから「あわ」転じて「あお」なのかもしれない。ともかく青も緑もみな「あお」だ。

これは何を意味するか。古代の日本人の色彩感覚が大雑把だったのか。そうではあるまい。彼らは、個々の色を実体的に、それぞれを別物として、とらえていなかったのだろう。すべての色を、明るいか、中間か、暗いかのグラデーションの連続的差異の過程として、一元的につかまえ、その微妙な移ろいにしか興味がなかったというわけだ。そんな色彩感覚の形成には日本の湿潤《しつじゅん》で穏和な気候がかかわっていたろう。おかげで植物の種類も多ければ、色合いは熱帯のようにきつくなく、微妙に優しい濃淡に満ち満ちていて、緑は緑とか決めつけてもあまり意味がない。グラデーションの微《かす》かな差を見分ける目こそが養われなくてはならない。

ところが、そこにまるで異質な色彩の名辞体系が入りこんでくる。大和時代後期から奈良時代、そして平安初期まで、日本は隋《ずい》や唐の制度文物をどんどんとりいれ、先進国化をはかった。それにともないもたらされた大陸の色彩感覚は、大和的なグラデーション優位のものと違い、はっきり原色的だった。青は青、黒は黒。言葉は明確にひとつの色を言いあてる。しかもその色は、天子なら赤や紫とか、位階と結びつく。色はおのおのの個性や役割を主張しだし、濃淡の関係性のなかで相対化されるのではなく実体化し、原色どうしのどぎついコントラストが重んじられる。奈良朝の建築の色づかいなど思い出そう。

さて、その次は揺り返しだ。遣唐使が廃され、日本がふたたび内に籠《こも》りがちになると、グラデーションの感覚が蘇り、奈良的な強烈な色彩を濃淡のうつろいのなかに嵌《は》め、大和化する作業が始まる。その成果がたとえば女官の十二単衣《ひとえ》だ。大陸的に鮮やかで強い色の周囲にそれに濃淡をつけた中間的・推移的な色を付加し、そういう色で染めた布をかさね着し、グラデーションを楽しもうというわけだ。王朝のみやびと今日なおよばれつづけるのは、すなわちコントラストよりグラデーションを重んじる文化のかたちのことだ。ちなみに日本の染織に暈《ぼか》し染めというこの国特有の技法が現れるのも平安期である。

というわけで、大和的原型と私がよびたいのは、すでに大和時代に認められ平安時代に花開いた、微妙なグラデーションを尊《たっと》ぶ、繊細な文化的志向のことだ。それは、日本の風土に即し、自己完結した志向でもある。対して奈良的原型とは、外来文化にもまれ、日本人好みの微妙さから身を引きはがし、判然としたコントラストを尊ぶ、濃厚な文化的志向のことだ。それは、日本が日本に自閉していられなくなったときに必ず現れてくる。そして両者は交互に浮き沈みを繰り返してきたのだが、少なくとも過去においては、島国だからすぐ籠れるということか、大和的原型が前に立つ時代のほうが長く、奈良的原型に従う時代は短めである。平家のころ、南北朝から足利義満《あしかがよしみつ》のころ、安土桃山から江戸初期あたりは奈良的原型が強く表れ、そのあいだは大和的原型が主ということになろうか。

ここで、黛敏郎がスターとなった昭和の二〇年代から三〇年代前半を振り返るなら、それは米国の占領に始まる外来文化優位の奈良的時代にほかならなかった。ついで武満がスターとなり、黛の人気を超えてゆくことになったのは、六〇年安保以後、日本がそれなりに安定し、平安的な内向の時代へ入ってゆくころあいだった。もちろん、二人の音楽の内容は、奈良的原型と平安的原型を体現している。そして、黛本人が奈良期に、武満本人が平安期に、親近感を抱いていたのも、まちがいない。なぜなら、国立劇場から新作雅楽を委嘱されたとき、黛の作ったのは、雅楽がまだグラデーションの世界に浸りきらず、もっとかたちのはっきりし活力旺盛な音楽をやっていたろう奈良の世を憧憬した《昭和天平楽《てんぴょうらく》》であり、武満が仕上げたのは、平安のみやびに身を委ねた《秋庭《しゅうてい》歌《が》》だったからである。

大和的原型は日本の風土に即した曖昧と居心地のよい場所を約束してこの国を閉じたがる。ついでにはっきりいえば、日本人の多くはいつも大和的原型のほうを気に入っている。しかし、それだけでは生きられないとばかりに、奈良的原型は雄叫《おたけ》びを上げ、曖昧な場所をはっきりさせようとし、また強引に日本を外の世界へとさらしたがる。その角逐《かくちく》の歴史のなかに日本は在り、武満も黛もわれわれもいる。おそらく今日も、明日も。

［二〇〇五年三月号］

30　松村禎三追悼――結核とエロス

《祖霊祈禱》と『祭りの準備』

生まれてはじめてみずからの意志で買い求めたクラシック音楽のレコードは、A面に松村禎三《管弦楽のための前奏曲》、B面に伊福部昭《リトミカ・オスティナータ》の入った、日本ビクターのLPだった。演奏は若杉弘指揮の読売日本交響楽団、B面のピアノ独奏は小林仁《まさし》である。

私は、幼いころから長くやらされたヴァイオリンの反動で、クラシック嫌いを自認していた。好きな音楽といえば、映画やテレビの劇伴くらいだった。その種の音楽を、テレビからカセット・テープに録音して集めていた。

松村禎三の世界
「EXPO '70」～《飛天（アプサラス）》《祖霊祈禱《きとう》》《詩曲》、交響曲、《管弦楽のための前奏曲》《弦楽四重奏とピアノのための音楽》他
若杉弘指揮読売日本交響楽団、石丸寛指揮東京交響楽団他
［ビクター／タワーレコード 2007年9月］

とくに愛していたのは伊福部昭の映画音楽で、ある日、経歴を調べたら、当時還暦を過ぎたばかりのこの作曲家が、映画の仕事もするクラシック畑の人とわかり、心底驚いた。それまでは劇伴の専門家と信じて疑わなかった。そもそも、日本人に交響曲や協奏曲を書く作曲家がいることが、よくわかっていなかった。

それならば、伊福部の演奏会用作品のレコードがあるのではないか。そうして手に入れたのが、松村と伊福部の一枚だった。

抱えて帰って、家の家具調ステレオで恐る恐るかけた。小学生のときだから、もう三十年以上も前だけれど、そのときの記憶は鮮明にある。

まずはお目あての伊福部だ。映画音楽と似たフレーズを探す聴き方しかできなかった覚えがある。初体験には戸惑いがあった。そして、添付された解説書を読み、カップリングされている松村という人が、伊福部の弟子と知った。どんな曲だろうか。しかし、弟子のくせに師をさしおいてA面とは偉そうだ。子供だからそのていどのことしか考えず、盤をひっくり返した。

そうしたら呆然《ぼうぜん》とした。これが音楽かと思った。動きというものがちっとも感じられない。一本のオーボエが、狭い音域をひたすらのたうち、かたちになりきらない旋律を奏で、それが全管弦楽へ膨脹《ぼうちょう》する。しぼんだ風船にどんどん空気が入り、行き着くところまで行く。

小さいものが大きくなるのだから、たしかに変化がある。でも、風船はあくまで一カ所にとどまったままだ。奇異の念にとらわれた。音楽とはもっと生き生きと動くものではないのか。それなのに、松村はなぜ止まりつづけるのか。

なぜそう思ったのだろう。やはりリズムを感じなかったせいだ。伊福部なら、明確で前進的なリズムがあり、肉体的な運動を不断に意識させる。私はそういう音楽にばかり慣れていた。ところが、松村の《前奏曲》は、鬱蒼《うっそう》とし混沌としている。密集する音のうねりがリズムを埋もれさせる。それだから動きのないまま、わななきつづけているようにしか感じられない。松村は、私に音楽の常識を覆《くつがえ》すものとして現れた。

それから間もなくして、もう中学生になっていたが、こんどは松村の作品だけで一枚のレコードを買った。やはりビクターのLPで、『EXPO'70』と題されていた。松村が大阪万博にさいし、テーマ館と松下館に書き下ろした、計三曲を収録している。万博から、六年は経っていたけれど、盤はまだ現役だった。

大阪万博は私が小学一年のときで、かなりまめに観光した。テーマ館にも松下館にも入った。けれど、音楽の記憶はない。中学生の私は、これもビクターのLPで、大阪万博開会式のための三善晃《祝典序曲》を知り、そのあまりの激烈さに熱狂していたから、いったい他にどんな「万博音楽」があるのか、興味津々だった。

そうして聴いた『EXPO'70』で《祖霊祈禱《きとう》》に出会った喜びといったら！ テーマ館向けに、原始状態の人類を主題として作曲され、石丸寛《ひろし》指揮東京交響楽団によって録音されたこの曲は、松村がやはり伊福部の弟子と教えてくれた。明確なリズムをもったオスティナート音型で押しまくる。野蛮の権化である。松村だって、観想的にわななくだけではなく、生々しく肉体的な繰り返しの音楽も書けるのではないか。

とはいえ《祖霊祈禱》は、やはり独特の松村らしさに覆われてもいる。オスティナート音型を作る音域の狭さや、畳み掛けるさいの息苦しくなるほどの目の詰み方が、伊福部よりも粘着質な感じを与え、妄執を漂わせるのだ。

そして、そういう《祖霊祈禱》の響きは、私のなかではすぐに性的なヴィジョンと猛烈に分かちがたく結びついてしまった。一九七六年か翌年か、池袋の名画座で、黒木和雄監督が七五年に撮ったATG映画『祭りの準備』の予告篇と本篇を、遅まきながら観た。音楽は松村である。予告篇のＢＧＭには松村の既成曲が流用されていた。この映画には、江藤潤と竹下景子の濃厚な濡れ場がある。予告篇に、その刺激的映像が入っていた。そして、男女のからみあいに重なって鳴り響いたのは《祖霊祈禱》だったのである。

結核療養所とアンコールワット

それが合いすぎていた。妄執に満ちた粘着質のオスティナートは、原初的なまぐわいの情景にぴったりだった。同じ肉体的なオスティナートでも、松村はやはり伊福部と違う。伊福部が陽なら松村は陰だ。あまりに淫靡《いんび》だ。奥手の中学生には刺激が強すぎた。ワーグナーでもスクリャービンでもない。松村こそが、私の性を目覚めさせてくれたような気がしている。

淫靡だの性だのとんでもない！　松村は神聖で宗教的な音楽の書き手ではないか。そう怒られる向きもあるかもしれない。が、たとえばメシアンの世界を思いだそう。神秘宗教的陶酔境と性的法悦境は、けっきょくほとんど変わらない。その意味で、松村はメシアン同様、神聖かつエロティックな作曲家である。今回のテーマ・ディスクに掲げたのは、《祖霊祈禱》の『ＥＸＰＯ'70』での録音の記念すべき初ＣＤ化だ。

ともかく、そんな《祖霊祈禱》体験のあと、中学から高校にかけ、松村のだいたいの作品を聴く機会を得た。明確なリズムでダイナミックに押す《祖霊祈禱》は、やはりかなりの例外で、松村の本領は、《前奏曲》のような、狭い音域をたゆたう旋律断片がスタティックにひたひたと増殖し堆積《たいせき》し広がりゆき、巨大な混沌を作り出し、恍惚境《こうこつきょう》にいたる音楽にあると知った。

それにしても、松村はどのようにしてそんな音楽にたどり着いたのか。二年ほど前、はじめて狛江《こまえ》の松村邸を訪ね、氏の仕事場に入れていただいたとき、答えを見た気がした。

氏は、仕事場に作曲の霊感を受けるべく、いくつかの図像を置いていた。仏画であったり、アンコールワットの写真であったり。そのことは伝え聞いてはいた。わかっているつもりだった。けれども、現物を見たら、目が点になった。

常識で考えると、それらはとても大作曲家の創作を支えられる代物とは思われなかった。仏画は何回もコピーをとったあげくに線が掠《かす》れてしまったかにみえるくらいの代物で、アンコールワットの写真も写りも悪ければ小さすぎる。ところが松村にはそれでじゅうぶんなのだ。というよりも、そのほうがいいのだ。些細《ささい》で質素すぎるものからこそ、無限の想像力をはばたかせられる。貧しく小さな音型がとてつもなくふくれ上がって豊饒《ほうじょう》な音響にまで到達する松村の音楽は、貧しく小さな図像からとてつもなく肥沃《ひよく》な世界を思い描ききる作曲家の想像力の弾道と、精確に対応する。

そして、そんな想像力が身につけられた理由となると、ひとつしか考えられない。長期の結核療養生活である。

松村は、芸大受験をめざしていた一九五〇年に、結核を発症し、それから四年ものあいだを清瀬や東村山の療養所で暮らし、肺を区域切除され、ほとんど死にかけたこともあった。

狭いベッドに何年も寝、からだを養い、あまり動けず、わずかな乏《とぼ》しい刺激からもいっぱいの満足を得て生を充足しようとし、ちんまりとした事柄を飽かずにいじくり、巨大な妄想を育てて、ついに狭いベッドは大宇宙に変じてゆく。そういう生活が、松村の青春だったろう。狭いベッドに対応しているのかもしれない狭い音程に固執し、そこから貧しくもみえる主題を導き出し、それにこだわりぬいて、激しく動き回るよりも止まりながらわななくような、それでいて常人の想像を絶するほど無窮《むきゅう》の広がりを示す音楽を紡《つむ》ぎきる。こうした精神の徹底は、やはり多年の療養所暮らしからしかはたされえないものだと思う。健康な人間は動いて目移りしてしまう。

もちろん、そのことは、松村の音楽が宗教的とよばれるのと矛盾しない。療養所に押しこめられた結核患者の真摯《しんし》な芸術的想像力は、狭苦しい庵《いおり》を世界とし、そこで禅でもして、三世を徹見する仏僧や、辺鄙《へんぴ》な山上の修道院に隠れ棲《す》み、これまた狭苦しい寝室で神を瞑想し、魂を無限に押し広げるカトリックの神父と、似通ったかたちの結び方をして当然ではあるまいか。

そんな、四畳半即大宇宙のような松村の精神的音楽は、ユーラシアの大地を裸足《はだし》で踏みしめて回るごとき伊福部の肉体的音楽と、まさに男女のように補いあう関係にあるのだろう。ついに二人とも世を去ってしまった。しかし、そのカップリングは不滅である。

［二〇〇七年九月号］

31 武満徹の嘘

「一音の構造」か「歌ごころ」か

野平の武満！　これは劃期《かっき》的一枚だ。

武満徹はかつて高橋悠治との対談でこう語った。「人がぼくについて書いたのを見ても、ぼくの音楽のことを何も書いていないで、大体ぼくの書いた文章についてだけ喋《しゃべ》ってる。［音は］書いたことばと違うんで。ことばのほうはぼくは嘘を書くしね、いっぱい」

そしてたとえば武満は、高橋の「武満の音楽と日本の美意識がとかく結びつけられる」との振りに「自分では日本人的じゃないと思う」なんて応じている。他のおりには日本庭園や絵巻物の美学に自分の音楽のアイデンティティを求めると語る人間がである。武満は、そんなふうに「嘘」をつき、自分の音楽への相手のイメージをはぐらかし、さまざまなレヴェルで相反する無数の自画像を作り出した。よって武満を論じる者は、しばしば彼の正体をつかみあぐね、「嘘」の谷間をさまよってきた。

いや、その「嘘」の谷間に落ちるのは批評家だけとはかぎらない。演奏家だってそうだろう。魔術師、武満は、その音楽を演奏するさいに弾き手がいかにもよすがとしたくなるような、どちらが本当とも嘘ともつかぬ、対極的な二つのイメージをちゃんと仕上げていた。

まずその一は、武満の音楽の核心とは、一音一音が前後の沈黙を尊重しつつフワーッ

武満徹／ピアノ作品全集1
《リタニ》《遮《さえぎ》られない休息》《ピアノ・ディスタンス》《フォー・アウェイ》《閉じた眼》《同Ⅱ》《雨の樹素描》《同Ⅱ》
野平一郎（p）
［ミュージックスケイプ　1999年12月］

と現れ、刹那《せつな》的に消える風情にあるというもの。そうしたイメージ作りに最も力があったのは、おそらく武満の最初の著書『音、沈黙と測りあえるほどに』だろう。その書名はそのまま武満の音楽のあまりに魅惑的なコピーで、一音が鳴り、沈黙があり、また一音が……といった音楽こそ武満なのだと宣しているようにも思われる。

そのイメージの延長線上に、武満の盟友、秋山邦晴は「一音の構造」なる形容をその音楽に冠し、吉田秀和はエッセイ「武満の芸術は能から来たといえば当然……」で一音と沈黙の対話上になりたつ能楽に武満の音楽を比定した。もちろん、ここにあの《ノヴェンバー・ステップス》における琵琶と尺八の激しい一音の連なりが想起されてもいい。

それから、そういう一音云々と対立する第二のイメージは、武満の音楽の核心とは歌にあるというもの。そのイメージは武満本人によりとりわけ晩年期に喧伝《けんでん》された。彼はことあるごとに自分の音楽とは器楽曲もなにも含め美しい歌の希求だとか述べた。そしてメロディアスな作家としての自画像を世に定着させようと、石川セリを使ってポップ・ソング・アルバムを編みもした。

歌ごころいっぱいの武満徹！　そういえば出世作『弦楽のためのレクイエム』を支配するのは「一音の構造」よりも哀切な「歌ごころ」ではなかったか。一音がポツポツ鳴っているとばかり思えていた他の曲にもじつは旋律的な動きが豊富に隠されているのかもしれない。かくてたとえば細川俊夫は、武満の音楽とは初期から晩期まで一貫して旋律的で、表だってはっきり旋律が現れておらぬような曲でもじつはメロディアスなのだと論じるまでになった。

というわけで、武満の音楽は「一音の構造」と「歌ごころいっぱい」との相反するイメージを両天秤《てんびん》にぶらさげる。よってそれに処する演奏家の姿勢もおおよそ定まってくる。すなわち第一のイメージにこだわり、瞬間のタテの響きに沈潜し、間を重んじるか、第二のイメージにこだわり、ヨコに流麗な動きを絶えず作ろうとするか。それはとうぜん、武満のピアノ曲の演奏にもあてはまる。

具体的にしよう。《遮《さえぎ》られない休息Ⅱ》なる小曲がある。譜面を見ると、なかなか点描的に思われ、しかも強度の振幅がかなり大きい。では、これをピアニストたちはどう弾いてきたか。

たとえばピーター・ゼルキン。若い時分、禅やヨーガに憧れた彼の解釈は典型的な「一音」派だ。間を重んじ、一音一音と沈黙とが測りあうかのごとく弾く。そんな音と沈黙との瞑想的対話を演出するには強度の振幅は小さいほうがいい。そこで彼は楽譜を軽んじ、ダイナミック・レンジを弱めに絞る。

またたとえば小川典子。武満の逝《ゆ》くひと月前に彼に面会し、その晩年の「歌を希求する」志に魅せられた彼女はとうぜん「歌ごころ」派だ。彼女は点描的に見える譜面のなかに、強弱記号をたくみに活かし、ここはピアニッシモからフォルティッシモへのクレッシェンドのひとくさり……なんて具合に大小の横の有機的フレーズを作ってゆく。以上の二人を両極端に置けば、他の大半のピアニストの《遮られない休息Ⅱ》は途中に並ぶだろう。

「言葉」は自分で見つけよう

ここで話は野平に及ぶ。では、その演奏は途中のどこに？　いや、そんな場所に彼はいない。なぜなら彼は「一音」とか「歌ごころ」なんて作曲者の演出するイメージを無視し放り捨てているから。だから当盤は劃期的なのだ。

では野平は何を材料に《遮られない休息Ⅱ》を読み解く？　それはむろん楽譜に、あと作品に霊感を与えた瀧口修造《たきぐち》の詩、そして作曲年代くらいだろう。

まず年代から何がわかる？　それは一九五九年で、武満を含め日本の作曲界がシュトックハウゼンらの点描的な総音列主義に影響されだした時期にあたる。そして総音列主義の特徴は、音価や強度を極端にぎくしゃくとさせ、派手に錯乱した音像を作ることにあるのだから、点描的で強度の振幅の大きく設定された《遮られない休息Ⅱ》も、その路線で演奏するのが正しいだろう。別にとりたてて瞑想的にしたり、歌謡的に解釈する必然性はないだろう。

次に瀧口の詩から何がわかる？　それは「夜」「堪《た》える」「凍《こご》える」などの語彙《ごい》に特徴

づけられた、いかにもシュールレアリスムの本道をゆく詩だ。シュールレアリスムとはけっきょく、無意識のレヴェル（＝夜の世界）に抑圧されている人間の真の幸福へのユートピア的希望を意識上に解放しようとの運動だろう。野平はそんな思想の反映を楽譜に探す。そして、概して振幅大きくちょこまか動く曲想のなかに例外的に置かれた、落ち着いたピアニッシモで何度か長く引き延ばされる厚い和音を、無意識のレヴェルに凍えている、しかしユートピアへの確実な欲求を表徴する響きとみなし、それを「待機の和音」と命名する（野平自身によるCDライナーノート参照）。かくてそれらの和音は、ゼルキンの演奏では瞑想的な全体にどうということなく埋没し、小川の演奏では減衰するフレーズの終点くらいの意味しか有さなかったのに、野平の演奏では特別に際立たせられる。さらに野平は、振幅大きく動く部分のうちに、後の武満の音楽にもしばしば現れる長二度と長三度を組み合わせ上行する三音動機を発見し、それを「呼びかけ」の動機と名づける。無意識に潜んでいたユートピア的欲求が表に出、何かに呼びかける感じか。

こんな読みにより《遮られない休息Ⅱ》は、単純に瞑想的でも歌謡的でもない、じつに意味深長な音楽となる。そこでは総音列主義風の錯乱のなか、無意識に眠っていたユートピアへの希望が顔を出し、身悶《みもだ》えするわけなのだ。

野平は他の収録曲でもこれと同様、武満の仕掛けた言葉でなく自分で見出した言葉で、それにアプローチしている。そんなあたりまえが、こと武満の演奏にかんしては珍しく新しい。武満没後四年にしてようやく演奏家は、武満の「嘘」が仕組んだ妖《あや》しいイメージの世界、その掌の外へ飛び出しはじめた。

［二〇〇〇年五月号］

32　武満の水、細川の水

尾高忠明は恰幅がいい

尾高忠明は私より一六歳年上になる。ということはこちらが音楽マニアになった十代前半にまだ二十代だったわけで、結果、私は尾高のキャリアの比較的初期からその演奏に接してきた。ＮＨＫで黒柳徹子が司会した『おしゃべり音楽会』など観れば、よく尾高が振っていたし、日本人作品の初演をやる演奏会に出かければ、かなりの頻度で尾高が登場していた。そしてじつはその時分から十何年かの尾高の指揮ぶりを少なくとも私はあまり好きではなかった。無駄な動きが多い、どうもセカセカしている、オケから厚い充実した響きを引き出せない、初演指揮者としては解釈が穏健で微温的すぎる……。

かつての感想を並べればそんなところだ。

しかし彼が英国で仕事をしだしたころから印象は変わった。尾高の音楽にどこか大人《たいじん》の風格が備わり、堂々としてきた。やや鋭さを欠くが、量感あふれる豊饒な響きを作れるようになった。そんな美質は今のところ後期ロマン派や英国ものでよく発揮されている。彼の将来が楽しみになった。

さて、その尾高が札響をシャンドスにデビューさせた。日本のオケなら日本の曲をと選ばれたのは、国際ブランド品たるタケミツの映画やテレビ向けの耳当たりのいい音楽二つに、録音会場の札幌キタラ・ホールのオルガンを披露するのにちょうどいい、指揮者の兄、惇忠《あつただ》のややコンサヴァティヴな大作協奏曲に、あと、より現代音楽っぽいものもということか、細川俊夫の管弦楽曲。

尾高惇忠／オルガンとオーケストラのためのファンタジー、武満徹／《波の盆》《乱》、細川俊夫／《記憶の海へ　ヒロシマ・シンフォニー》
尾高忠明指揮札幌交響楽団、ブライアン・アシェリー（org）
［シャンドス　2001 年 1 月］

どうもとりとめないカップリングにもみえたけれど、聴いて納得がいった。これら三人の四曲は、表面の作風ははなはだしく違うが、オケを立体的に豊饒にたっぷり鳴らそうとする志向を共有している。どれもけっして洗練されざる野蛮を狙ったりシャープな細身の響きを神経質に追い求めたりするものでなく、まこと恰幅《かっぷく》のいい音楽なのである。そしてそんな曲の性格はもちろん、大人的に恰幅のいい演奏の得意な尾高の好むところ。ようするに総花的とも思われたこの選曲には、じつは指揮者の趣味がみごとに貫徹されていたのだ。

しかもそこにシャンドスの録音が加わる。この会社の音盤の音作りは、私にとってはたいがいまろやかなソフト・フォーカスに感じられ、それはたとえばひたすらドライな刺激を求める類の音楽ではとろくて物足りない結果を招きもするが、当盤の選曲と演奏の趣旨にはまったく好ましい。かくてここに、指揮者と作品と録音のめざすところが三位一体となって、じつにたっぷり気持ちよく鳴るディスクができあがった。

死を克服する水

それからもうひとつ突っこめば、当盤にはたんに恰幅のよさ云々だけでない含蓄《がんちく》の深さも発見できる。それは武満の『波の盆』の音楽と細川の《記憶の海へ　ヒロシマ・シンフォニー》の取り合わせについていえる。というのも両曲はその音楽の着想の次元において、死と水のイメージを共有しているから。

まず、武満から述べよう。彼の音楽を解くためのキイワードは夢や庭などたくさんある。が、とりわけ重要なのは水だろう。それと武満の深いかかわりは《水の曲》《ウォーターウェイズ》《海へ》などなど、彼の曲名からも確かめられるし、そもそも武満トーンと名づけられた抵抗なくスイスイとゆく響きの触感が、もう流体としての水そのものである。また武満の美的発想の根幹にある、人間と人間、東洋と西洋、さまざまな風景……、なにもかもが調和し渾融《こんゆう》してゆくのをよしとしたがる心情というか信仰は、やはり混ざりやすい水のイメージとそうとうに結びついている。

そして武満を考えるさいには死も欠くべからざるキイワードになる。彼の出世作が《弦楽のためのレクイエム》だったことを思いだそう。戦時の体験、経済、家庭、健康のいずれの面も恵まれているといえなかったろう若き日々……。やや不吉な言い方だが武満にはずっと死の影がまとわりついており、その恐怖のもとでこそ初期武満のきわどくキリキリ研ぎ澄まされた抒情の質が培われたのだろう。武満がそのあと水に傾斜してゆくのも、死の不安を克服するには水の象徴する終わりなき流動に身を任せるのが好ましかったからだともいえる。彼の「頑健な鯨《くじら》になって永遠に海を泳ぎ回りたい」という遺言にも、そういう死を乗り越える水のイメージが切々と反映している。

ではその武満における水と死のイメージは実作ではいかに邂逅《かいこう》した？　ここに立ちい

づるのが『波の盆』である。一九八三年放映のこのTVドラマはまさに水と死を扱う。表題からして波は水、盆は死と連接するし、劇の中身もハワイの日系移民の笠智衆《りゆうちしゆう》が明治から太平洋戦争の時代を生きぬき、最後に亡妻を思い太平洋で精霊流しをやる話なのだ。精霊流しとは水を介し彼岸と此岸、死と生の領域をつなぐ祭事であり、そのとき死の世界はけっして恐ろしげではなく親しく微笑みかける。水によって死は生の親しい隣人となる。そのような精霊流しこそ、水と死にとらわれた作曲家、武満がその二つのものを宥和《ゆうわ》させるためたどり着くべき究極のヴィジョンであり、じっさい『波の盆』のゆったりとした水のように哀しくいとおしく流れ去るテーマ曲は笠の精霊流しのくだりのBGMともなるのである。

いっぽうの細川。チェロ協奏曲を武満にレクイエムとして捧げ、作風の点でもポスト武満の最右翼の彼は、かつては死へと追いつめられた感覚に傾斜し、その果てに広島出身者として《ヒロシマ・レクイエム》を書き、その街に宿る死の記憶をきつく表現した作曲家で、そのあと自然観照派に転じ、とくに《うつろひ・なぎ》や《遠景Ⅲ―福山の海風景―》では水や海のイメージを用い、安らいだ調和的な響きを紡いできた。もっとも武満の水の音楽が川の流れや外海の大波小波のぶつかりあいを思わせる不断の揺動を特徴とするなら、細川のそれは、彼の生地、広島の面する瀬戸内海の鏡のごとく凪《な》いだ内海を想起させる静態的なクラスターに支配されがちであるという相違はあるけれど。

とにかくそんな細川の死から水への軌跡は武満とかなりダブる。では細川にとっての死と水を邂逅《かいこう》させる音楽、つまり武満の『波の盆』に相当する作品は？　それこそが《記憶の海へ　ヒロシマ・シンフォニー》だろう。この作品の主題は原爆で破壊され死に満たされた都市が豊饒に再生してゆく歴史の音化である。破滅の記憶を宿しながらもけっしてネガティヴにならずその上でこそ生を謳歌する街のための交響詩といってもいい。そしてそこで死を生に、破滅の記憶を生きる力に変える触媒となるのが、死んだものを分解再生させてゆく大いなる大地や海のイメージ、具体的には広島を抱く瀬戸内の自然、とりわけ瀬戸内海となる。だから表題にも海と入っているのだろう。曲は死の静寂から始まり、その上に細川にとっての海や水や自然の響き、すなわち静態的なクラスターをいくえにも積んでゆき、豊饒な響きの海を現出させる。

そういう脈絡でこのCDを聴くと、死と水をめぐる想念が、武満の旋律的に豊饒な『波の盆』の音楽から細川のクラスター的に豊饒な《記憶の海へ》と伝承されてゆく場に立ち会っている心持ちになってくる。恰幅のいい響きの司祭、尾高忠明を介添人に、細川俊夫、二代目武満徹を襲名！　まあ、そんなかしこくもおめでたい雰囲気である。

［二〇〇一年五月号］

33　武満徹とキャバレー・ソング

武満は経済がお好き?

武満徹は、ヘンツェやノーノや尹伊桑《ユンイサン》、あるいは黛敏郎や林光や高橋悠治と違って、政治を演奏会用作品の主題にほとんどしない作曲家だった。ケージやシュトックハウゼンのように、人類社会の未来のあるべき姿について思想家ぶって熱烈に語ってみせるわけでもなかった。彼は、たとえば雑誌『三田文学』が六〇年安保を目前とした時期に、若い芸術家・文化人・知識人を集め各人の政治的・社会的信条や時代認識を語らせようとした座談会で、政治だ、社会だ、多様な人間のあいだをどう調整するかなんて話には実感が湧かない、自分には自他の区別のなくなるような純粋な夫婦愛さえあればいいといった趣旨の、かなり素朴ともとれる発言を、親友・谷川俊太郎と組んで繰り返すような人だった。そのときの司会者・江藤淳は、座談会終了後の総括で、「こういうこと〔夫婦愛云々〕は、そう不用意に口にのぼらされるべきではないし、人がその中に隠しもっている秘密の部分〔夫婦愛の実相〕が、そう安直に伝達されるわけもない」と、深く嘆息したほどだった。

しかし、かといって武満は、現実世界からすっかり超然としきって、浮世ばなれした創作にいそしみつづけたというわけでもなかった。おそらく、武満の演奏会用作品は、政治ではなく経済と、ひそかに、もしかして本人もじゅうぶんに自覚していないところで関係していた。つまり武満は、敗戦直後から六〇年頃までの日本がまだまだ貧しかった時代には、音が少なめで禁欲的で間《ま》が多く、しかしときおりそういう世界に耐えかね豊かさへと身悶《みもだ》えするような曲を書き、ストラヴィンスキーを「こんな小男がこんなきつい音楽を書くとは……」と驚かせ、次に日本が高度成長期に本格的に突入し国際社会において徐々に自信を回復して、東京オリンピックや大阪万博を開くようになると、琵

ドミニク・ヴィス　武満徹を歌う
ドミニク・ヴィス（C-T）、クトゥリエ（p）
［たまゆら　2002年7月］

琵と尺八をもってきて日本人に自国の伝統への誇りを想起させる《ノヴェンバー・ステップス》や、高度成長の熱狂的エネルギーをまさに音楽に転写したごとく猛々《たけだけ》しくクレッシェンドする《アステリズム》を発表し、そのあと日本が世界の一等国として繁栄を謳歌し、あふれる物の中に自足するようになると、あの甘美で聴く者を蕩《とろ》けさせる後期のスタイルに着地して、すっかりそこに滞留しつづけたのである。そうした作風の推移は、年代といい内容といい、あまりに日本の経済状況の変遷と重なっていた。

それからもちろん、武満がその演奏会用作品を政治的意思と赤裸々に結びつけなかったとしても、だからといって武満の音楽のカタログに政治の痕跡はないと考えるのも早計である。なぜなら彼は演奏会用作品のほかに、きわめて多くの映画や放送などの機会的な仕事をしているから。そこで監督や演出家や脚本家に乞われれば、彼らの要求をきくのが第一義の劇伴担当者として、政治的メッセージのこめられた音楽もとうぜん書いたから。そして武満のそうした種類の作品のなかでおそらく最上のものは、今回、ドミニク・ヴィスの独唱によっていくどめかの録音をされた《ワルツ》だろう。それは一九六六年に製作された安部公房原作・脚本、勅使河原《てしがはら》宏監督による長編劇映画『他人の顔』の主題歌として作られた。

ではそのうたはどんな意味で政治的なのか。ドイツ語で綴られた歌詞（岩淵達治）は政治むきの主張をはっきり掲げるものではない。むしろ男女の愛と別れの物語のように読める。曲にも革命歌の旋律の引用とか、聴く者の政治的記憶を直截に喚起する仕掛けはない。ようするにうただけを取り出せば、それはおよそ政治とは無縁にしか思われない。しかし《ワルツ》はあくまでも『他人の顔』の主題歌で、映画のオープニングにも劇中にもふんだんに使われるのであり、そのドラマの文脈内に置かれると、たちまちそのうたは深刻な政治的含みをもってギラギラと異様に輝きはじめ、一度でもこの映画をまじめに観た者は、《ワルツ》を聴くたびに悪夢にうなされ、不安にさいなまれるほかなくなるのである。

ケロイド娘は核戦争がお好き？

『他人の顔』は顔を失った男女の映画だ。男を演じるのは仲代達矢、女のほうは小澤征爾夫人・入江美樹である。

男は東京にある薬品会社かなにかの研究職で、実験中、顔に大火傷を負い、いつも繃《ほう》帯《たい》で頭全部をぐるぐる巻きにしている。この奇怪な風体のせいで、美人の妻（京マチ子）との関係も円満とはゆかない。そこで男はある精神科医（平幹二朗）に相談する。するとこの医者はなぜか本物の顔と区別のつかない精巧な仮面を作れる技工士でもあって、男に新しい顔を与える。そうして仮面をつけ他人になりすました男は、すっかり開放されて自分の妻を誘惑し、昼下がりの情事に耽《ふけ》ってみたりする。と書くと、ただの異常性愛映画のようだけれど、話は徐々に深刻なニュアンスを帯びてくる。男は仮の顔をつけて遊び回るうち、今まで顔を失って辛いのは自分ばかりと思っていたが、どうやら別に顔に火傷もない普通の人間も現代ではじつは顔をもっていない、つまり自分が何者かよくわからず自分に自信をもてず不安におののき、誰かに新しい顔、新しい自分を与えてほしいと願っていると気づいてくるのだ。すると仮面をくれた精神科医が、現代人の不安につけこみ、新しい顔をあげると誘惑して、人々を支配しようとするファシストにも見えてくる。じっさい、この映画での平幹二朗の面相はちょっとヒトラーっぽいし、安部と勅使河原は精神科医の治療室の場面のサウンドトラックにヒトラーの演説の録音をコラージュして忍びこませるという小技さえ使ってくる。

そしてここでダメを押すのが武満の《ワルツ》なのだ。男と精神科医がいくどか一緒に入るのが純ドイツ風ビヤ・ホールで、そこには決まって《ワルツ》が流れている。だからこのうたはわざわざドイツ語なのであり、武満の曲もワイマール共和国期のいかにもクルト・ヴァイル風なキャバレー・ソングの様式をなぞる。そしてむろん、平和と享楽のワイマール期は、人々が混乱した都市生活のなかでおのれを見失い、本当の自分の顔を求め懊悩《おうのう》し、そこにヒトラーがつけこんだ時代でもある。かくて《ワルツ》は戦後日本を戦間期ワイマールと、東京をその時代のベルリンやミュンヘンと重ね、映画の真の主題を観客に刷りこむ役目をみごとにはたす。

さらに、この仲代と平のストーリーに直接はからまない脇筋として、映画にしばしば短くはさまれるのが、入江美樹のエピソードである。彼女は一九四五年八月の原爆で顔にケロイドを負い、日本のどこかの田舎でひっそり、兄と二人きりで顔を隠して暮らしながら、最終核戦争がいつ勃発するかばかり気にしている。するとある日、とつぜん白昼、この兄妹の頭上に、現実か幻想か、核爆弾の閃光と熱線が降り注ぐのだ。

というわけで『他人の顔』は、武満の《ワルツ》を決定的小道具にしつつ、平和と享楽の戦後日本とはじつは新たなワイマールで、そこには全体主義と戦争と滅亡の恐怖が迫りつつあると、観客に暗示をかける映画にほかならない。そしてこの暗示は二〇〇一年九月一一日以後、ひさびさにリアリティを回復してきているように思われる。とにかく、《ワルツ》ほどみごとに政治的・歴史的メッセージを引き受けえた映画主題歌はめったにないだろう。このうたを聴き、また口ずさむたび、われわれは長すぎる戦間期を生きているのだと、戦慄《せんりつ》せざるをえまい。

［二〇〇二年一〇月号］

34　武満徹の無重力

雅楽でヒュードロドロ

演奏家が新しいレパートリーをめだつ場所で披露しようとするとき、それに先んじ、よりめだたないところでそのレパートリーを試すということがある。そして作曲家もよく同様のまねをする。たとえば黛敏郎は、《涅槃《ねはん》交響曲》（一九五八）で男声合唱に聲《しょう》明《みょう》を歌わせ、満天下を唸らせたのだが、すでにその三年前に、高橋貞二演じる源頼家の、役者の地がそのまま出たようなわがままぶりと、十代目三津五郎の祖父、当時の坂東蓑助演じる夜叉王《やしゃおう》の計算づくの芝居が印象深い中村登監督の映画『修禅寺物語』に付した音楽で聲明を試していた。またたとえば武満徹は、《ノヴェンバー・ステップス》（一九六七）で琵琶法師的な使い方の琵琶と虚無僧《こむそう》的な尺八を西洋管弦楽と組み合わせる独創によって世界を制したが、それより早く小林正樹監督の映画『切腹』（一九六二）や『怪談』（一九六四）の音楽で琵琶を、あるいはＮＨＫ大河ドラマ『源義経』（一九六六）

の音楽で琵琶や尺八を用い、また《ノヴェンバー》初演の半年前に封切られた、やはり小林監督の映画『上意討ち』の音楽では、《ノヴェンバー》の初演独奏者、琵琶の鶴田錦史と尺八の横山勝也を組ませ、映画の場を借りて、《ノヴェンバー》のための一種の準備運動・予行演習を行っていた。このように伏線はたいていどこかに張られているものなのだ。

さて、では雅楽と武満の場合はどうだろう？　武満が国立劇場の委嘱作として《秋庭歌》を初演したのは七三年であり、そのときは単一楽章の二十分弱だった音楽が全六部分、五十分ていどの《秋庭歌一具》（一具とは伝統雅楽における術語で、全曲ひと揃いというくらいの意）にまでふくらまされたのは七九年のことである。しかしもちろん、ここにも伏線というか前史がある。

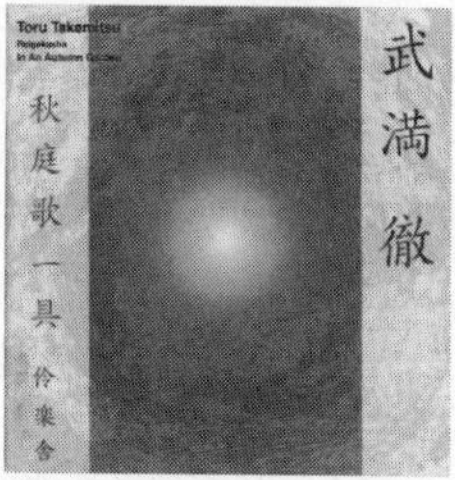

武満徹／《秋庭歌一具》
〈参音声《まいりおんじょう》〉〈吹渡《ふきわたし》〉〈塩梅《えんばい》〉〈秋庭《しゆうてい》歌《が》〉〈吹渡二段〉〈退出《まかで》音声〉
伶楽舎
［ソニー　2002年9月］

武満が少なくとも自身の創作とのかかわりのうえで雅楽を強く意識したのは、武満本人の文章によると、六二年一〇月六日、宮内庁楽部の実演に接したときのようだ（『音、沈黙と測りあえるほどに』、三八頁）。そして武満が雅楽の楽器を印象的に用いた最初期の実例として私が知っているのは、六五年七月に納涼怪談映画として封切られた豊田四郎監督の『四谷怪談』である。この作品は、仲代達矢の伊右衛門の絵に描いたようなニヒルさと、十七代目中村勘三郎の直助権兵衛の、歌舞伎芝居をありのまま映画に持ちこんだごとき、あまりに大袈裟で銀幕をはみださんばかりの演技によって、それから水谷浩の美術の至芸によっても特筆されるべきだが、とにかく「四谷怪談もの」の恐怖映画としては、木下恵介監督の『新釈四谷怪談』ほどではないものの、少なくとも画像としてはかなり怖くない部類に属する。岡田茉莉子《まりこ》のお岩は終始美しく撮られ、少しも化物じみてはいない。

しかしその代わり音楽が怖いのだ。武満はそこで尺八と、雅楽の楽器、龍笛《りゅうてき》を協業させる。尺八のムラ息のつくり出すいかにも丑《うし》三つ時というふうな凄みの利いた陰翳《いんえい》の上で、龍笛が伝統的な雅楽でもおなじみの、この楽器らしい甲高くクロマティックに揺らぐ音型を浮遊させる。それはヒュードロドロの歌舞伎下座音楽の武満化といってもいい。そう、ここで武満は高音域でふらつく龍笛を前面に用いることで、いわば足のない幽霊にみあった足のない音楽を作り出したのだ。それこそが視覚的には怖いというより美しい豊田版『四谷怪談』におけるほとんど唯一の恐怖の担い手となる。そして武満が、雅楽と自身の創作の出会いの段階でいきなり足のない音楽を、雅楽の楽器を素材として書いてしまった事実は象徴的には大きい。なぜなら雅楽の本質は地に足の着いていないところにあると思われ、武満は足のない幽霊という視覚的イメージと雅楽の楽器を結びつける、キッチュめいてはいるがやはり絶妙のアイディアによって、雅楽の首ねっこをすっかり押さえこんでしまったのだ。

高音は西洋を超克する！

雅楽が地に足が着いていないとは、けっしてそれが精神注入棒かなにかで叩きのめしてやるべき軟弱で浮ついた音楽ということではなく、なによりもまず単純に音域が高いほうに偏っているとの意味である。雅楽のオーケストラのメインの楽器は三管とよばれる篳篥《ひちりき》と龍笛と笙《しょう》だけれど、その音域はほぼ篳篥が一点ト音より、龍笛が二点ホ音より、笙が一点イ音より、それぞれ上と考えてよい。ピッコロの最低音が一般に二点ニ音だと思い出せば、これは大変なことだ。西洋のオーケストラが音域的に地にしっかり根を生やしているとすれば、雅楽のそれは完全に宙に浮いている。ピッコロなみのところがその合奏体の主たる音域となっている。西洋のオーケストラが、西洋の文明観のそのままの反映として、通奏低音的な音響の地面からこつこつ基礎を積み上げ、バベルの塔よろしく天に一歩一歩近づいてゆくかたちをしているのに対し、雅楽のオーケストラはそのはじめから天蓋《てんがい》にはりつき、そこから、はるか天空の星のように、あるいは歌舞伎の『四谷怪談』の「蛇山庵室《へびやまあんじつ》の場」でお岩が逆さ吊りになって出現するように、垂れ下がってくるのである。とにかくその響きは幽霊みたいに空中を徘徊することで重力からの解放を表現している。これを地に足の着いていないオーケストラとよばずして何とよぼう? しかも雅楽はリズムや和声の点であまりはっきりしたかたちをしていない。音が高くて不明瞭な音響。それは天空に漂うガスのようなものかもしれない。

そしてこのような雅楽の存在に魅了され、それをひとつのモデルに、自身の和声やリズムや管弦楽法を仕上げていったのが、パリ万博で雅楽を聴いたともいうドビュッシーだったのかもしれない。彼は大気や水のイメージを効果的に響きに翻訳する方法を求めていたのであり、そのためには大地に腰を落とすのを基本とした西洋音楽、とくに独墺音楽の流儀、あるいはより即物的にいえば低音重視の厚く鈍い音作り(バッハ、ベートーヴェン、ブラームス、ブルックナー……。彼らのBはBassのBか?)は克服されるべきであった。大地と重力の束縛からの飛翔こそがドビュッシーのめざす音楽の自由だった。そんな彼に雅楽は啓示となりえ、さらにその路線は天空に浮かぶ神の王国を音にしたかったメシアンへと受け継がれ、そのまた延長線上に戦後日本から武満が出現することにもなる。

いうまでもなく武満は水、雨、川、海、風、星、鳥といった、大地に拘束されない種類の自然の形象に生涯、異様なまでの執着を示し、そうしたヴィジョンはドビュッシーとメシアンに触発されるところ大だった。武満はおそらくドビュッシーとメシアンの作り出す西洋管弦楽の響きを通過して初めて雅楽のよさを理解し、それを西洋管弦楽を超えたひとつの理想の音響体として再発見したのである。そこには東洋から西洋、そこからふたたび東洋へという大きな円環が認められる。とにかく武満は足のない『四谷怪談』から十六年かかって、この世ならぬ秋の庭を無重力的に漂うとしかいいようのない《秋庭歌一具》の完成にまでこぎつけた。それは二十九人の演奏家が必要とされるが、うち三管だけで二十一人！　この圧倒的高音域への偏り！　そこでは西洋管弦楽、いや、西洋的文明モデルが超克され、聴く者はテレシコワよろしく、みんな「わたしはかもめ」になるのである。

［二〇〇二年一二月号］

35　completeという難関

先例なき仕事の困難さについて

日本の映画音楽作曲家をここまで大事にしたディスクはかつてない。『武満徹全集』第三巻は、武満の映画音楽のうち、一九五六年の「処女作」から六九年までの五十六本を十枚のCDに収め、付属冊子には映画監督や作曲家本人などなどによる各作品にまつわる文章、小林淳や早川優《まさる》らによる詳細な解説文などを付している。二〇〇三年一一月発売の第四巻とあわせると、武満がその生涯にのこした映画音楽がほぼすべて鳥瞰《ちょうかん》されよる。伊福部昭や佐藤勝の映画音楽もこれまでずいぶんディスク化されたが、そのフォローはこれほどていねいでなかった。そうした意味で、この組物は、まさに劃《かっ》期《き》的労作とよべるだろう。その種の音楽が真っ当な鑑賞の対象としてついに市民権を得たのか。そういう感慨がある。

しかしそのいっぽうで、このみごとな仕事はいくぶんの問題もはらむ。武満全集は宣

武満徹全集／第3巻　映画音楽1
(CD10枚収録)
［小学館　2003年3月］

伝では「COMPLETE」「全作品収録」をうたう。全集といいつつ実際は主要作品集である刊行物は古来多いが、武満全集は言葉の厳密な意味でのそれをめざすというのだ。刊行委員の立花隆もこう書いている。「これは文豪作家の全集なみの全集だ。造本の立派さとか、価格の高さのことをいっているのではない。その作家がアウトプットしたすべてをおさめようとする徹底した編集方針のことをいっている」

だが、実際の第三巻の内容に、私は宣伝文句や編集方針とのいくぶんの落差を感じてしまう。もしかしてその落差は、小学生のころから日本映画とその音楽にこだわり、名画座やフィルムセンターに平日の昼でも行けることを優先すべく就職も怠り、結果、武満が音楽を付した約百本の映画も、六、七本を除いては観てしまい、さすがにこの年齢になるとそんな人生を悔みもし、それでも今もCSで日本映画の放送を一日九時間平均で録画し、まったく観切れず困っている、そんなつくづくアホな人間でもないと気にならぬような特殊な落差かもしれない。が、とにかくその落差にふれよう。

なるほど、第三巻には、武満が六九年までかかわった映画のうち、フィルムなどなどいっさいの現存が確認できぬ何本かを除く、現時点で収録可能なすべての映画の音楽が収められている。が、前文の「すべての」は続く「映画の音楽」のうちじつは「映画」までにしか掛かっていない。つまり、より正確に言いなおせば、この第三巻にはすべての映画のすべてないし大方ないし一部の音楽が入っている。具体的にすれば、第三巻の扱う五十六本のうち、それに付された武満の音楽が本当に complete で入っているのは何分の一かで、あとはさまざまな取捨選択が行われている。たとえば『土砂降り』や『つゆのあとさき』の音楽は全体の数分の一の収録だし、『嚙《か》みつかれた顔役』はタイトル音楽だけで、『イヴ・クライン』には私の計測では二十六分三十四秒の音楽があるのに、この全集は五分十四秒を採るのみだ。私が感じた落差についてはこれ以上説明せずともよかろう。

が、complete をうたいながら取捨選択がなされているからといって、そのことを十把《じっぱ》ひとからげに批判するつもりは毫《ごう》もない。やはり事柄は一本一本につきケース・バイ・ケースである。先述の映画でいうと『イヴ・クライン』は台詞や効果音がなく、映像と音楽だけで綴られ、フルート、ピアノ、打楽器を軸とした音楽は、いかにも六〇年代らしい図形楽譜的・即興的なもので、武満の創作史、とくにその前衛寄りだった時代を知るためにも貴重と思われ、おまけに音質の良好なプリントが現存する。これがcompleteを標榜する全集に五分の一しか入らぬのは私には解せない。しかし『土砂降り』や『噛みつかれた顔役』とかであれば、その取捨選択は真摯で止むを得ぬ判断の結果と思える。なぜなら『土砂降り』や『噛みつかれた顔役』、さらにこの第三巻の扱う他のかなり多くの映画の音楽テープはもう現存していないから。

映画音楽全集の大変さについて

日本の映画界は一九五〇年代前半から、音楽は音楽で別録りし、それを台詞や効果音とミックスして映画のサウンドトラックを完成させる方法を導入していった。そして音楽だけ別録りしたものがいわゆる音楽テープである。それが残っていないと、映画に付された音楽だけをオリジナルで鑑賞することは不可能になる。ところが日本の映画会社は音楽テープの保存に必ずしも熱心ではなかった。あくまで映画の音作りの一素材にすぎぬ音楽テープは映画が完成すればもう用ずみ。用ずみのものを苦労して保管する必要もない。かくて武満が作曲した映画でも『土砂降り』などなど、多くの作品の音楽テープが今日、散逸している（もっとも今回の第三巻には音楽テープが現存するのに全部収録されていない映画音楽も『乾いた花』などなど、幾本もあり、これも私には解せない）。よって音楽テープの失われた映画の音楽を、楽譜が残っていれば録音しなおすとか、音を聴き楽譜をリコンストラクトし（俗に耳起こしとよぶ）、やはり録音しなおすとかせず、あくまで映画のオリジナルな音源にこだわって complete でCD化しようとすれば、最終完成サウンドトラックから、台詞や効果音と重なった状態の音楽を集めるしかなくなる。しかし仮にそこまで complete にこだわったとして、台詞や効果音入りの、まるで「映画名場面集」のごとくなった「音楽CD」を欲しい人がどれだけいるだろうか。しかも台詞までとなれば、そこには俳優の著作隣接権の問題まで現れる。だからこの第三巻では、音楽テープのない映画については、サウンドトラックから台詞も効果音もなるたけ被《かぶ》らない、音楽だけ拾える箇所を選んで、少しでも「音楽CD」らしくなるよう、懸命の努力がなされている。

とはいえ、その努力によって、現実にこの世に残っていて聴くことの可能な武満の音楽が、重なっている台詞ないし効果音が音楽を聴くのに邪魔ではないかなどなどの理由から、多々収録されないことになってしまった。結果、できあがったものは、「音楽CD」としての純度を高めたけれど、complete という性格からは離れてしまったように、私には思える。

たしかに個人全集とは、文業でも音楽でも、あくまでその人の仕事だけを純粋にまとめたいという動機から編まれるものだ。よって文学者や思想家の全集でも座談会や共同制作による文章は外される場合が多い。今回の問題もそれと同じで、音楽に効果音や台詞が被ると、もうそれは作曲家以外の要素が入るから、個人全集の純度を保てなくなるといった考え方も立派な正論としてありうるだろう。しかし、現実に聴ける音楽を積み残してcompleteなのかという疑問もやはりつきまとう。

そこで、もしかして参考になるのは、いかにも唐突だけれど、たとえば松尾芭蕉の全集かもしれない。昔の俳人はひとりで句作もしたが、連句もやった。数人で俳句を並べて共作した。そのなかから芭蕉の作った句を抜いては訳がわからなくなるので、芭蕉の全集には戦前版も戦後版も、連句全体、つまり芭蕉以外の俳人が作った句も入っている。

こういう全集の作り方が今回の武満全集の一手本になりえたのではないか。もちろん、同業の俳人が集い水平的に成立する連句と、作曲家・俳優・録音技師・効果マンといった異業種が集い重層的に成立する映画の音とでは次元が違う。しかし異なる人の手になる仕事が一緒になっていても個人全集に不都合なしという考え方を共有しうるかもしれぬ点では同じだ。そんな発想に従えれば、映画は総合芸術だから映画音楽に効果音や俳優の声がもし込みになっても大いにけっこうと思える境地にたどり着けるかもしれない。

しかし仮にそこまでいったとしても、著作隣接権の複雑な処理の問題は残る。また映画が総合芸術なら音のみならず画像まで込みにとおのずと話も広がって、そうなればいよいよ個人全集の枠を逸脱し、ますます現実離れしてしまう。

だいたい今日においては、名作から珍品までのあらゆる映画がDVDやBS・CSでの放送といったかたちで供給されている。映像まで込みの映画音楽のcompleteなコレクションを欲するような極端なマニアは、勝手にひとりで集めていればよいのだ。なら、残っている音楽テープを集め、台詞・効果音込みの部分はほどほどにし、これが現実的に可能な映画音楽の全集とやっておくのが、やはり適当なのかもしれない。が、するとcompleteにならぬといえばならなくなり、話はどこまでいっても全集の可能性と不可能性とを堂々めぐりしてしまう。

作曲家の作品が、バッハやモーツァルトの音と異なり、さまざまな形態の録音物に残るようになった時代に、その作曲家のcompleteな全集とはいかに可能であり、また不可能なのか。武満徹全集の問いかけは深く重い。

［二〇〇三年五月号］

36 「国民詩曲」と社会主義リアリズム

アンコール曲には魂を入れよ！

外山雄三／《管弦楽のためのディヴェルティメント》、徳山美奈子／交響的素描《石川》、西村朗／《樹海》他
岩城宏之指揮オーケストラ・アンサンブル金沢、吉村七重（二十絃箏）
［ワーナーミュージックジャパン 2003年2月］

外山雄三の《ディヴェルティメント》は、当盤が最初の全曲録音と思う。これを作曲家は一九六一年、つまり彼が三〇歳の年に、その前年の《ラプソディ》の余勢を駆って書き上げた。もちろん《ラプソディ》というのは、「あんたがたどこさ」で始まり「ちょいと出ました三角野郎が」で終わる、日本製管弦楽曲としておそらく最多演奏記録を誇るだろう、あの作品のことだ。それは、六〇年のNHK交響楽団世界楽旅に携行されるアンコール・ピースとして生まれ、たちまち内外で好評を博した。そして、このN響初の海外遠征に指揮者として外山とともに同道した岩城宏之が、この遠征を機に欧州のオケからも声がかかるようになり、そういうとき持ってゆく日本の曲として、外山に依頼してきたのが《ディヴェルティメント》なのである。この作品も《ラプソディ》同様、やはり日本民謡をメドレーにする発想にもとづいている。ただし後者が単一楽章なのに

対し、前者は急緩急の三楽章という違いはあるけれど。

それにしても、こういうふうに民謡を使い、それをメドレーのように処理するアイディアを、外山はどこから得たのだろう？ いうまでもなく、いくつもの有名旋律をつないで曲をまかなってゆくのは、西洋クラシック音楽においてはポプリとかクオドリベットとかよばれるよくあるやり方だし、民謡旋律を器楽作品に仕立てることも、近代以後にかぎったってファリャやバルトークやコダーイなど、数多の作曲家がやっている。

しかし、そんな一般論だけでなしに、やはり外山の個人史的な、もしくは日本の作曲史的な背景もなくてはならぬだろう。そこで考慮されるべきは、とりあえず次のようなことであるまいか。

まず有馬大五郎からの影響。声楽家、理論家、教育者にして、N響の運営にも戦時期から長く力をふるった有馬は、外山の少年期からの師匠にして、なおかつ楽壇における後見人的存在だった。

そんな有馬が待望したのは「日本音楽界のR・シュトラウス」である。戦前、ウィーンに留学した有馬にとり、シュトラウスこそ指揮も作曲も組織者としても一流の、トータルな音楽家の鑑《かがみ》だった。そのような人物が日本から出てこそ、この国の音楽界も初めて一人前として認められる。有馬はそう信じていた。だから彼は指揮・作曲の両刀づかいをみずからの仕切るN響にあてがおうとし、そこで有馬が最初にみこんだのは、ウィーンでの留学仲間、尾高尚忠で、その次は外山ということになるのだった。また作曲についていえば、有馬はオケの運営に携わる者として、なによりも最大多数の聴衆に受容されうる作品を望んだ。となると手っ取り早いのは、たとえば誰にも馴染みやすい民謡的素材による管弦楽曲の創造である。そしてじつは有馬自身がそれを実践してもいた。彼がウィーンで作った小交響曲は、日本の民謡や祭り囃子風の楽想を取りこんでいる。よって、その有馬が日本戦後音楽界の躍進ぶりを内外に印象づけようと仕切ったN響世界楽旅のアンコールは、指揮者兼作曲家の書き下ろす日本民謡にもとづく音楽であるのがなによりも好ましかったのだ。

が、民謡への傾斜のわけはそのへんから見えてくるとして、それがどうしてたくさんの民謡のメドレーになるのだろう？　ひとつの民謡の変奏曲とかではいけないのか。そこで思い出されるのは高田信一のことだ。高田はちょうど尾高と外山にはさまる世代の、やはり指揮者兼作曲家で、しかもN響と関係が深かった（もっとも有馬は彼のことを尾高や外山ほどには買っていなかったようだが）。その彼が戦争末期に作り、N響（当時は日本交響楽団）もいくども演奏し、大変な人気曲となり、しかし敗戦とともにきれいさっぱり忘れ去られた、有名旋律のメドレーにもとづく一対の管弦楽曲があった。そしてそこで用いられた有名旋律とは民謡ではなかった。なんと軍歌・戦時歌謡だった。その一対を《陸軍魂》と《海軍魂》という。前者は陸軍、後者は海軍にちなむ有名旋律がどんどん繰り出され、アンコール・ピース的にひたすら派手に炸裂してゆくのだ。これは着想といいなんといい《ラプソディ》の祖型ではあるまいか。声楽家・外山國彦の息子にして有馬の弟子で、少年のうちから楽壇人同様だった外山雄三が、二つの《……魂》を知らなかったとは考えにくい。

「国民」は元気に笑え!

とはいえ作曲家本人は戦時期の「軍歌メドレー」と自身の「民謡メドレー」を関連づけられたくはないかもしれない。じつは外山は、みずからが《ラプソディ》のような音楽を書くにいたったのは少年時代にふれた戦時期日本のある管弦楽作品からの刺激によるところが大きいと公言しているのだが、その作品とは、やはり《……魂》ではなく、日本放送協会が三八年から四〇年にかけ委嘱した十七の「国民詩曲」のひとつである。

日本が日中全面戦争に突入する三七年前後から「国民」なる言葉が文化のあらゆる領域で徐々に頭をもたげてくる。むろん「国民」は日本が近代国家として離陸する明治期にまず高唱された。日本人が一丸となって国の発展につくさなければ、この国は「西洋列強」の食いものにされるしかない。そういう危機感が一致団結する「国民」の像へと人々を駆り立てた。しかし日露戦争が過ぎ、日本がそれなりに功成り名を挙げると、一丸とか一致団結はもはや野暮《やぼ》になった。まず「大正デモクラシー」が「国民」を「個人」に解体しようとし、ついで「左翼思想」が「国民」を「階級」に分割しにかかった。そうした流れへの揺り戻しが、昭和一〇年代の「国民」の復活だった。「国民」の団結を回復し「国難」に立ち向かう。その路線上にあらゆる社会制度、風俗、文化の再構築がはかられ、「国民服」「国民学校」「国民文学」「国民映画」「国民演劇」「国民詩」と、何にでもやたら「国民」が付くようになった。そこでいう「国民」とはもちろん、健康的で力強く皆でニコニコ笑ってわかりあえるような人々のことで、そういう「国民」の名を冠した文化芸術には、当然ながら平易で明るく肯定的な要素が求められた。その美学は、やはり同時代のソ連の「社会主義リアリズム」を連想させもする。拠って立つイデオロギーは水と油でも、内容においてはあまりに同型的なのである。

そのような、「国民」に傾斜してゆく時流にいちはやく乗った組織に日本放送協会があった。それは早くも三六年に「不健全」な「レコード歌謡」に対抗する「健全」な歌謡の創出をめざして「国民歌謡」の放送を開始し、その番組は、「歌謡」というとひとりで歌うようにも思われ「国民」的団結をうながすのに物足りぬと、やがて「国民合唱」になった。それから三八年には、歌だけでなく管弦楽作品で「国民」的に親しまれる音楽を創造しようとする試みもはじめられた。それが「国民詩曲」である。「国民歌謡」のほうは明朗で親しみやすければなんでもよしということで、唱歌調、童謡調、歌謡曲調……、さまざまに作られたが、「国民詩曲」には初めから具体的で統一的なコンセプトが与えられた。ソ連の「社会主義リアリズム音楽」において「民謡的」たることが重視されたのと相似て、日本の民謡旋律を必ず用いることと定められたのである。そうして菅原明朗、清瀬保二、山本直忠、池内友次郎、深井史郎、平尾貴四男、松平頼則、江文也ら大勢が、「国民詩曲」を書いていった。

では、そのなかで少年外山の心をとりわけ捉えた一作とは？　それは山田和男（一雄）の《交響的木曽》（一九三九）だという。この曲は《木曽節》や《ノーエ節》をバルトークやストラヴィンスキーに影響された緻密《ちみつ》な管弦楽法で料理しつつ執拗に熱狂するもので、そのエコーは外山が二十二年後に書いた《ディヴェルティメント》の終楽章にたしかにある。なぜならそこを支配するのは《交響的木曽》と同じく《木曽節》と《ノーエ節》の旋律なのだから。そして、そういう音楽を懸命に書いていた外山が、有馬が期待を賭けていたN響座付きの指揮者兼作曲家であると同時に、「社会主義リアリズム」の美学の影響下、「戦後民主日本」のための新たな「国民音楽」の創造をはかるべく結成された作曲グループ「山羊《やぎ》の会」の一員（あと間宮芳生《みちお》、林光ら）であったことも思い出されるべきだろう。

外山の《ラプソディ》や《ディヴェルティメント》は、戦前・戦後をまたがった有馬の思想、戦時期の高田によるメドレー的作曲、大日本帝国の求める「健全な国民」のヴィジョンと結びつく「国民詩曲」、そして「戦後左翼的」な意味での「健全な民衆像」

にふさわしい「社会主義リアリズム」的「国民音楽」の交錯のなかより生まれた。そのすべてに共通するもの。それは、音楽において最後に勝つのは、民謡か軍歌か、とにかくつねに単純で素朴で力強い歌であるという信念である。

［二〇〇三年六月号］

37　林光の含羞

泣けたらよいってものじゃない

パリの新オペラ座でデュサパンのオペラの初演があった夜、新オペラ座の真下にあるメトロのバスティーユ駅の地下道を歩いていると、馴染みのあるメロディが流れてきた。メトロの地下道は街頭楽師たちの溜《たま》り場なのだけれど、誰かそのなかのひとりがサックスでやっているらしい。

しかし何のふしだったか。頭がミで一拍、ドに上がって半拍、半音下がってシに行き三拍半、そこで一拍休んでひと区切り。次は同じリズムにこんどはラからファに上がってミに下がる音型が乗って……。ああ、『裸の島』の主題曲だ。新藤兼人が監督し、一

原爆小景・完結版　林光合唱作品集
《原爆小景》（完結版、①）、《火の夜》（②）、《カザルスのために》（寺嶋陸也、林光編、③）、
宮澤賢治／《星めぐりの歌》（林光編、④）林光（指揮、③p）、東京混声合唱団、寺嶋陸也（③④p）
［フォンテック　2003年7月］

九六〇年にモスクワ映画祭の大賞を獲り、世界で上映されてきた作品だから、その音楽がパリの街のちまたで聞こえても不思議がることもない。しかしなんだか嬉しくなって音のするほうに寄っていき、吹いていた白人男に、日ごろ、めったにそんなことはしないのだけれど、ついつい話しかけてみる。

「それは日本の映画の音楽でしょう。『イル・ニュ』（『裸の島』の直訳のつもり）だ。イカル・アヤシの曲だ」。日本人なのだからヒカル・ハヤシと言えばいいのに、ついつい相手にあわせ、フランス風にhを発音しなかったりする。けっきょくそのフランス人は林光の名を記憶していなかった。が、彼はこの音楽が付された映画はイロシマの悲劇だとは言った。たしかにそれは本当といえば本当だ。『裸の島』は、広島県下の井戸もない瀬戸内の小島で懸命に生き、しかし医者にかかるのも容易でないその環境ゆえ、幼い子供をちょっとした病で失う夫婦の物語だから。とはいえ広島の悲劇というとまずはピカドンだろう。あのフランス人は『裸の島』を広島出身の新藤が原爆にこだわって撮った『原爆の子』や『第五福竜丸』と混同していたかもしれない。あるいは『裸の島』の世界を広島という地名からおのずと原爆に重ね合わせていたのか。

それはともかく『裸の島』の主題曲は味わい深い。冒頭のくだりで出るミファラシドという五つの音程はとりわけ日本人の耳にある種の暗い湿り気を呼び覚ます都節音階をなし、映画の重苦しさをいきなり印象づけるのだが、そのあと旋律はレもソもたっぷり織りこんで、ミファソラシドレのフリギア旋法的感触へと寄り、都節音階の醸す局限された情感から自在に外れ、単純なエレジーではなくなる。大雑把にいえば、その旋律は、日本の伝統音楽や聖歌や賛美歌やロシア民謡などひととおり聞きかじっている耳には、哀歌にも賛歌にも祈禱歌にも聞こえてくる。都節で泣きぶしのまま押し通し『裸の島』をお涙頂戴大悲劇にすることも作曲家には容易なはずなのに、林はそう安手には振る舞わない。辛い暮らしと子供の死への哀歌と必死に生きる者への賛歌とそんななかからおのずとこみ上げてくる神仏か自然かへの祈りと……。そんな重層的感情を一手に引き受け、けっして悲しみや喜びに一義的に同定されない手のかかったふしを、林は書いている。嚙《か》めば嚙むほど味が出るのである。

さて、メトロの駅で林光を聴いて何カ月かして、《原爆小景》の完結版のＣＤが出た。

この広島の被爆をうたった無伴奏混声合唱曲に林はじつに四十年以上も手をかけたことになる。第一曲は一九五八年、続く二曲は七一年、そして終曲は二〇〇一年の完成だ。第一曲は『裸の島』よりも前なのだ。それから世紀を跨《また》いでやっとこさできあがったその作品の音盤に寄せられた批評を読んでいたら、原爆の惨禍を表現するには迫真性を欠いて物足らないとか書いてあるものに出会った。なるほど、当たっているといえば当たっている。いや、そもそも林は、『裸の島』に単純なエレジーをあてなかったように、《原爆小景》であの日の広島の凄絶《せいぜつ》を大仰にルポルタージュしようとは思わなかったろう。そういう気があれば無伴奏混声合唱などという裸木のような編成でなく、大管弦楽でもつけて最初から激烈にやるだろう。そうしないのが『裸の島』や《原爆小景》にかぎらぬ林光という作曲家の常なる流儀である。彼は正面きって生真面目に一途に大袈裟にといった姿勢が大嫌いなのだ。なにごとともやや距離をおき、それを複眼的に重層的に多義的に微妙に処理してみせるのが林の味である。

恥ずかしがるのも芸のうち

彼がそういう作曲家になったのはもちろん、一番には本人の気質のゆえだろう。彼は、東京生まれでもここまで純正なのは珍しいほどの都会人なのだ。そして都会人は本気になって目を怒らせているものを見るとふっと逃げる。恥ずかしくなる。林光は含羞《がんしゅう》の人である。

ならば、林が慶應高校時代には演劇部を率い、作曲家になってからも芝居とのかかわりを映画や放送まで含めて深くもちつづけ、とくにブレヒトや俳優座系の人々に惹かれていったわけもみえてくるだろう。だいたい演劇とは他人を演ずることで自分が自分になりきるのを抑える効能を有するし、その演劇のなかでもブレヒトは、役者が他人を演ずるときも他人になりきらず、観客が芝居を観るときもその劇に感情移入できないような仕掛けを工夫しつづけた。つねにあらゆる位相ではぐらかしや複眼化が行われつづける演劇。ブレヒトはそれをめざし、ヴァイルやアイスラーやデッサウが彼に協力して観客が一義的に激しく感情移入しカタルシスを得て一丁あがりというわけにはゆかない劇音楽のかたちを探求した。そして、そういうブレヒト演劇の行き方を日本に持ってきたのが劇団俳優座だった。その総師は関東大震災のとき千駄ヶ谷で朝鮮人（コリアン）に間違えられたので千田是也《これや》と名乗ることにしたという人を食った男で、他にも松本出身の共産党（KP）だから松本克平とか、人をはぐらかすような芸名をもっていたり、演技も妙にぶっきらぼうで観客を気持ちよく芝居に浸らせなかったりする俳優が集い、その系譜から串田和美《かずよし》の自由劇場や、佐藤信《まこと》、加藤直《ただし》らの黒テントも出、彼ら、ブレヒトから加藤までの諸々が林のアイドルとも仕事仲間ともなり、そんななかで彼は『裸の島』の主題曲のごとき一筋縄でゆかぬ音楽を一九五〇年代このかた鍛練しつづけてきた。

作曲年代が一九五〇年代から二〇〇〇年代に跨がる《原爆小景》はちょうどその鍛練の歩みを一曲で覗《のぞ》かせるようなものだ。

まず第一曲〈水ヲ下サイ〉。その作曲の動機には、山田耕筰の《南天の花》のお涙頂戴調や、大木正夫の交響曲第五番「ヒロシマ」の正面きっての大音響による惨害の生真面目な描写など、都会人としては気恥ずかしくなる類の「原爆音楽」への林ならではの反発があったろうけれど、その反発心は、たとえば原民喜《たみき》の詩への付曲にあたって「アア」という間投詞を除く詩の言葉のすべてからメリスマを排するということ、つまりひとつの音にはひとつの音高しかあてがわないということによって表されているだろう。ほんの一例をあげれば、山田耕筰の《からたちの花》の「からたちのそばでないたよ」の「よ」の箇所のグリッサンドのように、いわゆる叙情的な歌では泣かせどころをよくメリスマで仕掛け、それで歌い手と聴き手の両方のカタルシスを誘い、気持ちを開放させる。林はそれを避けることで開放も弛緩《しかん》もないテンションの高さ、感情移入のしどころのない厳しさの持続を実現するのだ。

第二曲〈日ノ暮レチカク〉と第三曲〈夜〉は、トーン・クラスターを用いある種の凄《せい》惨《さん》さを喚起し、林らしからぬところに行きかけるが、そこを能の謡《うたい》ふうの要素の導入がかろうじて押しとどめている。というのも能とは、シテの芝居をワキが観てそれをまた観客が観るという容易に感情移入させないワン・クッションがおかれた演劇で、そうした基本的構造に対応して謡にも概してきつめで観る者の背筋を伸ばさせ物語られている対象を冷静に見つめさせるような調子が備わっている。この謡の要素がトーン・クラスターの原初的生々しさを中和するのである。

それから終曲〈永遠のみどり〉。この広島再生の祝い歌ともいうべき詩に、林は教会旋法風の多分に抑制された動きで曲を付けはじめ、再生の喜びがあまりにチラリとしか見えぬので聴く者をいらつかせ、ようやく「とわのみどり」なる喜ばしき言葉が連呼されるくだりになると音楽は喜ぶどころか逆に半音階的に緊迫し、言葉と音楽がはぐれてしまう。かくて幕切れには「とわのみどり」はいつどうしたら来るか、皆さんよく考えてくださいといった、いかにもブレヒト劇的な問いかけが残される。このいっけん地味で花も実もない音楽は林光らしさのひとつの極まりだ。

ところで〈水ヲ下サイ〉の頭がイ音で出、〈永遠のみどり〉がイ調で結ばれるのは、ヒロシマ転じてイロシマのイによる一種の署名かしら。違うかもしれないが、とにかくそういう遊び心により林光の音楽はいつもわれわれをはぐらかし、どこか遠くへ逃げてゆくのだ。

［二〇〇三年一二月号］

38　岩城宏之の逆襲

変身後の岩城宏之

岩城宏之の最後のステージは、二〇〇六年五月二四日、東京の紀尾井ホールにおける、東京混声合唱団創立五十周年記念「アニヴァーサリーコンサート」だった。長年、同団の音楽監督をやってきた岩城は、つぎつぎとタクトを執った東混ゆかりの七人の指揮者・作曲家たちのひとりとして、前半のトリをつとめた。

岩城が振ったのは、まず女声だけで、中田喜直の《夏の思い出》や《雪の降る街を》。これには驚かされた。指揮者は合唱団にソット・ヴォーチェを徹底させた。終始、聞こえるか聞こえないかくらいの微《かす》かなヴォリュームである。しかも、強弱やテンポの変化、それから表情づけは、つとめて排される。もうさびの境地である。さびは寒いに通じる。寒いと動きが鈍くなる。最低限の動きでなにごともすますほかない。口も大きくはあけられない。冷気が入って寒いからだ。そうやって、よけいなもの、せずともよいことのいっさいが殺《そ》ぎ落とされてゆく。そうしてきわめられるのが、さびだ。この日の岩城の中田喜直は、その神髄に触れていた。《夏の思い出》は、セピア色にくすみきった写真のように、あらゆる生々しさを喪《うしな》う。そのせいで、思い出は神々しいまでに純化される。《雪の降る街を》は、もともとが寒地のさびをイメージした歌なのだから、なおさらだ。この曲については、ロマンティックに思い入れた演奏ばかり聴かされてきた気がして、食傷していたけれど、こう歌われてこそ映えるのかと、はじめて合点がいった。

　だが、驚くのはまだ早かった。女声だけの次は男声だけ。岩城が選んだのは《戦友》一曲である。真《ま》下《しも》飛《ひ》泉《せん》作詞、三善和気《かずおき》作曲の、日露戦争期の軍歌だ。「ここはお国を何百里」と始まり、玄海灘《げんかいなだ》を進む輸送船上で知りあった戦友と満洲各地を転戦して仲良くするも、ついにある激戦地で彼は名誉の戦死をとげ、その墓穴を掘って泣くという、波《は》

ベートーヴェン／交響曲全集
岩城宏之指揮 NHK 交響楽団、コロムビア・アカデミー合唱団、常森寿子《ひさこ》（S）、荒道子（A）、金谷良三（T）、大橋國一（Bs）
［日本コロムビア　2006 年 8 月］

瀾万丈の物語をうたう。演奏するとなったら、押したり引いたり、いかにもいろいろとしかけたくなりそうだ。

ところが岩城は、中田喜直に輪をかけてなにもしない。ひたすらソット・ヴォーチェのさびひとすじでゆく。その解釈で、第一番から第一四番までの長大な全曲を微動だにさせない。最初のうちはまさかずっとこのままかと唖然《あぜん》とし、そのうち圧倒されてしまった。新劇の宇野重吉や歌舞伎の一三代目片岡仁左衛門《にざえもん》の最晩年の舞台が、おのずと脳裏に蘇った。三越劇場の舞台のまんなかにただ寝転がってボソボソ言っているだけで満場を圧した、『馬鹿一の夢』の宇野や、歌舞伎座の『菅原伝授手習鑑《すがわらでんじゅてならいかがみ》』の「道明寺《どうみょうじ》」で、ただ枯れ木のように立ってなにもしないからすごいという無の境地を実感させた先代仁左衛門と同等の芸格が、岩城の姿から滲《にじ》んできたのである。

これは岩城の告別の歌なのか。聴いているうち、そんな気持ちも湧《わ》いてきた。しかし、あとで聞いた話では、本人にそのつもりは毛頭なかったらしい。演奏会終了後は、こんどは《戦友》を別の合唱団にも歌わせたいと意気軒昂《けんこう》だったという。が、それからすぐ体調を崩し、二度とステージに上がることはなく、六月一三日に逝《い》ってしまった。《戦友》が本当の見納めになった。

変身前の岩城宏之

それにしても、まさか岩城宏之から、朝比奈隆や山田一雄の晩年にもひけをとらぬような、宇野重吉や仁左衛門にも匹敵するような、老いの至芸を聴く機会があろうとは、じつは夢にも思っていなかった。というのも、岩城の音楽は上手に年をとれぬ性質のものではないかと、ずっと考えていたからである。

理由は、とても大まかな世代論である。岩城は一九三二年生まれだ。日米開戦の年が九歳、敗戦の年が一三歳だ。いちばん多感な時期に戦争があり、戦後の混乱期があり、戦中と戦後の深い溝、極端な価値観の断絶を経験している。よくいえば、過去の因襲にとらわれず、それをあっさりぶち切れる世代であり、悪くいえば、上の世代のやってきたことを少年時代にしっかり吸収する暇をもたなければ、前の時代にたいする敬意も有せなかった世代なのである。

その結果、この世代はどうしても上手に年をとりにくい。評論家の唐木順三《からき》は、人間が円熟し、完成へと向かってゆくためには、若いころに型の刷りこみがなされていなくてはならないと、繰り返し説いた。型とは、生き方についての哲学でも、生活上の道徳律でも、学問の方法でも、美術や工芸や演劇や音楽の具体的な技でもいい。そういうなんらかの型が、親や師匠から、あるいは社会から、なるべく早目に骨の髄《ずい》まで叩きこまれていて、はじめて人間はその後の年相応の深まりを約束される。型に従順であるにせよ、反発するにせよ、自分に刷りこまれてしまった運命的規範と向きあいつづけることで、人間の年輪は増すというのである。

岩城は、こうした唐木的なテーゼからすると、年輪を増せない者の代表格だ。戦時から戦後初期にかけては、東京から金沢に疎開《そかい》するなど、落ち着かずにどんどん過ぎ、音楽の道に進んでからも、定まった師匠らしき師匠をもたぬまま、指揮者として一本立ちした。棒を振るイロハは、山本直純に連れられていった齋藤秀雄の指揮教室で学んだが、別に生涯の師として齋藤に傾倒したわけではなかった。カラヤンとか、さまざまな指揮者の影響を、そのときどきに受けながら、おのれのスタイルを、才能と気性にまかせ、作り出していった。岩城の自己申告の経歴には、師匠の名は書かれないのが常だった。誰かの何かが内側に居着いて型となり重しとなり、それとのしがらみのなかでおのれに老いの熟成を培《つちか》ってゆくような芸術家像とは、ずっと無縁だった。

その代わりに岩城が手にしたものは、誰にも頭を押さえつけられず、天真爛漫《らんまん》にパッションを炸裂《さくれつ》させる、外向的な若々しさであったろう。戦争をして負けた馬鹿な上の世代なんて一顧だにせぬ、恐れを知らない日本の戦後世代の典型が、そのままオーケストラの指揮台に立ったら、岩城になった感じである。分別臭さや訳知り顔を嫌い、リセットされて始まった日本の戦後の初々しさとみずみずしさに賭けた、少し腰軽な万年青年のイメージを、岩城はよくになっていた。

そんな岩城の若さの最良のドキュメントが、一九六八年から翌年にかけてN響と録音したベートーヴェンの交響曲全集だと思う。

このころのN響は、まだシュヒター時代の音がする。一九五九年から六二年まで常任だったヴィルヘルム・シュヒターは、一九一一年、ボンに生まれ、ケルンで勉強した。翌年、同じライン地方に生まれ、やはりケルンに学んだギュンター・ヴァントと、経歴としてかなりだぶる。音楽性もどうも近い。オーケストラを即物主義的な美意識によって徹底的に締め上げるのである。結果、N響は、高度経済成長期の黒ぶちメガネをかけた猛烈サラリーマン軍団のようなオーケストラとなり、この岩城との全集録音時にも、まだその面貌を保っている。セル時代のクリーヴランド管というよりは、トスカニーニ時代のNBC響のほうに少し似ているかもしれない。四角四面で教条的すぎるが、どの楽器が前に立ち、どの楽器が後ろで支えるかというヒエラルヒーが、ベートーヴェンの音楽のどの局面でも狂いなく確立し、恐ろしく手ごたえのある響きがする。N響はシュヒター時代がいちばんと回顧するオールド・ファンが時たまいて、その意見は今日の常識からはきっと大きく外れているのだが、だからといって、けっして馬鹿げているとも思われない。個々の技量は今のほうがはるかに勝っているだろう。だが、マスとしての印象の点では、そう簡単に歴史に白黒はつけられない。

とにかく、そんな即物的で筋肉質なN響と、岩城の戦後的に一途な若さがスパークしたのが、この全集なのだ。これは日本戦後音楽史のひとつの頂点だと思う。

するとそのあと、永遠の青年でいつづけるはずの岩城が、なぜ最後に素晴らしき老いに到達できたのか。おそらく彼は、心の内側には保持していなかった、よく老いるための方法を、外から身につけてしまったのだ。岩城は、一九八七年に頸椎《けいつい》を痛めたのに始まり、常人の幾倍も病気をした。そのたびに、からだの動きが悪くならざるをえなかった。心はさびられずとも、からだが、常人の通常の老化の速度よりも、はるかに過激にさびていった。それが音楽の解釈にフィードバックしたとき、老いを拒むことにアイデンティティを求めていたろう岩城は、先行世代をたじろがすほどの豊かな老いを手にしてしまい、さびの極みまでいけたのだ。じつは、五月二四日の彼は、車椅子に乗り、手もじゅうぶんに動かせないくらいだった。しかし、それはそのときハンディキャップではなかった。岩城の場合、美しき老いは、内から外へ滲み出したのではなく、外から内に滲み入ったのである。

岩城に、その実りをもっと多くの人にさまざまなレパートリーで披露するための、もう少しの時間があったのなら、なおよかった。

［二〇〇六年一二月号］

39　作曲家？　編曲家？　冨田勲

作曲家はなぜヘリを飛ばす？

一九九三年にシュトックハウゼンが四機のヘリに分乗した弦楽四重奏団員の演奏を地上の人々に聴かせる《ヘリコプター四重奏》を作曲したとき、ついに彼も行き着くべきところまで行ったと思った。なぜそうかといえば彼が、作曲家とは音楽の響きだけでなくそれが聞こえてくる方向についても独自性を発揮すべきと考えてきた人だからである。そんなシュトックハウゼンは早くも五六年のテープ音楽《少年の歌》を四チャンネル立体音響で作り、五七年には三群のオーケストラが聴衆を取り巻く《グルッペン》を完成させていた。そしてそういう試みはとうぜん天上から鳴る音楽へ向かうだろう。音楽と天とは想像の領域では洋の東西を問わず古《いにしえ》より切っても切れぬ関係なのだから。たとえばプラトンは天の星々とは宇宙の秩序を反映する妙なるハーモニーを奏でているはずと考えたし、仏教寺院には美音を奏でながら舞う鳥、カラヴィンカの図像などが刻まれて

冨田勲／《源氏物語幻想交響絵巻》
冨田勲指揮ロンドン・フィル他
［日本コロムビア　2000年11月］

いる。が、そうした想像上の音楽のかたちを現実の音楽芸術は長いこと真剣には追究してこなかった。せいぜい教会の高みにオルガンを建造し、天上の音楽を疑似体験させるくらいが関の山だった。その関の山をシュトックハウゼンは《少年の歌》以来約四十年かかってやっと越え、本当に空から妙音を鳴らすにいたったわけだ。

といって彼をそうほめそやす必要もあるまい。なぜなら彼同様に音の鳴り出づる方向に格別な関心を抱いていた日本の音楽家が、彼よりずっとはやく天上からの音楽を実践していたのだから。

その名は冨田勲。彼が四チャンネルのシンセサイザー音楽作りにのめりこんだのは七〇年代のことで、《少年の歌》より二十年遅い。けれど冨田がリンツでヘリに巨大なスピーカーを付け、上空から地上へシンセサイザー音を盛大に放射してみせたのは八四年で、《ヘリコプター四重奏》より十年早い。このように冨田はシュトックハウゼンを追いかけ、たちまち抜き去っていた。

もっとも両者の音楽的内容には大きな差もある。シュトックハウゼンが四チャンネルに仕立てたりヘリコプターから鳴らしたりする音楽があくまでおのれのオリジナルな作曲であるのに、冨田のそれは《展覧会の絵》だったりジョン・ウィリアムズの『E・T』のテーマだったりするのだもの。この差はいったいどこからくるのだろう。シュトックハウゼンが作曲家、冨田がシンセサイザー奏者兼アレンジャーだから？　いや、それでは話がつまらない。

おたくは芸術家を超えるか？

思えば、冨田勲とはちょっとわかりにくい音楽家である。彼のキャリアは一九五〇年代、卓越した管弦楽法の技量をもつ作曲家として開始された。しかし、その才能は演奏会用管弦楽曲作りにはまったく振り向けられなかった。彼はひたすら『ジャングル大帝』『リボンの騎士』『新日本紀行』『新平家物語』などの放送音楽、『飢餓海峡』などの映画音楽の作曲に従事し、流麗な旋律と色彩的管弦楽効果により大衆を魅了した。しかも、そこでの冨田のオーケストレーションは、ライヴでは実現の難しい録音ならではの効果をしばしば重用していた。たとえば映画『黒蜥蜴《とかげ》』で主演の美輪明宏の歌う主題歌に付されたオーケストラ伴奏では、ヴァイオリン・パートに突出してエコーがかけられ、まるで巨大浴場の湯気のかなたからとびきりボンヤリ聞こえてくるふうな夢幻的性格を醸し、それが美輪の怪しさと絶妙に相乗するのだった。ところが七〇年代半ば、冨田は作曲家をほとんどやめ、《展覧会の絵》《惑星》など、クラシックの名曲をシンセサイザーで編曲し、また、多チャンネル立体音響や、ヘリにスピーカーを装着することに執心する人となった。

オケからシンセへ。作曲から編曲へ。この豹変《ひょうへん》はいったい何？　いっけん断絶しているごとき前後をつなぐ理路があるのか。私にはそれが長年ふしぎだったが、五年ほど前、初めて冨田にインタヴューし根掘り葉掘り尋ね、疑問は氷解した。

そのおりの話はこうだ。まず冨田が音楽を志した理由は、幼年時代に北京近郊の山中にあった、湾曲した壁が続き、音の不思議に反響する場所に決定的に印象づけられたこと、戦時中、愛知でひんぱんに空襲を受けたさい、爆音から敵機の高度や距離を推定するのに夢中になり立体的音響のありようにいちだんと惹《ひ》かれたこと、敗戦直後の進駐軍放送でラヴェルやストラヴィンスキーの近代管弦楽のとりわけ音色の多様性に心を奪われたこと、以上の三つだったらしい。

したがって、彼の音楽への興味は、音の鳴り出づる方向性やそのさいの反響の仕方といったもの、それから音色とに最初からかなり局限されていた。だから作曲家になってからの冨田は最初、楽器のさまざまな配合による音色の探究に精励し、といって生で普通に鳴らす場合の音色の組み合わせはすでに近代の巨匠たちがきわめつくしていると思われたゆえ、楽器音を録音加工することに突破口を探していった。彼が放送・映画用の録音の音楽にこだわったのはそのせいだ。

やがて、その方向に限界を感じたころ、シンセサイザーを入手。それによる新たな音色の合成にのめりこみ、オケを捨てる。

そんな具合に、冨田は音色の斬新さに憑《つ》かれた人だったから、その音色で調理される素材は自作でも他作でも彼本人にはたいした問題でなかった。シンセをやるようになって有名曲の編作一辺倒になったのは、そうすれば原曲本来の音色と比較することで自分の創案した新音色のオリジナリティのほどを容易に確かめられるから。そうしているうち技術も進歩してきたので、もうひとつの冨田の欲求たる鳴る方向にこだわった音楽も実践しやすくなってきた。そこでそちらにも手を出した……。

ここまででシュトックハウゼンと冨田との差異はもう明白だろう。同じヘリから天上の音楽を響かすといっても、前者はあくまで普通のいわゆる近代的芸術家である。つまり自分の仕事はすべての面でおのれの創意に支配されるべきと信じている。だから彼はあくまでヘリから自分の作曲を響かす。対して後者は近代的芸術家というより音色と音の鳴り出づる方向の奇抜さ・斬新さにのみこだわるただのおたくだ。よって音色と音の方向性におのれの独創があれば、あとは旋律が『E・T』でも自作でも等しく満足できるのだ。

そして二一世紀。そこで全面的オリジナリティを追求する近代的芸術家のありようがますます困難になるとすれば、あとは部分へのこだわりだけで猪突猛進するおたくの活力に期待するしかあるまい。おたく冨田はといえば、最近作《源氏物語交響絵巻》でシンセに昔取った杵柄《きねづか》のオケを初めて正面から組ませている。しかも音の中身は他人の曲の編作でなく完全な自作。といっても先述のごとく自作か他作かなんて冨田にはどうでもよいことだ。ここでの問題はやはりただ新しい音色の可能性のみであり、じっさい冨田は、シンセと、もはやいちいち録音して加工せずとも技術の進歩によりリアルタイムで容易にさまざまに変調できるようになった生オケとを変幻自在に混合して、おのれの遍歴の集大成のごとく、ラヴェルやR・シュトラウスの一歩上をゆくじつに豊麗な響きを生み出している。

音色おたく冨田はこの先どこまでゆくか。もちろんそこに音の鳴り出づる方向おたくとしての冨田も加わって、フル・オケをヘリに乗せ乱舞させでもしたらなお面白い。

［二〇〇一年二月号］

40　吸血鬼とオバQと一柳慧

無声映画はポップ・アートの先駆けだ！

ベラ・ルゴシの顔が銀幕にアップになる。能面のように、いっけん静謐《せいひつ》なのだがしばらく眺めているとじつは凄絶《せいぜつ》としかいいようのない表情の、このハンガリー人の俳優は、一九三一年のアメリカ映画『魔人ドラキュラ』で、題名役を務めている。彼は眼光や頰《ほお》の筋肉のテンションで、なりはトランシルヴァニアの貴族、しかしてその本性は吸血鬼という、役の二重構造を示しにかかる。

そのアップが長い。映画のテンポを堰《せ》き止めるほど長い。いつまでもルゴシはこっちを見ている。まるで魔術師が催眠術をかけるかのように。映画は動きをほとんど失い、イコンに変じる。そこには台詞《せりふ》も効果音もない。音楽もほんらいはない。私は今、その映画を、二〇〇五年五月に渋谷で鑑賞した経験を語っているのだが、じつはそのときは、フィリップ・グラスが『魔人ドラキュラ』に書き下ろした音楽を、彼のアンサンブルが

一柳慧《いちやなぎとし》／《オペラ　横尾忠則《ただのり》を歌う》
一柳慧、内田裕也とザ・フラワーズ、高倉健、横尾忠則他
［BRIDGE　2005年2月］

生演奏していた。けれどもともとは、このアップはあくまで無音だ。動いてナンボのはずの映画が映画であることを放棄するように凝結したアップの、静けさのなかでの度外れた持続。そこでイコンと化す俳優の顔。しかし、これはデジャ（すでに）・ヴュ（見た）だ。そうだ、たとえば……。

志村喬《たかし》の顔がアップになる。オバケのQ太郎のような厚い唇でカメラを見つめる。なりは中国人だ。彼は幕末の長崎で軍艦を取引する華僑《かきょう》を演じている。厚い唇は意味深長にモゴモゴしている。なにも言わない。音楽も効果音もない。ただ沈黙が引きずられ、志村はずっとこっちを見ている。思わず呻《うめ》きそうになったとき、ようやくカットが切り替わる。ほっとひと息。今から二十年ほど前、川崎の場末の名画座で、稲垣浩監督が一九五二年に撮った『風雲千両船』を、はじめて観たときの思い出である。

　この、ルゴシや志村がイコンと化すアップとは、いったい何なのか。それはおそらくトーキー映画に湧出する無声映画の記憶なのだと思う。

　映画に音のなかった時代、台詞は字幕をはさんで表すしかなかった。日本には字幕を補ってあまりありすぎる活動弁士の文化が生まれたが、これは特殊な例外だ。字幕の情報量には限度がある。複雑な長台詞はやれない。そこで無声映画は二極分化する。台詞を排除し、動きだけで押し切ろうとする方向と、台詞がないと本当は表しにくい登場人物の複雑な性格や感情の機微を俳優の顔のアップだけで語り切ろうとする方向だ。両者はあいまって一本の映画をかたちづくるが、前者が突出したときは、チャップリンやマルクス兄弟やチャンバラのような、無声映画独特の活劇となる。しかし、トーキーになって音が付くと、活劇は効果音の助けを借りれば動きをそう誇張せずとも同等以上の効果をあげられるようになる。人間の性格や感情の描写も台詞を大量投与すれば精密にできるから、もはや長いアップも不要だ。かくしてトーキーは、無声映画にあった過度の動態性と過度のイコン性を排除し、より中庸《ちゅうよう》な作法を編み出して、それが現代の普通の映画やTVドラマまでを規定する。

　けれど、『魔人ドラキュラ』はトーキーとはいえごく初期だし、しかも主人公が言語を超絶し台詞で表現できる代物でない吸血鬼だから、いっぽう、『風雲千両船』は、トーキーになってすでに久しい時代の映画ながら、監督が無声映画期に自身の話法を確立した稲垣だから、無声映画的イコンが作品に表立ってしまったのである。

オペラ　自分自身を歌え！

さて、こうした無声映画的イコンが、かつて積極的に再評価されたことがあったと思う。一九六〇年代のアメリカの異議申し立て文化とよぶべきもののなかでである。なぜか。ここであらためて無声映画的イコンをつっこんで整理しよう。それは次の三つの時間を象徴する。第一は、停止して同じものが繰り返される時間である。ひとつの像をフィルムが反復的に延々と刻んで、なかなか次にいかない。そこで映画は動きを失い、画面は絵画や写真のようにゆっくり鑑賞できる世界に変わる。おかげでわれわれは、あくせくした映画のテンポからつかのまでも解放され、ギリシア正教のイコンの聖人の顔や仏画の仏様の顔を拝《おが》むように、画像のひだまでをありがたく読み取ることができる。第二は、曖昧な時間である。映画のテンポを断ち切り、茫漠《ぼうばく》と現れるアップ。それはそこまでのテンポを裏切っているがゆえに、そのテンポにもとづけばこのアップはどこで終わるかといった類推を不能にするので、時間感覚が狂う。ぼんやりしてしまうのだ。第三は、素材が編集され分断される前の時間、すなわち素材がありのままの全体を保っている時間である。なにしろアップなのだ。アップはその対象のすべてをズバリ見せる。アングルを変えたり、寄ったり、離れたりといった、小手先の策を弄《ろう》しない。ひたすら純に対象を凝視する。凝視していると、その対象全体ありのままが内に入りこんでくるような充実した感覚が、味わえることがある。だからこそ、恋人どうしは見つめあう時間を愛《いと》しく思うのだ。

そしてこの三つの時間とは、六〇年代アメリカの異議申し立て文化が待望したものにほかならなかった。ここでいう異議申し立てとはむろん、近代文明の中心的秩序にたいする違和感の表明ということである。それは、なにがなんでも忙しく進歩し発展していく時間に対し、反復され循環し停滞してゆったりする時間を（繰り返しばかりのミニマル・ミュージック、自然の循環に身を任せようとするエコロジスト）、学校の時間割りとかテレビの時間表のごとき画然とした時間に対して、曖昧に酩酊《めいてい》した夢のような時間を（ドラッグ・カルチャー、サイケデリック）、作為的に構成され切り刻まれたわざとらしい時間に対して、なるたけ手をかけず切り刻まずありのままに流れ凝視する余裕を残した時間を（日常の生活音を聴いているだけでじゅうぶんに音楽だというジョン・ケージ、日々の暮らしそのものが芸術で芸術家があらためて偉そうに何かを作る必要はないというポップ・アート）、要求する。つまり近代が範とする時間をみな裏返すのである。そうして裏返された時間は、無声映画的イコンの担保するものと、なぜか等しくなる。無声映画は、音を欠くゆえ、その表現が万能にほど遠く、謙虚で地道なやり方を追究するほかなかったが、その結果、万能無謬《むびゅう》の人間をつねに主人公に設定する傲慢《ごうまん》な近代にたいするアンチテーゼの行き着く先を予見してしまったのかもしれない。

このような無声映画的イコンと六〇年代アメリカの尖端《せんたん》的文化の相同性ということに、当時いちばん自覚的だったのは、アンディ・ウォーホルだろう。なにしろ彼は、カメラを動かさず対象を凝視する無声映画を濫作《らんさく》した果てに、エンパイア・ステート・ビルを、十二時間も、アングルを変えず、なにも編集せず、ただ撮るだけという、法外な無声映画的イコンを完成させてしまったのだから。ミニマル・ミュージックの教祖のひとり、グラスが、『魔人ドラキュラ』のルゴシの停滞したアップに、みずからの繰り返しの音楽を被《かぶ》せたのも、ウォーホルほどではないにせよ、なにか感ずるところがあったのだろう。

ところで、無声映画的イコンが予告し、ケージやウォーホルやミニマリストが展開した反近代のかたちは、六〇年代末の日本の音楽界にもしっかりもたらされている。ケージの弟子で、ポップ・アーティストたちと交わり、ミニマル・ミュージックの日本への紹介者ともなった一柳慧《いちやなぎとし》によってである。その時代の彼の記念碑的作品が《オペラ横尾忠則を歌う》(一九六九)だ。この約一時間半のテープ音楽では、サイケなロック・バンドがドラッグ・カルチャー的に酩酊する時間を作り出し、明治から昭和までの調子のよい流行歌群のコラージュの生む画一的リズムが、反復され停滞する時間を垣間見せ、横尾と一柳の日常的なやりとりの録音が延々と、しかもそのままで十二分に面白く流れる箇所が、手をかけず切り刻まずありのままでこそ充実した時間とはどんなものかを実感させる。

だが、この作品はけっして特別に祭りあげられるべきでない。今やわれわれは、ウォーホルを真似、自分の家や近所の建物を半日ぶっ通してヴィデオ・カメラで撮影できる。《オペラ　横尾忠則を歌う》だってそうだ。ここで一柳は種々のレコードをかき集めて適当にパッチワークしたり、自分の日常を録音して嵌《は》めこんだりしているだけで、玄人の作曲というほどのことはしていない。あくまで手をかけていない。同じコンセプトで誰でも真似できる。われわれは、俳句でもひねるように、家族や友人との会話や、今日聴いた音楽を拾い集め、コラージュしてみよう。もしもそのなかに、曖昧な夢のような時間と、繰り返しをいとわぬ時間と、いつまでも誰かと見つめあって飽きぬようにありのままで充実した時間とを、鼎立《ていりつ》させ記録できたとすれば、そのときわれわれは、自分か家族か友人か誰かを近代とは別の地平に運んで高らかに歌い上げたことになる。

ドラキュラとオバQと一柳の導きで、さあ、近代を越えてゆけ！

［二〇〇五年七月号］

41　三善晃の〝断絶〟

断絶男！

『日本一の断絶男』という映画があった。クレージーキャッツの植木等が主演する「日本一」シリーズの末期の一本なのだが、私はこの作品を思うたび、三善晃を連想してしまう。といっても、ここでは別に三善と植木は関係ない。それどころか「日本一」シリーズで植木の演じるお調子者は、概してとっつきのよくない三善の音楽といちばん遠いところにあるようにも思われる。

では三善と『日本一の断絶男』の何が結びつくのか。じつは断絶の一語なのである。だってそれは三善の音楽を考えるさいのキイワードになりうる言葉だから。断絶にこだわることで、ここまでおのれの音楽を鍛え上げた作曲家なんて、いったい他に誰がいるというのか。そう、三善こそは本物の日本一の断絶男なのだ。いや、もしかして世界一の断絶男なのかもしれない。

N響／尾高賞受賞作品5
三善晃／オーケストラと童声合唱のための《響紋》、西村朗／二台のピアノと管弦楽のヘテロフォニー、細川俊夫／オーケストラのための《遠景Ⅰ》、近藤譲／《林にて》
秋山和慶、外山雄三、尾高忠明、岩城宏之指揮 NHK 響
［キング　2001年10月］

それからクレージーキャッツのクレージーなる語に留意しておいてもいい。なぜなら三善の音楽はしばしばクレージーだから。ある種の乗り越えがたい断絶が最初から設定され、しかしその前で素直に諦めることなどまるでなく、「なぜ断絶するんだ！」とクレージーに絶叫し、泣きわめくところにこそ、この作曲家の音楽の核心があるのだ。

たとえばサントリーホール開場十周年記念作品のチェロ協奏曲第二番《谺《こだま》つり星》（一九九六）。そのなんとも奇態な表題に作曲家がこめた詩的ヴィジョンとは、天空の星に死者の現世への未練が吊り下がり、未練の叫びは谺《こだま》となって地上の生者の世界にもたしかに届いているはずなのだが、それを聴き分ける生者は誰ひとりいないというもの。つまり死者と生者の徹底的断絶の描写がこの曲の主眼で、音楽の中身は「なんで俺の叫びをわからないんだ、おまえらは！」なんて具合の死者の怨念《おんねん》の炸裂というか、とにかく表現主義的激情のヒステリックな吐露に終始する。

あるいは七九年の文化庁芸術祭委嘱作品《詩篇》。宗左近の詩集『縄文』による合唱と管弦楽のためのカンタータだが、これはもうテキストの主題からして断絶である。宗は縄文に特殊な仕方で思い入れている。彼は、あの縄文土器を作り上げた健気《けなげ》な縄文人は、異郷から日本に侵入してきた弥生人に皆殺しにされ、彼らの無念の声は今も地の底からこみ上げつづけているという想念のとらわれびとなのだ。弥生以後の日本の歴史はその声を聴かず、縄文人虐殺の記憶を忘却して築かれてきたというのだ。ようするに、縄文と弥生が徹底的に断絶しているとの認識と、縄文人の怨念への、弥生人の血を引く現代日本人としての後ろめたさとが、宗の詩作の原動力なのである。そんな宗が、断絶男、三善の共感を得ぬはずはない。かくて《詩篇》は、縄文人の恨み言を聴き取れぬ弥生以後の日本人へのいらだちをファナティックに爆発させる。

もうひとつ、七八年の東フィル第二〇〇回定期記念作品《ノエシス》。ここでのノエシスとはたんなる個物に志向性を与える生気を意味する。たとえば「私」なる言葉があるとしよう。それは何をする「私」とも何をしたい「私」ともまだ言っておらぬから、すなわちなんの志向性もまだないただの個物である。では、そこに「は」を付け「私は」にしてみよう。するとこの「私」は、なんらかの述語へ着地すべく志向性をもってはばたく生気あるものに変身するわけで、ここでの繫辞《けいじ》の「は」こそノエシスに相当する。そして《ノエシス》なる作品は、表題どおりそのノエシスまでにしか興味がない。端的にいえば、この曲は「私はー、私はー」と叫んでいるだけで述語をもたない。オーケストラは何かに向かって懸命に蠢《うごめ》き出すのだが、その響きはどこにも着地できず、かたちをなさず、ただクレージーに錯乱しつづける。けっきょく、ノエシスなる表題は、繋辞から先にいけず、述語とどこまでも断絶し、宙吊りでありつづける響きの様態の謂《い》いにほかならない。

おんぶおばけ！

それにしても三善はなぜかくも断絶のイメージに執着するのだろう？　その本当の答えは後世の伝記作者に任せるとして、とりあえず今、三善の発言や文章から思いあたるのは、彼の戦争体験の問題である。三善は一九三三年生まれゆえ、敗戦の年はまだ一二歳。内地で国民学校に通っているうち戦争の終わったくちだ。しかし彼は子供で銃後にあったから戦争は縁遠かったとはけっして思っていない。それどころか、米機の機銃掃射で死んでいった同世代の子供たちのこと、戦争末期に自分の目の前にたしかに転がっていた多くの子供たちの死体のことを熱烈に語りたがるのだ。彼はどうもおのれを、あのとき皆と一緒に死んでいるはずだったのになぜか間違えて生き残った者、それによって死んだ子供たちの無念を戦後世界で代弁するよう宿命づけられた者だと思いつめているらしい。戦後に生き残って大人になった分別ある人間として、あのとき死んだ子供らを供養するのではなく、あくまで死んだ子供らの側に心情的に同化して戦後に恨み言を述べつづけようとする人。それが三善なのだ。彼は戦後になぜか生き残っている昭和二〇年のときのままの永遠の子供のように振る舞いたいのだろう。

すると、死んだ同世代の子供たちへの三善のこだわりは、なぜ断絶への執着と結びつくのか。それはむろん、彼らの生が、宗左近描くところの弥生人によって唐突に皆殺しにされた縄文人のごとく、戦争なる不条理な暴力によって一方的に断絶させられたからだ。彼らの無念は断絶の無念だからだ。ゆえに彼らの代弁者たる三善は断絶のイメージをひたすら繰り返すほかはない。

また、こうもいえるだろう。次のような会話を想像してほしい。

「じゃあ、僕は何になりたいの」

「うーんと、僕は……、僕は……」

このように子供の想念とはしばしばなかなか述語にまでいたれない。結論に到達しない。それこそが子供の子供たる所以《ゆえん》だ。よって子供であることしか知らず死んでしまった人間の想念に同化する三善の作業は、繋辞までいって述語にいたれぬ宙吊り状態を生きることにつながるだろう。ここに《ノエシス》のごとき作品が生まれるのも当然となる。

ところで、子供が述語にいたれないなら、とうぜん、大人は述語にいたるのだ。大人びる、あるいは大人になるとは述語をはっきり言えるようになることだ。そして子供はそのための練習を幼いうちからする。たとえば「かごめかごめ」の歌の文句で知られる戸外遊戯はそうした練習のひとつだろう。子供は目隠しすることで、述語を言えず「うーんと、うーんと」とためらっていてもすむふだんの甘えた状態から異常な緊張状態に導かれ、「うしろの正面だーれ」という問いにはっきり答えを出さねばならない。述語を言わねばならない。

三善の一九八五年度尾高賞受賞作品《響紋》はこの「かごめかごめ」を扱っている。児童合唱はその童歌をうたう。が、この子供らはうしろの正面にいる者の名をついに答えられない。なぜならクレージーな管弦楽が児童合唱を押し潰し、彼らを彼岸へ連れ去るから。

うしろの正面にいたのは誰だったか。彼らが発したかった述語は何だったか。この曲を聴くたびに、私の背には機銃掃射か何かでズタズタになった子供の亡霊がおぶさってくる。これほど気味悪い、しかしその気味悪さに耐えねばならぬと思わせる音楽はそうはあるまい。

［二〇〇二年二月号］

42　小澤征爾と「満洲」

征は征四郎の征、爾は莞爾の爾

オウム真理教の取材で名を挙げた有田芳生《よしふ》が母校の大学とその周辺を訪ねるTV番組を観たことがある。彼は左翼系の出身サークルの後輩に「正しい」立て看の書き方を教え、学生行きつけの本屋の親父に「最近はマル・エン全集は売れますか」と質問していた。

その番組で彼のよしふという名はヨシフ・スターリンに由来すると知った。父親がソ連シンパだったのだ。なるほど、それで有田本人も左翼にかぶれたか。が、もちろん世代的にいっても、学生時代の有田は左翼は左翼でも反スターリンだった。イデオロギーの硬直した運用や指導者への過度の権力集中こそ憎むべきものだった。オウム真理教という硬直した個人崇拝組織への有田の憎しみの源泉もこの辺にあるのだろう。いずれにせよ、名前への愛憎が有田芳生なる人格をかなり作り出している。

また、四方田《よもた》犬彦という自由人的生き方にこだわりをみせる物書きがいる。彼の本名は剛己で、ごうきと読む。じつは父親が有田と同じくソ連シンパで、敬愛するゴーリキーにちなんで息子にそう付けたのだ。ところが四方田はこの名を嫌ったのか、筆名で本名を覆い隠してしまった。「剛己、ゴーリキー、ソ連、教条的」といった言葉の系列、さらにはそんな名を付けた父親への反発が、自由人的に自己を演出せぬと気のすまない四方田犬彦を生んだわけだろう。

さて、すると小澤征爾《せいじ》の場合は？　彼の名は芳生や剛己よりある意味ずっと生々しい。なにしろその二文字は海の向こうの外国人でなく、満洲事変の首謀者、板垣征四郎と石原莞爾《かんじ》から一字ずついただいたのだ。しかも征爾は満洲事変から四年後の満洲国生まれ。そんな時期にそんな場所でそんな名前を子につける父親って？　よほど単細胞な愛国者

呉祖強／琵琶協奏曲《草原の小姉妹》、リスト／ピアノ協奏曲第一番変ホ長調、スーザ／《星条旗よ永遠なれ》
小澤征爾指揮ボストン響、劉徳海（琵琶）、劉詩昆（p）
［フィリップス　2001年12月］

なのか。いや、けっしてそうではない。

小澤征爾の父、小澤開作は、一八九八年に山梨の農家に生まれ、地元の高等小学校卒業後に上京し、働きながら夜間の医学校に通い、歯科医の免許をとり、一九二三年、満洲に渡って長春で歯科医院を開業した。そのころの満洲は、日本からすれば、日清・日露両戦争のいきさつゆえ鉄道をはじめとするさまざまな擁護すべき「特殊権益」を抱え、しかも清朝滅亡後は正統な主人のいなくなった場所であり、いっぽう、清朝の版図継承を当然と考える中華民国からすれば、あくまで新生中国の一部となるはずの土地であった。が、小澤は、そんな日本にも中国にも与さぬ第三の道に賭けていた。なにしろ彼は満洲青年連盟の中心人物のひとりだったのである。

連盟の抱懐した思想はなかなか美しかった。たとえば連盟のイデオローグ、山口重次は「従来の民族的偏見に基《もとづ》く排他的思想を改め、満蒙《まんもう》に居住し新自治区の国籍を有する者は、漢人、満洲人、蒙古人、鮮人、日本人の差別なく等しく自治区の市民として政治に参与し、協同の義務を負担」し、諸民族は「渾然《こんぜん》融和して一《ひとつ》の社会を形成」して、「人類相愛の理想境」を実現するのが連盟の使命と述べた。「新自治区の国籍」云々とあるように、連盟の最も純粋な人々は、新国家建設の暁《あかつき》には在満日本人は日本国籍を放棄し、祖国を捨てるべきとも考えていた。来たるべき満洲国をあくまで日本の傀儡《かいらい》国家とせぬためにはとうぜんそうするのが筋だった。

それはけっきょく、満洲を「アジアの米国」とする道であったといえるだろう。欧州人たちが米国を自由の新天地とし、かつての国籍を捨て、対等に交際し、互いの文化を認めあいつつも融和すべく融和して、みごとに人種の坩堝《るつぼ》をなしているごとく、「主なき満洲」をアジア中の人々、いや白系ロシア人などを含めた世界の人々が自由に住める「民族協和」「王道楽土」の地とすること。そんな夢に山口や小澤は憑《つ》かれた。

また、新国家にふさわしい人間像として連盟がイメージしたのは「調和的人間」であった。多民族がひとつの国家を成すには、我を張り摩擦を起こすような人間は不適である。角がとれ、まろやかで、自他の文化や言語をともに理解し、なにごとにも無理なき調和を作り出してゆける人間こそが「満洲人」であらねばならない。ちなみに「王道楽土」の王道とはなにごとも力ずくでゆく覇道の反対語で、調和の道の謂いにほかならない。

そして連盟が新国家実現の原動力と期待したのが、日本国の意向と関係ない独断専行を御家芸とする在満日本陸軍、すなわち関東軍の参謀、板垣征四郎と石原莞爾であった。彼ら、とくに石原は連盟の理想主義への力強い共鳴者で、この二人がいさえすれば夢は本物になると連盟の人々は信じた。そして三一年、関東軍は満洲事変を起こし、翌年、もちろん連盟の全面協力のもと満洲国は建国された。このころの小澤と彼を関東軍嘱託としていた石原とのある日の会話を、戦後、山口はこんなふうに記録している。

「ほほう、そうして満蒙を日本の権益下に置こうというのですか、小澤さん」

「冗談じゃない。満蒙を取っても〔満蒙に住む中国人の〕三千万民衆の恨みを買ってどうします。そんなバカらしい権益主義は改革するべきです」

「すると小澤さんは大アジア主義者で満蒙を独立国にしようというのですか」

「満蒙独立国の建設は満洲青年連盟の結成綱領です。新国家の建設は、日本人がやるんではなくて、三千万民衆にやらせるんです。そこが帝国主義と民族協和との違いです」

「溥儀《ふぎ》皇帝を満洲の皇帝に持ってくる方策をどう思いますか」

「バカらしい。溥儀のため死ねますか」

ところが現実はこのバカらしい方向へ推移した。当初はたんなる執政に迎えられたはずの溥儀は三四年、満洲国皇帝となり、板垣や石原は「満洲問題」への発言力を失い、在満日本人は日本国籍を捨てることもなく、満洲国はただの日本の傀儡国家、実質的植民地となり、「民族協和」「王道楽土」は実体を伴わないスローガンに堕してしまった。

そうした状況がほぼ確定し、小澤開作が大きな幻滅に包まれていた三五年、征爾は生まれた。父がその名前に託したものはもはや明白だろう。板垣と石原の力を借りてこそ産まれるはずだった「調和」の楽園、理想の満洲国は死産に終わった。開作はその理想の力強い再生を息子に託したかったのである。

そしてこの父の夢を小澤征爾という人はある意味ではみごとにはたしているのではな

いか。彼は、西洋音楽を指揮する東洋人として、東洋と西洋の人種的垣根を取り払い渾然融和させる道を体現した。しかも、彼の音楽づくりはじつにまるく無理なく角が立たずサラリとていねいで、師匠筋の齋藤秀雄やミュンシュやカラヤンやバーンスタインの誰とも似ていない。彼らが覇道なら、小澤は王道だ。調和的だ。けっきょく、彼の存在そのものが理想としての満洲国なのだ。さまざまな要素をまろやかに共生させ、けっして軋《きし》ませない。

そんな小澤が満洲国のひとつの祖型たる米国の、しかも気候も風景もちょっと大連に似た植民港湾都市ボストンでことに認められたのは面白い。一九七九年、彼がボストン響を率い、父の「調和」の夢がかつて虚しく散った中国大陸で、「調和人」的演奏の本領を示した楽旅を記念して、録音されたこの一枚は、小澤父子と満洲に思いをめぐらすさいの、不可欠なアイテムだろう。

とにかく征爾という名は、芳生《よしふ》や剛己《ごうき》のごとく父と子を逆接しなかった。そこに見えるのはまぎれもなき順接である。

［二〇〇二年三月号］

43 高橋悠治と藤井貞和

寝ながら歌う

歌うときは通常、座るか立つかするものだ。では寝ながら歌うことがあったろうか。それはなくもなかった。たとえばフィリピンの伝統音楽には横臥《おうが》して歌う流儀が存在するそうだし、日本の現代曲に注目すれば、諸井誠が寺山修司の詞と演出アイディアを得て作曲した合唱のためのシアター・ピース《花札伝綺《はなふだでんき》》(一九七三)があって、これが横臥の姿勢を取り入れている。この曲は指揮者が舞台上の棺桶内に死体に扮し寝ているところからはじまり(山田一雄のオハコだった)、途中でも合唱団員が寝転がって歌うのである。

しかし全篇を歌手が横臥したままでうたう独唱歌曲となるとそうとうに珍しいだろう。その珍曲が高橋悠治の《寝物語》(一九九七)。これは男声のソリストが二十分もステージ中央で寝っぱなしになり動かずに、一八〇行近い長篇詩を歌うというより唱える作品だ。しかもその詩は、金属バットを振り回したいだの、元気になったら井上靖と一緒にシルクロードへ船（！）で行くだの、女の子の名前を連呼するだの、犬の貯金箱の中に三万円もってるぞと自信ありげに呟《つぶや》くだの、ようするに引きこもり青年の妄想をひたすら連ねたかなり病的な代物である。自室のベッドにずっと寝たままの人間が即興的に独白する内容だから「寝物語」というわけだ。

その詩に作曲家はいかにも病の深い若者らしいエキセントリックな呪文風の抑揚を与え、さらにそこに即興的に掻《か》き鳴らされる箏の伴奏を付す。かくてこの作品は、あたかも古代の祈禱《きとう》師が呪物としての箏をガチャガチャさせながら、何かに憑依《ひょうい》されてブツブツ喋くっているようにも響く。

だが、現代の引きこもる若者と古代の祈禱師のイメージがなぜつながるか。それは作

高橋悠治／リアルタイム 10《寝物語》(A)、スイジャク・オペラ《泥の海》(B)
西岡茂樹（vo）、高田和子（箏）（以上 A)、
田中信昭指揮新しい合唱団、藤井貞和（語り）、山口道子（女ソロ）、近藤政伸（男ソロ）他（以上 B）
［フォンテック　2001 年 3 月］

曲家のたんなる思いつき？　いや、そんなことはない。日本における古代の祈禱師といえば巫女《みこ》である。巫女はむろん、神や精霊の言葉を聴いて現世に伝える役割を担う。では正しい巫女はどうできる？　それはたいてい、何年かにおよぶ長い病臥《びょうが》の期間を経、その間、幻聴や幻視に悩まされ、それらのなかからどれがよき神霊のメッセージであるかを判別できるようになって、初めて誕生する。この病を巫病《ふびょう》とよぶ。とにかく正しい巫女は必ず一種の引きこもり期間を経験するものなのである。

だから《寝物語》はこの巫女候補生の巫病と現代の若者の引きこもりを二重映しにしているのだ。否定的に捉えられがちな引きこもり現象を、魂が神聖なものに転生する時期として肯定的につかまえなおそうとしているのだ。なんと面白くアクチュアルな歌曲だろう。ただＣＤでは歌手の寝姿が見えない。寝ながら歌うので発声が詰まり気味になる、その声の相から横臥のかたちを想像するほかない。ここがまだるっこしいところではある。

衰弱して転生する

ところで《寝物語》は藤井貞和の詩による。彼は国文学者かつ詩人だ。学者としては日本古代における物語文学の成立過程を研究テーマにしている。藤井の考えるその過程とはおおよそこんな具合だろう。物語とはその原初において文字でなく声で語られ、その声の主たる担い手はあの世の神霊のメッセージを受け取る巫女だった。彼女らが昔はああだったの今はじつはこうだのと神霊から聴き、それを口伝えし、そこに別の巫女が同じ話の違った解釈を聴いてきて加え、つねに多義的・流動的に曖昧模糊《あいまいもこ》に移ろうのが口承による物語世界のはずだった。が、社会がしだいに制度化され、文字が一般化してくると、口承による多様な物語を文字により筋の通った正典に整理しようということになる。かくて日本の場合ならまず記紀が生まれ、王朝物語群がそれに続く。とにかくいったん本ができてしまえば、それはそれでもう一字も揺るがせぬ権威になってしまうから、もはや巫女的声がそこに何かを付け足すのは難しい。こうして巫女の多義的・流動的な声の力は衰弱してゆき、代わってより一義的・固着的な文字の力がのしてゆく。これすなわち物語文学の成立過程だ。

藤井は学者としてそういう過程をじゅうぶん客観的に推論してみせるが、いっぽう、内心では声が文字に負けていなかった時代への、あるいは巫女の豊かな声への憧れを抱いている。しかしそれを学問でやろうにも限界がある。古代の巫女の音声資料などあろうはずもないのだから。そこに詩人、藤井の現れる必然性も出る。詩人としての彼は日本全国の古代の面影を残していそうな芸能をたずね、また沖縄になお生きる現代の巫女をたずねてその声を聴き、それらを素材に懸命に古代の巫女の声を想像して、彼女らが現代にあればどんな声を発し、どんな言葉を紡いだかを考えつつ詩を作る。よって彼の詩は、漢語を多用した観念的な近代詩というより、古い和語や現代の話し言葉を多用し、どうも意味は曖昧だが、朗唱するとにかく心地よくなる、つまり耳と身体に訴える古代歌謡的なものになる。でも藤井はあくまで現代の詩人だから、それを古代の巫女のようにただ唱えているわけにもゆかず、けっきょくは文字に託し詩集にするしかない。その意味で詩人、藤井は敗北を運命づけられている。古代の巫女の声が手書きや木版の文字の前に衰弱していったように、彼も巫女の声に憧れつつその思いを現代の活字に託さざるをえないので苦しみつづけ、衰弱するのである。

というわけでけっきょく、詩人、藤井のキイワードは衰弱になる。その衰弱状態を恐れず、そして今さらそんな試みはほとんど不可能と知りつつ、あくまで古代の巫女の語っていた多義的・流動的な声の現代的再現に賭けること。そこに詩人、藤井の矜持《きょうじ》があるのだ。《寝物語》も、巫病と引きこもりと寝たきりのいずれもが衰弱状態そのものであることによって衰弱歌曲ともよびうる。

さて、この調子では藤井の話題だけで紙幅はつきてしまうぞと、呆れておられる向きもあるかもしれない。が、じつはすでにここまでで高橋のことにもふれたも同然なのだ。なぜなら藤井について述べた箇所のうち、多義的・流動的な巫女の声のイメージを、楽譜より口伝えに頼って自由で伸びやかだった東洋のかつての音楽のありよう、より一義的・固着的な文字の支配云々を、精密な楽譜に支配されてある意味で不自由になった近代西洋音楽のありようにそれぞれ置き換えれば、そのまま高橋論のできあがりだから。高橋は指揮者が正確に合図を出さないと演奏できぬような音楽を退け、曖昧模糊としフワフワ勝手気ままにゆく音楽に憧れて、仕事を続けている人なのだ。であるから藤井と高橋の相性はきわめてよい。

その二人の組んだスイジャクオペラ《泥の海》（一九九九）は実質的にはオペラというより合唱団用のシアター・ピースで、文学や音符といった定かなものにまだギチギチしばられていなかった古代の泥海的に流動する世界への二人の憧れを、ともにしなやかでモニャモニャしてまるっきり骨のない藤井の言葉と高橋の音楽により、五十分にわたって描く。表題のスイジャクには垂迹《すいじゃく》（仏教の仏や菩薩が神道の神々の姿をとって現れるという神仏混交説）の含みもあるらしいが、やはり本義は衰弱だろう。引きこもり青年や巫病者のごとく衰弱しながら古代の泥海を思っていれば、いつの日か本物の神霊の声を伝える真実の巫女の神聖なる声がこの現代に蘇らないともかぎらない。そんなユートピア的復古主義の夢想へと聴く者をボンヤリといざなう一曲である。

［二〇〇一年六月号］

44　小林研一郎といつまでも変わらない日本

小林研一郎と小林健一郎

「チェコ・フィルの歌心を存分に引き出し、壮大な世界を繰り広げています」――CDの帯の裏側に書かれたこのコピーに、《悲愴》の演奏内容はたしかに要約されている。とにかく纏綿《てんめん》と濃密にうたわれた《悲愴》である。

音楽鑑賞とはもっともらしい理屈をどうこねまわそうと、けっきょくは個人的好き嫌いの問題だ。《悲愴》というと、ミトロプーロスやホーレンシュタインやギーレンの、ひたすらハリハリ系の音盤か、山田一雄のメリとハリのコントラストを強烈につけたライヴ録音くらいにしか、ふだんは手の伸びぬ私にとって、この小林とチェコ・フィルの一途にメリメリ系で遅めの演奏は、正直なところ敬して遠ざけたいタイプのものである。けれど、もしかしてよほどつらい目に遭ったとき、このメリメリに溺《おぼ》れたくなるかとも思う。そういうドロドロに母性的・子宮的な癒しの効果を、どうもこの演奏はもっている。

が、《悲愴》のことはこのくらいにしよう。ここにこの一枚をもちだしたのは、併録されたもう一曲のほうに触れたいゆえだから。それは小林研一郎の作曲家デビュー作といっていい《パッサカリア》(二〇〇〇)である。

チェリビダッケやマゼールの例を引くまでもなく、レコード会社やマネージメントに強い発言力をもつ指揮者が作曲に乗り出したさい、その作品が作曲専業の多くの同時代人よりはるかに恵まれた条件で、すぐ音盤になるというのはよくある話だ。今回の場合もまさにそれで、しかもそれを演奏しているのはもちろん《悲愴》と同じくチェコ・フィルである。この伝統あるオーケストラが日本人の演奏会用楽曲を録音するのは、かつて日本コロムビアがコシュラーの指揮で市川都志春《としはる》の交響曲や協奏曲をシリーズで録っ

チャイコフスキー／交響曲第六番《悲愴》、小林研一郎／《パッサカリア》
小林研一郎指揮チェコ・フィル
［オクタヴィア　2001年1月］

たのについで、二度目のことではあるまいか。作曲家コバケン、いきなり順風満帆のスタートである。

ところで、作曲のコバケンといえば、これまで日本の好楽家にとっては小林健一郎のことだった。彼は一九三〇年生まれだから研一郎より十歳上。三木鶏郎《とりろう》の助手をしたり宝塚歌劇団のオケで弾きつつ作曲し、主要作には二つのヴァイオリン協奏曲がある。うち第二番はブゾーニのピアノ協奏曲ではないが「合唱付き」の珍品で、第一番は研一郎の作品同様、チェコのオケ（ブラティスラヴァ放送響）で録音されている。日本風の素材を新古典的に料理するのに秀でた作曲家といえるだろう。マニアは今後、この二人を混同せぬよう注意を払わねばなるまい。

それにしても熱血指揮者コバケンがなぜとつぜん作曲かと訝《いぶか》る向きもあるかもしれない。が、それはじつは不思議でもなんでもない。なぜなら小林研一郎はもともと作曲家を志し、東京芸大の作曲科に学んだ人なのだから。たしか彼がかつてTVの『題名のない音楽会』にゲスト出演したおり、芸大時代の習作が披露されたこともあった。しかし小林が作曲家をめざした一九六〇年前後は、別宮《べっく》貞雄の表現を借りれば日本にも欧米から「前衛台風」が上陸し猛威を振るった真っ最中にあたり、「前衛嫌い」の小林の意気はそれですっかり沮喪《そそう》し、心ならずも（？）指揮に転じたというわけ。つまり小林はフルトヴェングラーやワインガルトナーやスクロヴァチェフスキ同様、おのれの本道は作曲にありと信じる指揮者の系譜に連なる人であり、よって《パッサカリア》は名遂げた指揮者のにわか仕込みでもなんでもなく、青春の思い残しのようやくの炸裂だったのである。

小林研一郎と山田耕筰

さて、そうして登場した《パッサカリア》に、私は次の二点で興味をもつ。

まず第一点は、この曲がパッサカリアと名乗っていること。もっとも実際の中身はひとつの主題の反復・変奏というありきたりのパッサカリアでなく、二つの主題が交互に出てはそれぞれ変奏されてゆく凝ったものだが、とにかくそれがパッサカリアや変奏曲といった古風な伝統的形式に立脚しているのは間違いなく、しかも響きはかなりドイツ後期ロマン派風である。この点は私に、小林の作曲の師、石桁眞禮生《いしけたまれお》がドイツ伝統の構築的音楽精神の心酔者であり、その代表作で小林が名盤を作っている交響曲（一九六五）がシャコンヌやパッサカリアやフーガの形式を大幅に活用していること、それからその石桁にドイツ精神を注入した師匠の下総皖一（彼はワイマール時代のベルリンでヒンデミットに学んだ）の代表作が管弦楽のための変奏曲やピアノのための《パッサカリアと舞曲》であることを思い起こさせる。ようするにそこに浮かび上がるのは、下総から石桁へ、石桁から小林へというひとつの楽統なのだ。小林は《パッサカリア》で日本における「ドイツ伝統楽派」の正嫡《せいちゃく》たる自己の立場を明らかにしたのである。

次に第二点は、この曲の形式でなく内容が、山田耕筰の交響曲《明治頌歌《しょうか》》（一九二一）を想起させること。《明治頌歌》とは交響曲と名づけられているが、実際は幕末から大正の日本の歩みを描く交響詩。国歌《君が代》の旋律を隠しテーマにした、たおやかな日本の主題がまどろんでいると、雄々しいファンファーレによる西洋の主題が現れ開国を迫り、あとは幕末維新の混乱と、それにつぐ欧化派と復古派の対立、あるいは真に西洋文明を理解しえず悲嘆に暮れる日本人の姿などが日本の主題と西洋の主題の対比・葛藤《かっとう》のなかで描かれ、ようやく両者が手を結ぼうとした瞬間、明治天皇崩御の葬送行進曲によって音楽の歩みは中断されて、真の東西文明の和合の夢は大正以後に任され、終わってしまう。

いっぽう、コバケンの《パッサカリア》は、日蘭修好四百年を記念して書かれた曲で、先述した交互に現れる二つの主題とは、それぞれ欧州と日本を示すものであり、前者の主題はチェロにより骨太かつ思索的に、後者のそれはフルートにより愛らしくたおやかに提示され、あとは欧州の主題のほうは近代文明の苦悩とか猛々《たけだけ》しい戦争とかを表現するように、いっぽう、日本の主題は、ヨーロッパ文明への戸惑いとか、それへ背を向けての土俗への回帰とか、戦争に疲れた欧州をやさしくいたわるように変奏されて、最後は両主題の合一が図られるが、その試みは不完全のまま、後事を未来に託して終わる。

というわけで、この二つの作品は、日本の主題と西洋の主題の対比により近代史の絵解きを試みている点、そして互いは懸命に歩み寄るのだが完全に結合しきらずに終わる点、しかも日本側の主題には女性的・受動的、西洋側の主題には男性的・能動的な性格が与えられている点で、かなり相似ている。さらにいえばドイツ後期ロマン派風の響きに立脚しているのも同じだ。

このように、七十九年もの時を隔て、日本の作曲家がかなり同型的な音楽を書いたのにはむろんそれなりの意味があろう。西洋から同質化、「グローバル・スタンダード」化を迫られつづけるつねに受け身の日本、その期待にこたえようと、たとえば懸命に西洋音楽を理解しようとがんばるが真の合一まではなかなか及べぬように思われ、煩悶《はんもん》しあと一歩のところで躊躇《ちゅうちょ》しつづける日本……。そんなこの国のイメージは大正から平成までなにも変わっていないと、この二曲は教えてくれる。ではこの七十九年とは、いったい何だったのだろう？

［二〇〇一年四月号］

45　佐藤聰明の沈黙

古池や蛙飛びこむ水の音

『グレン・グールド対話集　ぼくはエクセントリックじゃない』（粟津則雄訳、音楽之友社、二〇〇二）を読んでいたら、一九六五年、グールドとのテレビ対談での席のメニューインの、次の発言が目に止まった。

「この曲には長い休止のせいで奇妙に点描的なところがある。そのせいで私の精神に多分まったく座りがいいとは言えぬ或る考えが浮かぶんです。この種の音楽のなかには、ほとんどいつも同一のままの音が見つかるんですよ。もちろん不協和音と協和音との対照は乗りこえられているけれども、音や音程の大きな対照も存在しない。そのために残っている唯一の対照は、冗談みたいに聞こえたら申しわけないが、音と音とではないものの対照なんです」

メニューインが言っている「この曲」とは、シェーンベルクのヴァイオリンとピアノのための《幻想曲》のこと。新ウィーン楽派で「長い休止」による「奇妙に点描的」な様式をもった音楽といえば、まずヴェーベルンが思い浮かぶが、もちろんシェーンベルクもそういう音楽を書いている。そして休止と点描にこだわってゆくのは、無調・十二音主義者にとって当然でもあった。なぜなら近代西洋音楽はつねに劇的な音の展開を求めてきたし、そのための武器といえば長調と短調、協和音と不協和音などなどの二元論的対立の構図だった。しかしシェーンベルクらは無調の徹底をはかり、それらの区別を無化した。シェーンベルク自身、たとえば長調が男性、短調が女性なら、無調は中性と述べている。中性的世界とはすなわち完璧な宥和の表現で、そこにもはや対立はなく、すべてのっぺらぼうになる。メニューインが《幻想曲》に「いつも同一のままの音」しか見つけられないと語っているのは、その意味ならまったく正しい。

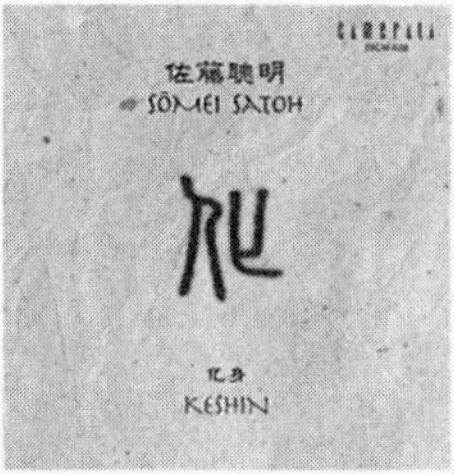

佐藤聰明作品集Ⅱ／《化身》
《春愁歌》《渦》《ランサローテ》
《化身Ⅰ》
篠崎史子（hp）、高橋アキ（p）、
鈴木良昭（cl）、山口恭範（perc）、
小泉浩（fl）
［カメラータ　2001年4月］

が、シェーンベルクもヴェーベルンも十二音＝中性のシステムに到ったからといって、近代西洋音楽における劇的音作りの伝統まで破棄したかったのではなかろう。なら彼らは音で対立を描けなくなった分を何かで補塡《ほてん》せねばならない。音と音以外の何かで新たな二元論の世界を打ち立てねばならない。

はて、音楽における音以外の何かとは？　それはやはり休止だろう。たしかにバッハにもベートーヴェンにも休止はあった。が、新ウィーン楽派はそれに新たな重い意味を付け加えた。かくて休止は音と対抗し、新しい二元論的音作りのいっぽうの主役となることを期待された。調性から無調の歩みが西洋音楽史の必然だったとすれば、休止符の地位が相対的に向上し、ついに独自のオーラに包まれるのもまた必然だったことになる。メニューインはそのあたりの事情をみごとつかまえていた。

そしてこの西洋音楽史における「休止の発見」は、じつは日本の作曲家に西洋に伍するためのひとつの大きな機会を与えた。なぜなら日本の芸術は、西洋音楽がやっと二〇世紀に思いいたった休止の存在感を、間《ま》なる言葉により古くから把握していたから。間が足りねば間抜け、間が過ぎれば間のび……。そんな言葉が日常語になるほど、日本人は休止への微妙な感性を研ぎ澄ませてきたのだ。芭蕉も「古池や蛙《かわず》飛びこむ水の音」と、沈黙と水音の絶妙の間合いを詠じたではないか。ならば休止の置きどころ、長さ、それが醸す意味ありげな雰囲気などなどが重視される新ウィーン楽派後の作曲界において、日本人の出番はたっぷりあるはずだ。

かくてこの国は間と休止の美学の体現者として、たとえば『音、沈黙と測りあえるほどに』という名の主著をもつ武満徹を世界に送り出せたのである。

閑さや岩にしみ入蟬の声

なるほど、西洋音楽がシェーンベルクにいたってやっと積極的に意味づけた休止を、日本人が昔から知っていたという考え方はなかなか楽しいし、間《ま》がこの国の文化で重視されてきたのもまぎれもない事実である。しかしそれでは満足できぬ向きもあるかもしれない。なぜならこの議論でいくとけっきょく、休止とその前後にある音の対照性を楽しんできた日本人と、やはり同じ対照性を見出したシェーンベルクらとは、どちらも無と有、静と動、沈黙と響きの二元論による劇的葛藤にこだわる点で、まるで同じ土俵に立ってしまうから。

むろん、西洋と日本が土俵を共有して悪いわけはない。が、日本あるいは東洋にはさまざまな分野で近代西洋とは異質な、二元論ならざる一元論の思想が根づいているはずだ。それはこの場合の沈黙云々の話には出てこられないのだろうか。

いや、そうでもない。たとえば先に引いた芭蕉は「閑《しずか》さや岩にしみ入蟬《いるせみ》の声」とも詠《よ》んでいる。閑かとはすなわち間《ま》や休止と思えば、それは無音状態の謂《い》いでなければならぬが、ここでの閑かは蟬が岩に染むほどの声で鳴く、明らかな有音状態である。また歌舞伎の下座音楽には雪音とよばれる技がある。それは雪がしんしんと降り積む無音状態を大太鼓の一定のテンポの柔らかな打音で表現する。すなわち無音即有音である。

かく日本の伝統には、無音が沈黙で、有音はそうでないなんて客観的割り切りを拒む感性がある。無音も有音も同じく閑かでありうる。これぞ休止と音の二元論を超えた沈黙の一元論である。

が、いくら有音も沈黙でありうるからといって、爆音や女の金切り声まで沈黙だなどと言い出しては怪しい禅問答になる。日本の伝統はそこまでひねくれてはいない。ではいかなる場合に音があっても閑かなのか。芭蕉の蟬時雨《せみしぐれ》と歌舞伎の雪音に戻ろう。それらは、響きの状態が一定でその内に対照性をはらまず永遠性を感じさせ、聴く者をたいがい安らがせる点で共通する。ようするにここでいう日本的閑かさとは実際に無音か有音かという客観的基準とは関係なく、ひとえに聴く者の主観にかかっている。彼が平静で安らかで清らかな心持ちになれれば、無音でも有音でもとにかく閑かなのである。そしてそこでの有音とはまず変化に乏《とぼ》しく劇的でない音だ。そういう音なら音があっても閑か。これが休止と音の二元論を超えた日本的閑かの一元論の正体である。

そうした音にたいする考え方は神道にもあって、友清歓真《ともきよよしさね》などは、神道のみそぎとはじつは水でけがれを払う水注《みそ》ぎではなく耳注《みそ》ぎ、つまり耳に音を注ぐ行為にほかならず、その場合の音とは変化のない一定の音、たとえば時計の秒針の進む音とかにかぎると説く。そのような音を聴いていると、心が清くなり、けがれが払われるという。

そしてそういう意味での一元論的沈黙の美学に生きている作曲家が佐藤聰明《そうめい》にほかなるまい。彼は、音と沈黙が二元論的に測りあい対立するという武満的発想を日本における沈黙の真義をわきまえぬものと批判し、単純な和音が持続するだけだったり、旋律とよぶに最低限の音の動きがのったり繰り返されるだけだったりする、あまりに変化に乏しく、かつどこにも対照性の見出せぬ音楽を書きつづけ、これが本当の沈黙とやる。そこには心が清く閑かになれば、無音でも有音でもけっきょくは沈黙であるという一元論的思考が貫徹している。

佐藤の音楽は、日本より米国で人気という。それは当然かもしれない。なぜなら米国人は日本の作曲家に西洋の二元論とは異質な、なにか理解不能なものを求めたがるし、日本人はその逆に自国の作曲家に西洋と同じ土俵に立ってくれることを望みがちだから。真に日本的な芸術家はこの国ではなかなか評価されない。佐藤はその見本である。

［二〇〇一年八月号］

46 石田秀実と気

反復にこだわりすぎちゃ疲れるよ

石田秀実の初作品集だ。彼は一九五〇年に生まれ、松平頼則《よりつね》に学び、七〇年代には近藤譲、佐野清彦と「W・E・T」という作曲グループを組んだ。今回のCDには七二年から二〇〇一年までの曲が集められていて、そこでは、まったりと流れるものもあれば、ときに急《せ》くように推移するものもあるけれど、いずれにせよなんらかのパターンの繰り返しがめだち、しかも淡々とした低カロリー気味の音楽が多い。《歌の本》《ペックアウト》《記憶されるものなしの記憶》、そしてアルバム・タイトル曲あたりはどれもそうである。

が、繰り返しがめだつといってもミニマル音楽ほどではない。繰り返しは作品の主要素に違いないが、つねに適度にいじられ、別の要素と対比され、異化される。だから「中途半端な繰り返しの音楽」とでもいっておくしかない。

そして七〇年代以後の現代音楽を思い出してみると、この「中途半端な繰り返しの音楽」が石田にかぎらずずいぶんたくさんあると気づく。石田の同志だった近藤譲の曲もそうだし、七〇年代の高橋悠治にもその手の作品が多い。その他、一柳慧《とし》や松平頼暁《よりあき》など、欧米ならシュトックハウゼンやフェルドマンなどを、彼らがみな石田のような低カロリー系では必ずしもないにしても、いちおうその範疇《はんちゅう》で想起できるだろう。「中途半端な繰り返しの音楽」という、それ以上あまり適切なよび方が今のところないような音楽が、ミニマル音楽や新ロマン主義なんてそれなりに内容もはっきりし呼称も確定した音楽よりも、じつは七〇年代以後の作曲の主潮であるなんて捉え方もありうるかもしれない。

では、なぜそういう音楽がいっぱいできるか。単純に音楽史の枠内で片づければ、そ

石田秀実作品集／神聖な杜《もり》の湿り気を運ぶもの
《黒岳の影》、《歌の本》から〈水〉〈草だらけの庭の幽霊〉〈蠅《はえ》〉〈遅い春の月の秩序〉、《ペックアウト》《記憶されるものなしの記憶》《神聖な杜の湿り気を運ぶもの》
佐藤紀雄指揮アンサンブル・ノマド
［ALM　2001年9月］

れはもちろんミニマル音楽の影響といえる。六〇年代半ばに登場したその音楽の単純な美には、多くの作曲家が魅せられた。しかしあとを追随して反復ひとすじ路線に加わるのも恥ずかしい。なら折衷《せつちゆう》主義だ。反復も入れ、他の仕掛けも使って曲を書いたらいい。まあ、流行の伝播《でんぱ》なんてたいがいそんな具合だ。

が、その説明ではあまりにつまらない。もっと大きくつかまえられないか。石田の作品集を聴きながらそう思った。石田は作曲家であると同時に東洋思想研究者でみずから哲学者と名乗ってもいるのだし。そして彼がその分野で書いている文章と繰り返しのめだつ音楽を並べてみると、その音楽を近代の克服なる文明史的課題のなかにドンと置いて理解することもできそうなのである。

反復をまるでせぬのも疲れるよ

さて、かくてここで話は飛躍する。最初にわれわれは西洋近代のありようを瞥見《べつけん》し、次にその克服のための思想にふれ、最後に「中途半端な繰り返しの音楽」の収まりどころを確認せねばならない。

まず、西洋近代の世界認識の根底にあるのは二元論というか二分法である。主観と客観、精神と身体、人間と自然、理性と感性、果てはカール・シュミットの友と敵なんて恐ろしいのもある。ブッシュ大統領が、誰が善に誰が悪に与《くみ》するかハッキリしろと騒ぐのは、この二分法思考の最も素朴な発現である。しかもこの二分法は、そこで対置させられた二つのものを、しばしば対等にでなく価値づけして扱う。善と悪といったら善のほうがよりよいに決まっていて、感覚よりも理知に従うのが人間として高級で――なんて調子だ。そしてそうした世界認識は人類に困った事態を招きもする。たとえば人間と自然の二元論に人間中心主義なる優劣の価値判断が導入されると、自然は人間様に奉仕するたんなる資源以外のなにものでもなくなってしまい、無際限な環境破壊も許されることになる。そういう近代に内在する乱暴さをなんとかせねばと、近代の克服を叫ぶ者も出るわけだ。

すると彼らはそう叫んで何をする？　最も単純には二分法に伴う優劣の判断を逆転させてみるのだ。人間が主、自然が従と信じた結果、生態系の危機が喚起されたとすれば、こんどは逆に自然が主、人間が従としてみるのだ。それで、鯨を殺すなと日本に怒鳴りこんだり、犬を食うなとか韓国に殴りこんだりする西洋人も出てくる。それはけっきょく、自然を盾に人間の伝統文化を破壊せんとする行為で、二分法の思考の宿す乱暴さをただ裏返し、片方が片方に逆襲するだけのことだから、西洋近代の本質的克服にはならない。それならばと、西田幾多郎のように、赤ん坊や座禅を組んで瞑想している坊さんなどは自己と他者、主観と客観の区別などない一元論で生きているのだから、その流儀で二元論・二分法を超越せよと説く人もでるが、皆がいつも赤ちゃんや禅僧であるわけにもゆかぬので、現実の社会や文化への一元論の適用は難しい。

となると他にどんな道が？　ここに登場するのが、石田が中国の古代医学思想をふまえ展開する気の哲学である。西洋近代的二分法に従えば、人間は先述のとおり精神と身体から把握され、しかもそこに理性的な精神の働きにより動物的な身体をしっかり抑えておこうという態度も加わる。しかし中国古代の流儀でいうと、人間は精神と身体、および気の三分法でこそ、理解されるのだ。この気とは気功とかの気であり、身体をめぐる一種の生命エネルギーと考えればいい。しかもこの気の取り扱いはなかなか難しい。つまり精神が働きすぎ、考えこみすぎ、頭でっかちになると、気は体内で消尽されるか外界に散逸してしまい（世界を思えば世界へ、他人を思えば他人のところへ、とにかく気とは思考の対象へ飛んでゆくのだ）、身体はエネルギーを失い、ついには死ぬし、逆に精神が働かなすぎて体内の気が過剰になると、それはそれで火照《ほて》ったり転んだり獰猛《どうもう》になったりして、やはりついには死ぬのである。ようするに精神一本槍も身体一本槍もどちらも駄目で、精神を働かせすぎず、が、少しは働かせ、気のめぐりを正常にし、身体に心地よいリズムを保ってゆくのが人間の健康と長寿の秘訣、こころとからだに優しい生き方になるのだ。

以上はあくまで人間単体についての話だが、それを敷衍《ふえん》すれば、西洋が二分法や二項対立でとらえ、しかもその二つのものにしばしば優劣をつけようとしてきた態度を批判し、その二つのものに両者の橋渡しになるもうひとつのイメージを足しつつ、両者の無理のない均衡だけをひたすら考えるのが、石田の注目した気の思想となるだろう。

そしてこの話は二〇世紀後半の音楽状況にもあてはまってくる。反復に拘泥《こうでい》するミニマル音楽とは、西洋近代の理性信仰の極限的産物として生み出され単純な反復のかけらもない頭でっかちなトータル・セリー音楽への反動として、身体の一定の脈動にも注目しつつ登場した、いわば身体でっかちな音楽だったのであり、それでは二分法・二項対立の図式を深めるだけで、西洋近代の克服につながらない。かくてここに精神と身体のやさしい均衡の実現をはかる、気のめぐりのいい音楽の到来が求められるのであり、それは反復を使って身体を喜ばせつつ適度の知的操作も入れこんで精神も少し働かせる、つまり淡泊気味の「中途半端な繰り返しの音楽」に帰結するほかない。石田の音楽創作とはまさにそれであり、その他の多くの作曲家たちが「中途半端な繰り返しの音楽」にたどり着いていったのも、こころとからだにいい音楽を求めたごく自然な結果だったかもしれない。

気のめぐりよきはよきこと哉《かな》。

［二〇〇一年一二月号］

47　西村朗とバブルとオウム

西村朗は楽しい！

西村朗《あきら》のヴァイオリン協奏曲第一番《残光》は、カメラータ・トウキョウのレコード制作二十周年記念作品で、一九九九年一〇月にCDが発売された。この曲は、世紀末の日本にふさわしい、真に同時代的な音楽とよべるだろう。

さて、同時代的な音楽とは、その時代の精神、社会の雰囲気を鏡のごとく映し出す音楽のこと。さらにいえば、優れた作品とはしばしば同時代的である。

たとえばバッハのまじめで勤勉な音楽は、たんにバッハなる天才的芸術家の個性だけでなく、その時代のプロテスタンティズムのまじめで勤勉な精神と結びついている。シューベルトの停滞した音楽は、アドルノ流にいえば、フランス革命の挫折を受けて生じた未来なきヨーロッパという停滞した歴史感覚と一体である。マーラーやベルクの音楽を世紀末ウィーンの社会状況と関連づけるのもほとんどあたりまえだろう。

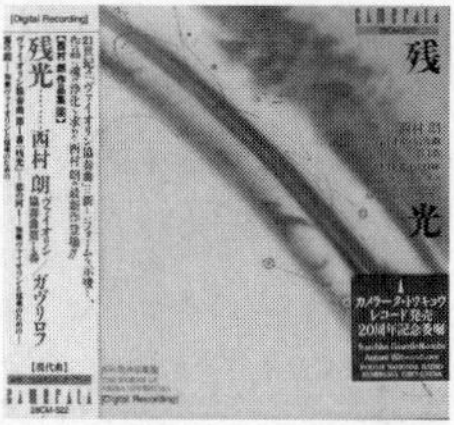

残光　西村朗／ヴァイオリン協奏曲第一番
ヴァイオリン協奏曲第一番《残光》、《悲の河Ｉ》《霧の鏡》
ガヴリロフ（vn）、ヴィト指揮ポーランド国立放送交響楽団
［カメラータ　1999年10月］

あるいは武満徹。星、鳥、水、樹など、自然の形象をしょっちゅうシンボリックに扱ってみせた音楽は、いっけん浮世ばなれしているようにも感じられる。が、篠田正浩や毛利蔵人《くろうど》が的確に指摘したように、《弦楽のためのレクイエム》などの彼の初期の禁欲的作品群は、敗戦直後から安保闘争期までの貧しく厳しい日本の姿とまさに重なる。その後、彼の音楽が絢爛《けんらん》豪華に変容してゆく過程も、日本の金満化と軌を一にしていた。その意味で武満は、戦後日本史のすぐれた語り部でもあった。

そして西村朗。その創作の軌跡もやはり時代との交感度がきわめて高い。

彼がその存在を初めて強烈にアピールしたのは七九年だった。その年、彼は、ピアノ協奏曲《紅蓮《ぐれん》》、交響曲第二番《法悦の詩》、打楽器合奏曲《ケチャ》を立て続けに発表する。うち、前二者は、あまりに濃厚なアジアン・ヘテロフォニック・クラスター系のオーケストラ音楽で、尹伊桑《ユンイサン》や松村禎三を想起させもした。が、尹や松村につきまとう暗さや重苦しさが西村にはなかった。ズルナを思わすオーボエやジャンドゥンを思わすトロンボーンなどに彩られたその響きは、あまりに極彩色的に眩《まばゆ》く、開放的だった。いっぽうの《ケチャ》は東南アジア風ポリリズムによる熱狂的音楽で、こちらは池野成《せい》の《エヴォカシオン》などを想起させもした。が、池野に付いて離れぬ屈託が、やはり西村にはなかった。表層的快楽に身を委ねきれる新しい才能の出現。それが三作の初演で感じた西村の印象だった。

そんな七九年は、YMO、村上春樹、野田秀樹らがめだってきた年でもあり、田中康夫の登場まではあと二年だった。快楽性や遊戯性が時代の鍵概念になりつつあり、バブル期の精神状況はすでに準備されはじめていた。

西村はそうした時代の波に乗り、八〇年代を泳ぎきった。八七年の《二台のピアノと管弦楽のためのヘテロフォニー》と、八九年の篳篥《ひちりき》と管弦楽による《太陽の臍《へそ》》での、わななくようにぶちきれたクレッシェンドは、バブル時代を知らない若い世代には、あのバラの日々の気分を伝える最高の教材となろう。ちょうど、武満の《アステリズム》（一九六八）における村上龍の愛するクレッシェンドが、高度成長期の日本の狂的勢いの象徴たりうるように。

そして九〇年、バブル崩壊。日本は政治的、経済的な敗戦期に入る。「快楽主義的文化人・芸術家」の多くは、それなりの転向を迫られてゆくが、西村に、その必要はほとんどなかった。なぜなら、彼の快楽と法悦の音楽は、都市的、物質的なヴィジョンとではなく、一貫してアジアの土俗や神秘主義と結びついてきたから。その意味で彼は作曲界の中沢新一だった。世の中は物質文明より精神文明を礼賛しはじめ、その流れはアジア神秘主義への興味をあらためてかきたてた。だから西村はバブル期の創作の延長線上に、ますます快楽と法悦を追求すればよかった。彼は、トリル、トレモロ、グリッサンド、ポルタメントを重層させつつ、いちだんと輝かしくわななくアジアン・クラスター系の音楽に力を発揮した。そういうキラキラした響きにふさわしく、そのころの彼の曲名には光の一字が頻出した。いわく、《永遠なる混沌の光の中へ》《光の蜜》《光の環》《光の鏡》《光の波》《光のマントラ》……。

が、九五年春、次なる敗戦が日本を襲う。オウム真理教事件である。神秘主義に依拠する精神文明によって物質文明を超克するというバブル崩壊後の流行のスタンスが、それで崩壊した。政治や経済に続き、こんどは日本人の精神が深く傷ついた。もし、戦前・戦中期に民族主義的創作に邁進《まいしん》した作曲家たちが安直にナショナリズムを鼓舞した一種の「戦犯」だったとしたら、九〇年代前半にますます快楽的神秘主義へと没入した西村も、九五年の精神的敗戦の責めを負うべき「戦犯」のひとりとなるだろう。そのとき下手をすれば彼は、過ぎ去りし時代の道化役として寂しく退場せねばならなかったかもしれない。

西村朗は苦しい!

しかし西村はその後、「戦犯」らしく殊勝《しゅしょう》にふるまった。彼は九五年から九六年あたりで、楽しげな路線をほとんど放擲《ほうてき》した。そして、もはや物質文明の快楽にも、神秘主義の法悦にも身を任せられず、ただ世紀末的不安の渦に翻弄される人々の苦悩を、積極的に表現しようと試みはじめた。《単声哀歌》《悲の河》《哀歌》《悲歌》……。曲名の傾向もめっきり変わった。

たとえば九七年の管弦楽曲《蓮華化生《れんげけしょう》》を聴こう。これはおおかた、ヘテロフォニックに織りなされたクラスターの音楽で、その点では以前のスタイルと同じだ。が、響きの質はずいぶん違う。前半を支配するクラスター音響は、九五年以前のようにキラキラと輝かしくはなく、ピアノのミュート奏法や金管の空吹きに特徴づけられ、陰惨にくぐもりまくる。後半には、ヴィブラフォンやテューブラー・ベルのキラキラしたトレモロを伴ってラシド#という上行音型が奏でられ、法悦の雰囲気を醸《かも》しかけるが、それは不完全燃焼で終わり、恍惚《こうこつ》や陶酔にまではまるでいたらない。作曲者は、死後の魂の麗しき蓮華の花への化身を夢見つつ、苦の世界を彷徨《ほうこう》する生者の苦悩を描いたという。

そして《残光》。表題にふたたび光の一文字が現れているが、それはけばけばしくバブリーに輝く光でなく、あくまで黄昏《たそがれ》の薄く淡い光だ。そこでは《蓮華化生》同様、もはや浄土的から苦海的に変じたクラスター音響が聴かれる。が、西村はそれだけでは弱いとよく承知している。つまり、人間がもはや思索を忘れ、快楽的な忘我の境地に浸るような雰囲気には、モジャモジャと刹那《せつな》的な響きの質感だけで押すクラスターの音楽がふさわしいのだが、苦悩となるとそこにはとうぜん、生真面目な思索性が伴う。思索とは一般に論理的な推移を伴って展開してゆくから、その表現には刹那的クラスターだけではふじゅうぶんで、どうしても息の長い旋律線が必要になる。そこで《残光》は、管弦楽の苦海的クラスターの上に、ヴァイオリン独奏を導入するのだ。

かくて《残光》は、バブル崩壊後、地下鉄サリン事件後の苦海的状況と、そこでもがく人間の魂とをよく描く、同時代的に差し迫った音楽として、世紀末の日本に屹立《きつりつ》する。われわれは二一世紀を迎える前に、八〇―九〇年代のあまりに激越に変転したこの国の姿を、よく嚙《か》みしめなおしておこう。その苦い軌跡をよく味わっておこう。西村という時代精神の優れた体現者の、《ケチャ》などから《残光》にいたる仕事によって。

［二〇〇〇年一月号］

48　細川俊夫の昏い青春

「夜の国の重い沈黙」

広島在住の箏《そう》奏者、北垣内秀響が、同じ広島人、細川俊夫の、十七絃箏独奏曲《夜》を世界初録音した。

《夜》は、細川がまだ二七歳の一九八二年一一月、沢井一恵により東京で初演された。そのときの表題は《夜》でなく《夜想曲》だったと記憶する。いずれにせよ「夜の音楽」に違いない。そういえば、その時分の細川には夜にちなむ作品が多かった。ピカソに「青の時代」があったように、若き細川には「夜の時代」が存在していた。

さて、細川のその時代が開幕したのは、《夜》初演の一年半前の八一年五月二二日になると思う。なぜならその日、東京文化会館における一柳慧《いちやなぎとし》と高橋悠治の演奏会で細川の二台ピアノによる《夜の国》が初演されたから。それが夜の名を冠した細川の最初の曲だろう。当日のプログラムに作曲家は、曲名の出典となった金芝河《キムジハ》の詩『夜の国』を

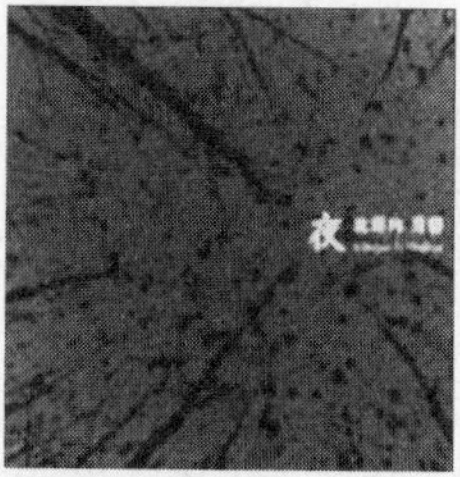

北垣内秀響／夜
細川俊夫／十七絃箏独奏のための《夜》、宮下伸《すすむ》／《琉歌》、船川利夫／複協奏曲、中能島欣一《なかのしまきんいち》／《三つの断章》他
北垣内秀響《きたがいちしゆうきよう》（十七絃箏、箏）、三橋貴風（尺八）、小川秀樹（指揮）
［ビクター　2000年10月］

引用したあと、こう書いていた。

「歌いたい欲望を内に秘めた人間が、夜の国の重い沈黙を前に声にならないうめき、叫びを発しながら、やがて沈黙の重さに圧倒され押し潰《つぶ》される」

ではそれは実際どんな代物？　その後、音盤にもならず楽譜も未出版のこの曲を昔の記憶を頼りに語るなら、それはたしかやたらコツコツいう音楽だった。つまり二人のピアニストは鍵盤を指の爪で、ハンマーが上がり弦を鳴らさぬていどにかよわく叩き、結果、超ピアニッシモのコツコツ音が鳴りつづけたのである。作曲家は人間の「声にならないうめき」をピアノの「鍵盤を押し切らないコツコツ」に翻訳したわけだ。

そしてその次に、こんど録音された《夜》が来る。この作品は《夜の国》に比べれば音がある。十七絃箏はずいぶんまともに弾《はじ》かれる。が、それは、思い沈黙のなかに箏の音がブチリブチリと置かれ、強迫的なうめきや叫びを表現する点では、やはり《夜の国》と同系のまぎれもなき「夜の音楽」である。

さらにそのあと、八三年の合唱曲《夜の呼び声》（初演は岩城宏之指揮東京混声合唱団）と《否の空間》（初演は手塚幸紀《ゆきのり》指揮新日本フィル）が続く。前者は「声にならないうめき」をこんどは本物の人間の喉を使ってやる。息音やうめき声が音楽を支配する。そして後者は曲名に夜と入らぬが、内容はまさに「夜の音楽」。吹ききられず弾ききられぬ管弦や叩ききられぬ打楽器によるかすれた音の集積が「声にならないうめき」を大規模に表現する趣向だ。

それからもうひとつ。八五年一〇月、東京の国立劇場で初演された《東京１９８５》なる仏教声明と雅楽のための二部構成の曲の第一部は東京の夜に捧げられ、中身はというとこれまたやはり、僧侶たちが間合いたっぷりにかすれたうめき声を上げ、ため息を洩らすものだった。そしてこの作品で細川の「夜の音楽」はひと区切りになる。

ラッヘンマン・尹伊桑・細川俊夫

さて、すると細川が二六歳から三〇歳まで書き連ねた、かすれたうめきや叫びの連なる「夜の音楽」とは、いかなる背景から生み落とされたのか。

そこでまず想定されるのはラッヘンマンからの影響だ。細川は一九七六年にベルリンに留学し、彼の作品にも早くから親しんでいた。そしてその音楽とは、楽器をまともに豊かに鳴らさず、かすれた音にひたすらこだわるもの。そんな彼の態度にはおそらくアドルノの美学が関係している。アドルノは「アウシュヴィッツ以後、詩をうたうのはもはや野蛮だ」との名言を吐いた。虐殺、抑圧、管理……、あらゆるメニューを用意し人間を痛めつける現代文明を目のあたりにしつつ、知らぬふりを決めこんで美しい詩や音楽に逃げこむのは虚偽だ、罪悪だというのである。なら芸術家はそんな状況下を生きる人間のうめきや叫びをこそ表現せねばならなくなる。作曲家は声や楽器をかすれうめかせねばならない……。

そしてここに細川のベルリンでの直接の師、尹伊桑《ユンイサン》の影響が加わる。尹は日本統治下の朝鮮半島に生まれ独立運動をやって捕まり、戦後は半島の平和統一を願望して、祖国たる韓国の軍事政権から北朝鮮のスパイとして死刑宣告を受けるなど、抑圧された現代人の悲劇をまさに一身に体現する作曲家だった。よって細川はアドルノ－ラッヘンマン流の哲学的世界観を、世界苦を背負うようにしてそこにある尹なる生身の存在によって受肉化させることができた。だから彼の「夜の音楽」のイメージはまず、尹と同じ「韓国反体制文化人」だった金芝河の詩『夜の国』からこそ先述のごとく出発したのである。

あともうひとつ、細川と日本とのしがらみにも触れねばならない。たとえば師、尹の悲劇。それには半島を植民地にし、韓国軍事政権を支援しつづけた日本も関与している。

が、八〇年代の日本は自国の繁栄にのみ浮かれ、世界の悲劇的ありようにじつに鈍感だった。それはこの国の現代音楽にも反映されていた。武満徹の甘美なる陶酔、三善晃の内面への耽溺《たんでき》……。アドルノ－ラッヘンマン的認識からあまりに遠い世界がそこにあった。細川はそんな日本にいらだった。しかも彼は広島から青雲の志を抱いて上京し国立音大に入るも三カ月で行かなくなり、芸大教授の矢代秋雄に私的に師事しながら、けっきょくベルリン留学の道を選ぶとの複雑な履歴を有している。そのころの細川に日本というより東京の楽壇のヒエラルヒーにたいするある種のコンプレックスが形成されたろうことは想像に難くない。おそらく彼は日本を、東京を、憎み、見限って、ベルリンに旅立ったのだろう。

というわけで細川のうめきと叫びにみちた「夜の音楽」とは、アドルノ－ラッヘンマン的世界認識への共感、傷ついた尹のイメージからの触発、それらを意に介さず若き細川にも居心地いい場所を提供しなかった日本への怨歌《えんか》、以上三要素の重層から捉えられるだろう。そしてじつはこのうち日本への怨歌の部分は、先に触れた《東京１９８５》の第二部のほうで爆発的に赤裸々に表明されていた。そこではなんと声明と雅楽がベートーヴェンの交響曲第九番第四楽章を調子っ外れにグロテスクにやる。それは悲惨な世界の現実に目を背け、「アリとキリギリス」のキリギリスのように能天気に「歓喜の歌」を歌いつづけていたそのころの日本人の戯画だ。細川は「夜の音楽」の禁欲的うめきの身振りをかなぐり捨て、カーゲルのような風刺家となって日本を笑いとばしてしまった。それで憑《つ》き物が落ちたか、翌八六年に発表された《うつろひ》（笙《しょう》とハープ）と《観想の種子》（声明と雅楽）は、どちらもそれまでの特殊奏法や弱音への興味を保ちつつも表現主義的テンションを後退させ、印象派的なだらかさを前面に出す。抑圧された怨《うら》みがましい青年は澄んだ孤高の境地の禅僧にでも化けてゆき、その路線上に現在の彼もいる。そんな変貌は武満の音楽が年を重ねるとともに厳しく切りつめられたものからゆるく豊饒《ほうじょう》なものへ推移したことを想起させる。反抗的青年も成熟した大人になる。知名度が上がれば怨みがましい心も弱まる。世界認識も円くなってゆく。それが人間だろう。が、当世の日本の荒んだ現実を見れば「夜の音楽」は今こそアクチュアルなようにも思われる。その意味で細川の「夜の時代」は再認識されてよいし、あとに続く作曲家も出ねばなるまい。「夜よおれを叫びと逆毛で充《みた》す青春の夜よ」（清水邦夫）

［二〇〇一年一月号］

49　留学生はかく悟れり

主体のヨーロッパが好きなのさ！

辻邦生《くにお》は一九九九年に逝《ゆ》き、細川俊夫は、二〇〇一年に初演され、当盤にそのおりのライヴ録音が収録されたハープ協奏曲《回帰》に、「辻邦生の追憶に」と添え書きした。細川は辻の長年の愛読者で、晩年の辻と交際もあったという。

この組み合わせを知ったとき、最初はやや違和感を覚えた。辻は若き日にトーマス・マンとかに影響されたとはいえ、やはりスタンダールを専攻し、パリに学んだフランス文学者で、しかもその小説には一貫して、読んでいて気恥ずかしくなってくるような甘さがある。幼い日にフランス人の宣教師にもらったかの国のボンボンの、どこかレアリテを欠いた、作り物っぽい、人工的な甘さとでもいえばいいか。辻の先輩格になる福永武彦なら、ちょっと照れてしまい、なんとか苦みをきかせて、慎重に隠しにかかるだろう、いかにもフランス的に過度に色づいた豊潤《ほうじゅん》さへの憧れが、辻の文章では、どうも赤裸々になりすぎるのだ。対して細川は、ベルリンやフライブルクに学び、曲名もドイツ語でつけたがれば、ドイツ語圏での新作発表もめだつし、音楽の語り口も辻のラテン的な饒舌《じょうぜつ》さとはだいぶん違い、灰色の苦悩か静寂か、とにかくいかめしい思弁性に覆われていて、これぞドイツの冬の旅でございといった按配《あんばい》である。つまりは、みてくれがどうも噛みあってこないのだ。

が、それはあまりに近視眼的かもしれない。辻と細川のつながりを考えようとすれば、フランス的とドイツ的なんてステロタイプな対比は、やはり邪魔なのだ。この二人は、どちらもヨーロッパに憧れて長く留学した日本人ではないか。そこまでひいて、二人の衣装を脱がし、骨格のへんだけ眺めてみれば、両人はけっこう重なるのではないか。辻の文学が、あまりに典型的な「留学生文学」なら、細川の音楽は、それとすっかり同型

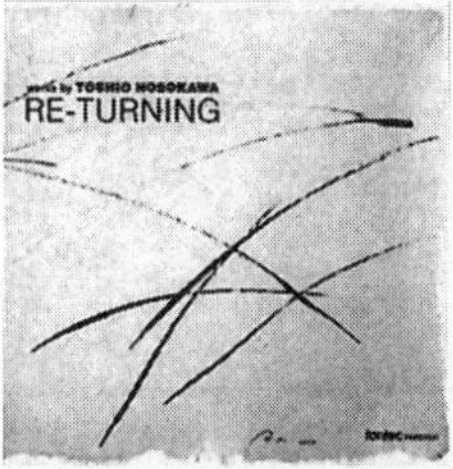

細川俊夫作品集　音宇宙IX
ハープ協奏曲《回帰》、児童合唱のための《森の奥へ》、声、箏《そう》、チェロ、室内オーケストラのための《相聞《そうもん》歌《か》》、マリンバのための《想起》
吉野直子（hp）、秋山和慶指揮東京交響楽団他
［フォンテック　2004年2月］

的な「留学生音楽」ではあるまいか。そして、細川の仕事は辻の営為を、異分野で、十五年か二十年遅れで、後追いしたものといえないか。そういう線が見えてくるのである。

辻邦生は、絵に描いたような近代の文学者であった。近代とは端的にいえば神なき時代である。神というのはすべてを知るから神であり、それがいなくなって空白が生じたとすれば、そこを人間が埋めなくてはいけない。でないと、世界がさみしくなる。人間がすべてをわかりきり、神になりかわりたくなるのだ。そうした欲求は一般に科学的探究心とよばれ、その種の志が文学者にいだかれれば、彼はとにかくすべてを書きつくしたい病にとらわれるだろう。そこに近代の長編小説がはじまる。人の一生やら、家族の興亡やら、社会の構造やら、個人の日常の瑣事《さじ》やらを、微に入り細をうがち、分析的に理知的に描いてやまないのが長編小説の思想であり、そういう全的認識への野心を育てたのは、なによりもまずスタンダールやマンのヨーロッパであった。

そこに近づきたくて、辻は一九五〇年代、フランスへ留学した。そして彼はヨーロッパを深く知ったと思った。日本人離れした。科学的に明晰《めいせき》になにもかもを見つくす精神を育てたつもりになった。しかし、彼はいまさらヨーロッパ人そのものになれるわけではなかった。日本語で思考し書くほかない日本人だった。とはいえ、繰り返せば、彼はもう日本人離れしてしまったのだ。ならばけっきょく、彼はヨーロッパ人とも日本人ともすれ違い、ずっとあいだを漂《ただよ》う人になるほかない。辻にかぎらず、物心ついてからヨーロッパに溺《おぼ》れようという日本人は、だいたいそんなことに最低いったんはなるのだが、辻は、この中途を漂っているのだという、いわば「留学生感覚」をどうにか早く清算しようとはせず、そのまま生かしてこだわりぬき、悩める万年青年となり、その不安定に揺らぐ感覚にこそみずからのアイデンティティを求め、そこから執拗《しつよう》にモティーフを導出して、まずはみずからの文学を育てた。そこらへんが、辻の辻らしさの所以《ゆえん》と思う。そしてそういう小説には、「留学生文学」という名辞が、なかなかふさわしいだろう。

虚体の日本も好きなのさ！

そのような辻が実際に書いた小説といえば、たとえば、ヨーロッパに留学した日本人が故国で思い描いていた観念のヨーロッパと現実に目の前にあるひだに満ちたそれとの狭間《はざま》で苦しむ『夏の砦《とりで》』や、安土でイタリア人と織田信長がわかりあおうとしてみる『安土往還記』や、日本人技術者とフランス人修道女が恋愛して悩む『北の岬』なんてものだった。それらによって辻は、日本とヨーロッパの触れあいとすれ違い、その微妙な綾《あや》の全部を描ききろうとした。そういう異世界の出会う中間領域にこだわることで、彼は、ヨーロッパへ必死に手をのばし、そのせいで日本の地からも足が離れてしまって、ユーラシア大陸の上を針金細工のおもちゃの人形かなにかのように浮いて震えているおのれの精神のいとなみを、懸命に全的に表白しようとした。

が、そんな努力を繰り返し、いくら長い小説をしたててみても、あいかわらずヨーロッパはヨーロッパ、日本は日本として、いつまでも自分から離れたところに、厳然としてある。書けば書くほど互いが寄ってくるわけでもなく、外の世界にはとどのつまりなにごとも起きない。それに、あたりまえだけれど、人間が神になりかわりすべてを知ろうとくわだてても、神と違って永遠のいのちをもっていないから、どこか中途で果ててしまうのだ。じつは辻は、初期の『安土往還記』で、そのへんを主題化していた。イタリア人と織田信長はどちらも自由で神をも恐れぬ気概をもって世界を意のままにしたいと願っていて、つまりともにすこぶる主体的な近代人らしいのだが、やはりどこかが違う。イタリア人は自分の生の有限を意識しないようにすることで元気を出しているのに、信長はいつも「人生五十年」と口ずさんでいるのだ。

近代人は、しょせん虚《むな》しく小さい！　辻はこのモティーフを育ててゆき、かくてついに小説家は、日本とヨーロッパの中間で、万年青年のつもりになって、俺が、俺が、と叫んでいても、馬鹿馬鹿しいと悟《さと》る。「留学生」という居場所を失った人間ならではのギリギリの苦悩と、その苦悩をつねに全的に描出しようという近代人的欲求の組み合わせがもたらす熾烈《しれつ》な行は、そのあまりの過酷さゆえに、行をなす者を、なにもかも放擲《ほうてき》したいなんて心境へ誘《いざな》い、どうせ死んでしまうのだからむきになるのはやめようという回心のときがおとずれ、分析的に主体的にすべてを知りつくしたかったはずの我は、とつぜん身を翻《ひるがえ》し、おのれを、ありのままの現実に無心に身をあずける、いわば虚体となす。心頭滅却《めっきゃく》するという奴で、これぞ「留学生文学者」の行き着くべきひとつの果てだろう。

しかし、心頭滅却して分析をやめてしまっては、せいぜい刹那《せつな》的俳句を生むのが限界で、息の長い小説はとても書けない。そこで一九七〇年代以後の辻は、揺らいでいる人間が心頭を滅却する過程を分析的に細大漏《も》らさず描出する小説に意を注《そそ》ぐようになった。そこにたとえば、『嵯峨野《さがの》明月記《めいげつき》・第二部』の次のくだりが書かれることになる。

しかしその朝、私は雲や花や杉木立と別個の存在ではなかった。私は〔本阿弥《ほんあみ》〕光悦《こうえつ》などではなく、まさに流れゆく雲にほかならなかった。散りゆく藤の花にほかならなかった。私はそうした兄弟たちに囲まれ、兄弟たちとともに生れ、ともに生き、ともに消えてゆく存在だった。私が太虚を感じたのはそのときである。だがそれは何という豊かさを浮べた虚しさであることだろう。

ここで近代的主体としての人間は滅んでいる。人は雲や花と同格だ。はかなく虚しいがゆえに美しい。本阿弥光悦の口を借り、辻は彼なりの近代の超克を、すなわちぼんやり虚となることの無上性を語って、ひとつの終点に達した。

細川の創作は、先述のとおり、このような辻の軌跡のなぞりと、みなすこともできるだろう。彼は、一九七〇年代から八〇年代にかけ、自分がヨーロッパ近代をよく理解した特別な「留学生」なのだ、それゆえの悩みがあるのだといったふうなテンションの高い音楽を書いていたが、その後、どんどん心頭を滅却した。辻に捧げられたハープ協奏曲も、じつは『嵯峨野明月記』の先の引用箇所を参照しつつ、静かで朦朧《もうろう》とした自然音の模写のような響きを、長谷川等伯晩年の水墨画のような絶妙な枯れ方で紡《つむ》いでいる。もちろん、『嵯峨野明月記』なら、光悦があの境地にいたるまでに四百頁の分析的叙述がついやされるのだが、音楽ははじめから俳句のような境地で何十分でも続けられるので、細川はその特権を行使し、もう太虚の雰囲気だけで一曲できてしまう。これは小説家のうらやむところであろう。

とにかく辻と細川の相関する足跡は、落ち着きどころをなくした「留学生」の苦悩と回心ないし虚脱の劇を語りつくすだろう。その劇は、西洋にも進みきれず東洋にも戻りきれぬ、落ち着きの悪いこの国のラディカルな似姿であるかもしれない。辻と細川を知って、われわれ自身を知れ。

［二〇〇四年五月号］

50　山下和仁の「感情過多様式」

多情多感な藤家渓子

山下和仁が変わったのは、いつからだろうか。もしかして藤家渓子《ふじいえけいこ》という不思議な作曲家を生涯の伴侶に選んだころからだろうか。

山下はいきなり「天才少年」として現れた。一九七〇年代後半、在京オケの演奏会に出てきてはロドリーゴやらをやすやすと弾きこなしていたハイティーンの彼。そして彼を追っかけ、称讃の声を浴びせ、山下の出番が終わると、メインの交響曲など聴かずにどっと帰ってしまうギター・マニアたち。その光景はあまりに鮮烈だった。それからの彼は圧倒的ヴィルトゥオーゾとして向かうところ敵なし。なにしろギターひとつで《展覧会の絵》や《新世界から》を弾いてしまう。その運指はあまりに正確で、特殊奏法は決まりすぎるほど決まり、音色は圧倒的に多彩であり、ノリもじゅうぶんで、なによりもデュナーミクの幅が広い。ギターは小さなオーケストラでなく、じつはけっこう大き

山下和仁　黎明期の日本ギター曲集II
山下和仁（g）
［日本クラウン　2002年6月］

なオーケストラだったのか。しかもベルリン・フィルのようにみごとに完璧に機能的な。

しかし、その「天才少年」も九〇年代に入って、齢《よわい》にすれば三十代半ばあたりになると、だいぶ音楽の様子が変わってきた。そしてそこには藤家との出会いが作用したとしか、どうも私には考えられない。

彼女はどんな作曲家だろうか。かつて芥川也寸志は「女に作曲はできない」と発言し、それは今もフェミニストの顰蹙《ひんしゅく》を買っているが、その真意は「女はベートーヴェンのごとく理屈をこねるタイプの作曲に向いていない」というあくまで限定つきのものだった。つまりそこには、男性＝分析的・構築的・冷静・天上神的、女性＝直観的・破壊的・多情・大地母神的といった図式が前提として存在する。となれば先の芥川の台詞は「女には論理的作曲より感覚的作曲のほうがふさわしい」とでも、穏健に言いなおせよう。そして、この言いなおしをみごとに体現するのが藤家なのだ。

彼女の音楽は、わがままな貴婦人のごとく気まぐれで、箸《はし》が転んだのを見ても笑えるごとく不安定で、ちゃらんぽらんに推移しがちである。八〇年代後半の登場以来、彼女の作品は、協奏曲とかソナタとかもっともらしい題がついているときでさえ、けっきょくファンタジーとラプソディのなかにあらゆる理の勝ったものを溶解してしまう。まったく藤家こそは女性による作曲のひとつの行き着くべきかたちを示した人だ。

そんな藤家の音楽と人格は、おそらく山下のギターをも変容させてきたのだろう。とにかく彼は九〇年代以後、従来の完璧さを保ちつつ、それをいっぽうでいたぶるようになった。具体的にいえば演奏にムラや破調が好んで混入されだした。リズム、テンポ、音量、ピッチのとり方……。山下は女性の生理を思わすような不安定な揺らぎへと身を任せはじめ、結果、彼のギターは一種の「感情過多様式」の世界へと傾斜しているように見受けられる。

そして、そういう山下の志向が、完成された技巧や形式美の追求よりも、作家個人の多感な心象のややいびつで赤裸々な流露といったタイプの小品をより多く生み出していた、今世紀前半の日本ギター音楽に、ひとつの安住の地を見出し、二枚のアルバムを作るにいたったのも、もっともと思われる。日本人として容易に共感可能な音づかいに彩られ、しかもこれみよがしの技巧主義、紋切り型の名人芸に足をすくわれることのめったにないそれらの作品において、山下の「感情過多様式」は心ゆくまで揺らぎに満ちた歌をうたうのである。

多情多感な日本ギター音楽

日本における器楽のための作曲は、まず独奏よりも合奏のためにこそ花開いた。すぐれた独奏曲が生まれるにはすぐれた独奏者が必要だ。が、ピアノでもヴァイオリンでも戦前・戦中の日本人に名人とよべる者はそうはいなかった。よってソリストを際立たす新作の需要はどうしても低くなった。たとえば山田耕筰に交響曲やカンタータはあっても協奏曲はない。

ギターやマンドリンも事情はおよそ同じだ。試みに一九三〇年から四三年までのJOAKの音楽番組からその畑の日本人オリジナル作品の放送記録を調べてみれば、合奏曲は枚挙にいとまがない。しかし独奏曲となるとわずか。ギターは、鈴木静一、伊藤翁介《おうすけ》、大河原義衛《よしえ》、斎藤太計雄《たけお》、武井守成《もりしげ》らの二十九作品、マンドリンは、鈴木静一、中野二郎らの五作品がやられているにすぎない。しかもいずれも小品だ。放送記録だけで時代の全貌を把握できはしないけれど、しかし独奏より合奏がはるかに優位にあったそのころの感じは伝わるだろう。山下が掘り起こしにかかっているのはそういう時代なのだ。

しかも山下はけっして「日本ギター独奏曲黎明期」の全体像を客観的に示そうとして

はいない。彼が録りたがるのはあくまで主に「感情過多様式」に従う彼の心の琴線にふれる、つまり揺らぎに満ちたテンペラメントを表出するのにふさわしい音楽なのである。その意味で彼の好き嫌いは激しい。こんどの第二集にとられた八人の作曲家のうち六人までが第一集と重複し（今回新たな二人は菅原明朗《めいろう》と小栗孝之）、しかも二枚ともに鈴木静一、伊藤翁介、斎藤太計雄といった、「黎明期」を語るのに普通なら落としにくい作曲家がとられていない理由は、おそらくそのへんから推察できる。

では、あとは二枚目の聴きものについて述べよう。

まず大河原義衛（一九〇四－三五）。山下はすでに一枚目に収録された箏曲風のリリシズムをもつ〈松蟲草《まつむしそう》〉などの情の深い名演により、この作曲家の少しなよなよした遊《ゆう》蕩《とう》趣味を明らかにしたが、今回の聴きものは《香煙》と《クライスラーへの讃歌》だろう。前者は、当時もろもろ出版されていた古典箏曲の、たとえばヴァイオリン用の編曲譜を、試行錯誤の末にギターへ写してみたといった趣の、やや歪み気味だが、それゆえにとても初々しくて魅力的な日本情緒を漂わせる。いっぽう、後者は、クライスラーの名人芸を聴いてくらくらした頭でそのまま書いたような最高にちゃらんぽらんな曲で、なんだか藤家的でありさえする。

それから池上冨久一郎（一九〇三－五四）。この人の音楽は、判然とはかたちにできない煩悶《はんもん》の情をそのままぐしゃりと楽譜に叩きつけたふうに多情多感で、山下好みというほかない。第一集の五曲に続き、今回は四曲がとられており、なかでは《落葉》が、旋律の尻尾にいくどか現れる四度の跳躍から迸《ほとばし》る日本的哀愁によって、絶品だ。

次に、日本におけるギター・マンドリン合奏音楽の父・武井守成（一八九〇－一九四九）。彼のギター独奏曲作家としての歩みを、山下は第一集で、作曲年代の幅広い十一もの曲により、初期のラテン趣味からしだいに日本情緒を深めついに戦時期の激情的日本主義へ、そして戦後のラテン趣味への回帰というダイナミックな軌跡から描いてみせた。今回の九曲は、やはり年代はばらけているのだけれど、その中身は、表面の作風の変化を超え、武井につねに保たれていた「基層としてのラテン」を、第一集よりもずっと強く確認させるものとなっている。第一集では作風の変遷に焦点があてられていたが、第二集ではみてくれの推移にもかかわらずじつはずっと変わらなかったものが浮き彫りにされている。

以上の三人に、小倉俊、中野二郎、小栗孝之を合わせた六人の作曲家が、第二集に収められた八人のうち、撥弦楽器プロパーの人ということになる。残る二人は、管弦楽から各種器楽まで、幅広く作品を遺した、小船幸次郎（一九〇七－八二）と菅原明朗（一八九七－一九八八）だ。

伊福部昭らとともに、いわゆる「チェレプニン楽派」を形成した小船幸次郎は、若き山下と指揮者として共演もし、その分、山下の思い入れも深いはずだが、第一集のソナチネといい今回の《夜想曲》といい、山下の「感情過多」なアプローチはやや裏目に出ている気もする。ストラヴィンスキーのシニカルな音楽をベルクのつもりで濃厚にやる。そんな齟齬《そご》感があるのだ。小船はもっとさばけていてもいい。

菅原明朗はピッツェッティに傾倒し、そのピッツェッティの愛弟子が、山下にとって大切な作曲家カステルヌオーヴォ＝テデスコだから、山下と菅原はつながるべくしてつながったといえるのかもしれない。が、今回収録された《遥遠《ようえん》》を含め、菅原のギター音楽は「感情過多」から遠いきわめて仙人的な代物。もし山下がこれを機会として菅原を手がけてゆくとすれば、そこにはとうぜん、「天才少年」とも「感情過多」とも違う、なにかしら枯れた味が欲しくなる。山下の今後の歳の取り方が楽しみである。

［二〇〇二年八月号］

51　主よ御許に近づかん

権代は素直に喜ばない

「ご隠居さん、明けましてはけっこうな春でござえやす。なかなかおにぎやかなことで」

「熊さんかい。いやいや、さっそく聴きぞめで、正月はめでたい音楽にかぎると、ヨハン・シュトラウスの円舞曲をかけていたのさ」

「なるほど、さすがはご隠居さん。おいらもこれにしときゃ、よかったなあ」

「えっ、何をぶつくさ言っているんだい？」

「いや、そいつがどうも、えへへへ」

「なんだい正月から気持ちが悪い。だいたい八つぁんはどうしたね？」

「じつは奴と一緒に、元朝詣《がんちょうまい》りは観音様へ参りやして、帰ってこんどは聴きぞめだと、これはどうかとかけてみたら、その音盤にあてられて、八の野郎は正月しまから家でのびておりますんで」

「いったいぜんたい、何を聴いたえ？」

「それが、ケンタイにケンタイしたという話で」

「ケンタイにケンタイ？」

「へえ、権代に倦怠しちまいまして」

「ああ、権に代。そいつはゴンダイと読むのさ。耶蘇《やそ》の作曲家だよ。しかし、江戸っ子が年の始めから耶蘇とは、ずいぶんしゃれこんだねえ」

「えへへ。なかなかおつな趣向と思い、音盤の題名も『きらめく光のとき』というんで、いっちょ華やかにのぼせながら、寝酒でも決めこもうかと、蓋《ふた》を開ければ、これがえらく気が重く」

権代敦彦《ごんだいあつひこ》／きらめく光のとき―祈り―
〈十字架の道／光への道〉〈狂ったように、狂ったように、私も光を求める〉〈十字架の道〉〈フーガ／ストレッタ〉〈高き天よりわれは来たれり〉〈青の彼方へ〉中嶋香(p)
［ALM　2004年10月］

「ピアノ曲ばかりの音盤で、低音で不協和音を延々ガタガタやっていたり、音階風の音型を執拗に繰り返してみたり、光を感じさせる麗《うるわ》しい和音が高音域できらめくこともたびたびだが、それもすぐにか直《じき》にか、低音の闇に包まれてしまい、おまけにピアニストはピアノの胴は叩くわ、妙な言葉は発するわ、楽しいのか辛《つら》いのか、幸せなのか不幸なのか、笑っているのか泣いているのか、喜んでいるのか悲しんでいるのか、よくわからない、しかもハリばっかりでメリがなく、遊びもなければ余裕もない、そんな音楽が、二時間以上続く音盤だった、というわけだ」

「えっ！　こいつはやけに詳しいなあ」

「その音盤を薦《すす》めたのは、あたしじゃないか」

「こいつはしまった、そうだった」

「しかし、元日から聴いてくれるとはねえ」

「いや、八の野郎が、年の瀬のキリストさんの誕生日に、メシアン聴いて感動し、じつにめでたいありがたい、盆と正月が一緒に来るとはこのことだ、ここまで派手に血の湧きかえり、肉の躍る音楽は、ほかに聴いたことがねえ、この正月もどうしても、耶蘇の音楽が聴きてえと言ってきかねえので、それじゃこんどは日本の耶蘇だ、権代だと、流してみたら八つぁんは、根をつめて聴いていたが、軋《きし》む響きに耐えかねて、目をひんむいて卒倒し、かくいうあっしは八ほどに、入れこむということもなく、肴《さかな》の支度しながらの、絵に描くようなながら聴き、目をむくことはなかったが、同じような音型が、ねちねち鬱屈して続くので、ほとほと参って倦怠しやした」

「そいつは災難だったねえ。というよりも、権代を聴く心がまえが違ったねえ」

「と、いいやすと？」

「メシアンも権代も、おんなじ耶蘇のカトリックの作曲家には違いねえし、しかも並大抵のカトリックと違うところも同じだが、その先がだいぶ異なる、ということさ」

「へえ、そこまで同じでも違いますか。なんでも、二人ともカトリック神秘主義がどうとか」

「神秘主義という言葉がいいか悪いかわからねえが、つまりは二人は中抜きが好きなんだなあ」

「中というのは、何を抜くんで？」

「宗教を信じる人間は、いちばん上と相対《あいたい》したい、あるいはくっつきたいと、願いがちなのさ」

「おいらのようないちばん下が、途中をとばして上とじかに結びつきたいから、中抜きですか」

「そうだよ。南無阿弥陀仏の親鸞《しんらん》さんなら、ナンマンダナンマンマンダと唱えていりゃ、臨終の床に阿弥陀仏様がむかえに来てくれるというじゃないか。南無妙法蓮華経の日蓮《にちれん》さんなら、そう唱えていると、この世が極楽になるという。弘法大師さんなら即身成仏だ。修行しだいでは生身で生きながら仏になれちまうんだよ」

「どれも、いちばん上の相手とじかに出会うか、自分そのものがいちばん上になっちまうか」

権代はメシアンを信じない

「熊さんや。自分が仏さんになったり、仏さんと会ったりしたら、どう思うかね？」

「そりゃあ、嬉しいや。はじけますぜ。満面に笑みを浮かべて、ニターッとしやす」

「だろう。その心境に徹するとメシアンになるんだよ。鳥が歌い、星が喜び、天国が見え、神さんの恩寵《おんちょう》に浸《ひた》りきり、自分と神が一体になって、魂があふれかえる気持ちになる。それを音楽にすると、派手でけたたましく、ああなるのさ」

「なるほど。でも権代も耶蘇でカトリックで中を抜きたい作曲家なんでしょう。それなのに、権代はなぜメシアンみたく喜ばねえんです？」

「そいつは、神さん仏さんに出会って、その力に包まれたときに、単純に喜べないこともある、ということなんだろうなあ」

「えっ、そんなものに出会えて包まれたら、誰でも嬉しいんじゃねえですか？」

「そうとはかぎらないさ。熊さん、佐倉宗五郎の話を思い出してごらんよ」

「ええと、下総国《しもうさのくに》の佐倉の名主《なぬし》総代、木内宗五郎が、年貢《ねんぐ》の重さに耐えかねて、堀田のお殿様に訴えても容《い》れられず、それじゃあ奥の手だと、お江戸で老中に嘆願するも退けられ、ついにはもはやこれまでと、将軍様に直訴《じきそ》すると」

「そうだよ。殿さんも老中も、中はすべて抜いて、いちばん上の人に、じかに悩み苦しみを伝えれば必ず自分も皆も救われるという、諸々の宗教と同じ話の組み立てがそこにあるわなあ。しかし宗五郎はそのあとどうなったね」

「さすがは将軍様で、神さん仏さんのように慈悲深く、願いは聞き届けられしものの、上様への直訴は御法度《ごはっと》だから、一族含め打ち首に」

「いざとなれば、中を抜いて突きぬければ、救われる、生まれ変われる、法悦境にいたれるという思いは、いつの時代にもある。昭和の初期なら天皇教だ。世の中の悪いのは君側の奸《かん》のせいで、この中にいる連中を抜いて片づけて、苦しんでいる下々と天子様がじかに対面すれば、世は救われると青年将校たちは思った。しかし彼らは佐倉宗五郎と同じく死を賜《たまわ》ったね。しかも、宗五郎のようには願いも通じなかったから、哀れなものだ。とにかく中は抜きたいけれど、本当に抜ければ誰も苦労はしない。政治もそうなら宗教もだ。神道には神社、仏教にはお寺、耶蘇には教会のしくみがある。それを気安く飛び越えられては困る。しかも耶蘇の場合は、教義がまた、中抜けしにくいようにできている」

「と、いいやすと？」

「耶蘇では、最初の人間、アダムとイヴが神さんを裏切ったので、その子孫はみな、生まれながらに祖先の罪を背負った、どうしようもなく惨《みじ》めなものとされておる。アウグスティヌスという人は、赤ん坊すらけがらわしい罪人にほかならぬと、大見得きって言うくらいだ。そして神さんは、最後の審判の日まで、惨めな人間の相手はいっさいしねえ。その途中では、誰が死のうと、阿弥陀仏さんのようにけっしてむかえにも来ねえ。すっかり地上と切れている。そういうきつい神さんに、無理無理会いたい訪ねたい、たどり着けない定めでも、止むに止まれず行き着きたい、最後の審判のその日までとても待ってはいられない、今すぐ教会も飛び越えて、神さんに抱きついてしまいたい。そう願う、惨めな人間のひとりとしての作曲家の音楽が、メシアンのように素直に力強く歓喜法悦していたらへんだろう」

「佐倉宗五郎のように出会えたらバッサリ。青年将校のように出会える前に死罪ですか」

「神さんと出会う喜びのほかに、神さんともしも出会ってしまったときの怖さ、あるいは出会えたらいいと大それたことを考える自分の傲慢《ごうまん》さへの絶望、もひとつあるいはいくらそう願ってもけっして出会えないのではないかという恐ろしさ、そこらが込みになるのが自然ということさ。喜んでばかりのメシアンは自信家すぎるわさ」

「それに比べて権代は、喜びもすれば恐れもし、屈折したり、ねちねちうじうじしたりもすると」

「そうと思わず単純に、喜ぶつもりの八つぁんが、ついてゆけずに泡を吹くのも無理はない。宗五郎の直訴の心境で聴けと教えてやんなさい」

「ところで御隠居、さっきから気になっておりやすが、あそこで与太郎が塀《へい》に耳つけたまま、立ちながら寝てやすけど、何の真似です？」

「与太が聴きぞめしたいというから、ジョン・ケージに、「HAPPY NEW EAR」、という名言がある、心の垢《あか》を落としきり、まずそこらの音に虚心坦懐に耳を傾けなさい、ケージには《四分三十三秒》という曲もある、四分三十三秒、黙ってたまたまの周りの音を聴く曲だ、と言ったら、その曲で聴きぞめしますといったものの、三分もたずに立ち眠りだ」

「つくづく今年も、おめでてえ奴だなあ」

［二〇〇五年一月号］

52　川島素晴と歴史の終焉

川島素晴のための長い前書き

『サイボーグクロちゃん』なるTVアニメを観た。「グルグルニャー」とか連呼する急速なラップ調の主題歌に乗りサイボーグ猫のクロちゃんが活躍する番組で、なかなか面白い。たとえばそんなアニメの通例として博士が出てくるが、そのダルマ体形はまさに柳原良平のアンクル・トリスだ。それから彼の横にはヘンな子供がいて、その姿はまるで赤塚マンガのチビ太。そして敵方のヤーヤーヤー星人なる三人組は明らかに「地球へ寄っていこうか」「いいねえ」との文句でおなじみの某CMから引用された存在である。

こんな調子で言及してゆけばキリがない。とにかくこの番組の登場キャラには一九五〇年代から今日までの大衆文化的素材がグジャグジャに引用され、大混沌を呈している。そしてそんな世界を、その姿がやはり昔の米国製アニメ風のクロちゃんはひたすら躁状態で暴れ壊しまくって、混乱に輪をかける。

川島素晴作品集／ACTION MUSIC
《Manic Psychosis I》《Dual Personality I》、フルート協奏曲、《Manic Depressive III》
川島素晴（cond. actor）、木ノ脇道元（fl）、神田佳子（perc）、小松一彦指揮新日本フィル他
［フォンテック　2000年8月］

このような、柳原も赤塚もなにもかも同次元にごたまぜにした様は、時代の新旧の区別が無化されている点でまさに超歴史的であり、歴史の終焉《しゅうえん》、歴史の停止といった事態を示している。そうした事態はこれまでにもたびたび、人間の歩みのさまざまな局面に現れてきたし、また今日にはとりわけ強烈に生起して、時代を覆《おお》いつくさんばかりになっている。『サイボーグクロちゃん』はそんな時代感覚を尖鋭《せんえい》に表出しているのだ。

ところで、人間が自分の今生きている世界では歴史が終焉を迎えていると信じたくなるのは、次の四条件のうち最低ひとつでも実感された場合だろう。

（イ）神仏やなんらかの道徳（金儲《かねもう》けが第一とか進歩が大切なんてことでもいい）などの中心的価値が世界から失われるとき。あるいはカール・シュミットがいうごとくその中心的価値を科学技術が占めるとき。なぜなら神仏や道徳が世を制していれば、それらがものごとの善悪、めざすべき方向を決してくれるから、歴史のあるべき道筋もおのずと見えてくる。が、科学技術には同じ原子物理学が原発も原爆も作るごとく善悪の判断がない。よってそれが玉座につけば世の中からものごとの理非の区別は失われ、すべては混乱し、どんな歴史観も正当性を保証されず、歴史は終焉する。

（ロ）限界を超えた過剰が世に満ちるとき。たとえばCDを年三千枚聴けというならともかく三万枚となれば？　人間は焼き切れ、馬鹿になり、あれもこれもどうでもよくなるだろう。かくて序列もなにも崩壊し歴史は終焉する。

（ハ）尋常ならざる停滞感が世を支配するとき。歴史は一般に変化のなかで認識されるが、人々の生きる時間がずっと均質で、将来もそのままなにも変わらぬと確信がもててしまったら？　そのとき歴史感覚は際限なく鈍麻し、歴史は終焉したと感じられよう。教会の支配が永遠かつ静態的に続くと思われた中世ヨーロッパや今世紀のいくつかの全体主義国家のように。

（ニ）ユートピアが実現したとき。ユートピアとは究極の満足と喜悦を永遠に保証するはず。それが本当にできてしまえば、過去の回顧も未来の心配も不要となる。だから歴史は終焉する。

たとえば（ニ）の立場で歴史の終焉を唱えた人にスターリンがいる。彼はみずからの統治するソ連は歴史を超越したユートピアとなったのであり、よってもはや歴史とは真《しん》摯《し》に回顧されるべき値打ちを失い、都合や思いつきでどうにでも変造できる対象にすぎなくなったと信じた。よって彼はロシア革命の記録映画からトロツキーを抹消し、レーニンと自分のツー・ショットを合成し捏造《ねつぞう》しても臆するところがなかった。

また（イ）によって歴史の終焉を確信した人には作曲家、柴田南雄がいる。彼は七三年の石油ショックで近代を支配した進歩史観がゆきづまり、もはや歴史は失われたと考えた。そして七五年の交響曲《ゆく河の流れは絶えずして》で、日本の中世音楽、マーラー、十二音などを超歴史的に並べ、さらに歴史の終焉後に来るのは世の本当の終末だけとばかりに、合唱団に大災害の情景を延々語らせた。そういえば七五年はノストラダムスの終末予言の流行期でもあった。

それから柴田は歴史の終焉後の創作にふさわしいひとつの形式をも提案した。それは作品内への自署。歴史が終焉すれば、創作者がみずからを歴史の中に見さだめ、過去との有機的つながりを信じ、未来へ力強く発言することも不能になる。その意味で主体的・自律的芸術家像も歴史の終焉とともにまた終焉する。作曲家は歴史の残骸からたまたま視界に入った素材を情けなく寄せ集めるだけに成り下がる。別の言い方をすれば作品から作り手の声、または自信が失われるのである。そのように作品が作曲家の個性の刻印をとどめなくなるなら、せめて作曲家は曲中にそれまでとは別のかたちでおのれの刻印、自署を入れておきたくなるだろう。そこで柴田は七九年の《宇宙について》できわめて効果的な自署の方式を示した。この曲はガモフの理科解説書をインドの少数民族の民謡旋律に乗せたりするあいかわらず超歴史的な合唱曲だが、その結びに作曲家は隠れ切支丹《キリシタン》のオラショから「ああ柴田山」なる歌を引用し「シバター」と壮大に連呼して曲を終わらせたのだ。そこで聴き手は、この作品がいくら引用だらけの超歴史的で非個性的な音楽だとはいえ、やはりあくまで柴田なる一個人が作ったのだなと執拗に印象づけられるわけだ。もちろんそんなやり方の先駆として、ソ連なる国家内に生き、(ハ)のかたちで歴史の終焉を意識していたはずのショスタコーヴィチがその名の象徴たるDSCHの四音を自作内でやたら連呼していたことを想起してもよい。

さて、以上のごとくスターリンや柴田らに担われてきた歴史の終焉の意識は、二〇世紀も最後のとりわけ日本でいちだんと昂進《こうしん》している。なにしろこの国ではIT革命の名による科学技術の支配がいよいよ貫徹され、インターネットがあらゆる情報を新旧上下の区別なく過剰に垂れ流し既成の価値観を混乱・崩壊させ、いっぽうではバブル崩壊後の停滞感がしつこく持続し、しかもその停滞感はそれなりの経済的豊かさを伴っているので一種ユートピア的な雰囲気をも帯びていなくもないのだから。つまり先述の(イ)以下の四条件がみごとに揃い踏みした状況がこの国にはあるのだ。

川島素晴のための短い本論

そんななか、日本作曲界は歴史の終焉の意識の担い手の最終兵器というべき人物を当然のごとく生み出した。彼こそは一九七二年生まれ、だから柴田流にいえばほとんど石油ショック後の歴史の終焉時代に純粋培養された川島素晴である。そのピアノと管弦楽用の四十五分の大作《Manic‐Depressive III》（一九九九）はショパン、シューマン、ドビュッシー、バルトーク、ケージ、武満、甲斐説宗《かいせつしゅう》までを引用しつくして超歴史的性格を謳歌《おうか》し、最後には自作の思い切り陳腐にロマンティックなピアノ曲を引用し盛り上げまくり、柴田の「柴田山」をしのぐ派手な自署とし、しかも曲全体には歴史の終焉の意識に伴ってくる二つの極端な感情、すなわちとくに（ハ）的な意識に伴ってくる鬱の感情（デプレッシヴ）ととくに（ニ）的な意識に伴ってくる躁の感情（マニック）を豊富に湛えている。柴田の超歴史的作品群には、この躁鬱病的な極端な感情表現が欠落していた。

この終焉の時代には『サイボーグクロちゃん』と川島素晴さえあればよい。

［二〇〇〇年一一月号］

53　アジアには愛が溢れていると岡倉天心は云ったけれど…

日本的現代音楽とはズルズルベッタリである

「音響が執拗なまでに糊塗《こと》された単一方向的な西村作品」「余白なく塗り込まれた極彩色絵巻のような西村作品」――どちらも、『レコード芸術』二〇〇七年一二月号に載った、西村朗《あきら》の新しいディスクへの長木誠司氏の批評から。そこで指摘されているのは、まず響きが度外れて厚いということ。それからもうひとつ、一定の音のイメージがベッタリと引きのばされる音楽だということだろう。

そのとおりだと思う。しかし、似たような音が続くというほうの話は、なにも西村にかぎったことではなさそうだ。厚いか薄いか。力まかせか思わせぶりか。そういった差はあるにせよ、武満徹も細川俊夫も石井眞木《まき》も佐藤聰明《そうめい》も、バターナイフでレバーペーストをのばすような、もしくは瞑想的境地がひたすら持続するような音楽でこそ映《は》える。同じ無調以後の現代音楽でも、新ウィーン楽派やブーレーズやノーノやリゲティのように、転機や劇性がそなわっていない。むしろ、それらを退けている。そして、そんな音の格好が、やはり日本的現代音楽のいちばんの流儀になっているのではあるまいか。その種の響きだと、これぞ日本のスタンダードと聴くファンが、内外ともに多い感じもする。湯浅譲二や一柳慧《とし》や三善晃となると、また違うのだけれど。

すると、そういう響きのかたちが日本の現代音楽の王道なのだとすれば、それはなぜなのか。日本的現代音楽とはどうしてそういうものになりがちなのか。少し考えてみたくなった。

維新後、日本は「文明開化」の道をひたはしった。「文明開化」とは西洋文明絶対化である。西洋近代をとりいれることが善にして進歩で、それ以外に固執するのは悪にして旧弊《きゅうへい》だった。

西村朗《あきら》／オーケストラのための《幻影とマントラ》、クラリネット協奏曲《カヴィラ（天界の鳥）》、笛とオーケストラのための《天空の蛇》
飯森範親《のりちか》指揮ヴュルテンベルク・フィルハーモニー管弦楽団他
［カメラータ　2007年10月］

そんな西洋崇拝への反省が芽生えたのは、やっと日清戦争後といってよいだろう。清国とどちらがよりよく「文明開化」したかを戦争で競ったあと、やっと日本人に歴史を少し振り返る余裕ができた。「文明開化」し、清朝に勝てはした。しかし、この道は本当に正しかったのか。

その時代の日本の反省を代表した思想家が岡倉天心である。彼は、日清戦争が終わって六年後の一九〇一年、インドを旅し、直後に『東洋の理想』を刊行した。その核心はこうだ。

「アジアはひとつである。ヒマラヤ山脈が、二つの個性的な文明を、隔てているようにも見える。即ち、中国の儒教的な共同主義文明と、インドのヴェーダ的な個人主義文明とである。だが、この雪を頂《いただ》く障壁は、究極普遍的なものを求める愛の広がりを遮《さえぎ》れない」

中国の儒教的な共同主義文明とは、端的にいえば、修身斉家治《しゅうしんせいかち》国平天下《こくへいてんか》の思想に律せられた文明ということだろう。個々人が道徳にめざめれば、いかなる共同体も平穏におさまると、儒教は説いているようである。いっぽう、インドのヴェーダ的な個人主義文明とは、古代のバラモン教からヒンズー教までをつらぬく梵我《ぼんが》一如《いちにょ》の思想を基軸とした文明ということだろう。我とは個人であり、梵とは宇宙の真理というか絶対普遍の究極のものである。梵我一如の思想は字義どおり、宇宙の真理と個人とがひとつのものだと説くのである。地上に存在する個々のものはみな、宇宙の真理そのものなのだ。我がそのまま究極であるならば、誰も彼もあるがままに正しい。

この二つの文明は対蹠《たいしょ》的とも思える。儒教の文明は道徳で世界をがんじがらめにする。ヴェーダの文明は、個人、個物、その集積としての世界をあるがままに肯定し、放任する。ところが天心は、いっけん正反対な二つの文明を結びつける共通の思想があり、ゆえにアジアはひとつという。共通するものとは、引用箇所の締めに登場する「究極普遍を求める愛」にほかならない。

究極普遍などというと、究極普遍でないものを捨てて削って退治して、果てにやっとたどり着くものかとも思える。けれども、ヴェーダでは、先述のように梵我一如であり、梵とはすなわち究極普遍の真理である。別に苦労しなくても、最初から我は梵と接し、じかに結びついている。

儒教のほうの究極普遍は、道徳である。それがはるか遠くにあるなら、苦労し探さなくてはいけない。しかし、道徳は我の心に内在し、我とじかに接している。外から無理やり与えるものではない。儒教が性善説だというのは、そういう意味である。内なる最高道徳をよびさまし、日々に自覚するだけで、個人も家族も共同体も社会も国家もまるくおさまるというのだ。

では、インドに生まれ、バラモン教やヒンズー教と対立した仏教はどうか。そのがんらいの教義は、個々の人間が修行して悟りを開き、仏になれということである。どうしてただの人間が仏になれるか。それは人間の内に仏性《ぶっしょう》があるからだ。仏性は仏教における究極普遍のものといってもよい。それもまた我の内にあるというのだ。どこか遠くに求めにゆかずともよいのである。

愛し合う者どうしは抱き合って止まっている

これで、天心のいう愛とは何か、もう明らかだろう。愛とはじかにつながっていることなのだ。アジアでは、仏教でも儒教でもヒンズー教でも、究極普遍的なものと個を隔《へだ》てない。人と神仏に差がないどころか、相即している。そうした考え方がアジアに遍在しているという確信が、「アジアはひとつ」の根拠である。

この「アジアはひとつ」は、「文明開化」と鋭く対立せざるをえない。なぜなら、西洋文明は、究極普遍的なものと我とはじかにつながっていないという前提から出発するから。西洋文明の背骨であるキリスト教は、人間や自然とは神の作りものと教える。創造主と被造物のあいだには、ヒマラヤ山脈よりも高い、越えられない壁がある。越えられない向こうに究極普遍のものがあり、人間はその向こうに憧れをつのらせ、バベルの塔を建設するごとく、文明を不断に進歩させ、変えてゆかなくてはいけないと考える。アジアの思想とはなんと違うことか。アジアは自信をもって一カ所に止まっていられる。

ところが、西洋は不断に動かずにはおれない。

天心の世界観では、アジアと西洋はかく対照される。それがはたして適切か。アジアとははたしてそこまで自足し静止し停滞するものか。

けれども、とにかく天心としては、アジアは是が非でもそのように「発見」されねばならなかった。なぜなら、天心は、発展や革新をうながしつづけるばかりの「文明開化」にたいする反発ゆえに、アジアに向かったのだから。西洋とはつかめないはるか遠くになにがなんでも向かってゆく病んだ文明で、アジアはその逆向きで、すでにいちばん大事なものをつかんでいるから発展や変化への強迫観念にはとらわれていない健康な文明。そう位置づけてはじめて、天心はアジアと日本の誇りを回復できた。天心のアジアは、西洋近代の裏返しでなくてはならなかった。アジアは西洋のネガとして仮構された、といってもよい。そして、そういうアジアの本質を、もっともよく理解する国が、インドや中国の文明を古来から受け入れ、今、アジアでもっとも西洋文明に直面させられている日本なのだ、という理屈になる。

こうした天心の文明対比の論は、音楽の次元にも容易に置換できるだろう。主題や動機を発展させなくてはいられない西洋音楽とは、不断の進歩をとげつづけ、はるかかなたの神の域に少しでも近づかなくては気のすまない西洋の精神の写し絵になる。とりわけベートーヴェン以後は、超えられない向こうに達しようと、意志的に、前進的に、音を組みあげ、勝ち誇ったり、逆に虚無的に挫折したりする作品を量産してきた。神ならば、そこに対置されるべきアジアの文化芸術の理想像は、もはや自明だろう。神と人、真理と現実、梵と我が一体になり、絶対普遍的なものとの魂がじかに触れ合いつづけるようなものだ。音楽なら、どこかからどこかへ苦労して向かってドラマを喚起するのではなく、愛にあふれたひとつの境地に終始とどまるようなものだ。

もちろん、日本の近現代の作曲家が、天心その人に表だって影響されてきたという話ではない。そうではないのだけれど、近代日本では天心に始まるといってよい、西洋の動に対して東洋の静を誇る美的・思想的な態度が、この国の芸術家や芸術愛好者の規範となり当為となってきたのだ、というくらいにはいえるように思う。そうした天心流の音楽でのみごとな到達点として、たとえば武満や細川の仕事があり、また、いよいよ技芸の円熟してきた西村の《カヴィラ》や《幻影とマントラ》もあるのだろう。

そして、天心の呪力《じゅりょく》があまりに強いので、もっとほかの日本やアジアの可能性が封じられてきたということもあるにちがいない。たとえば、発展や変化への強迫観念に憑《つ》かれた日本やアジアのイメージだって、現実の歴史のさまざまな局面を思い起こせばいかにもありえそうなものだが、その種の表現を日本人の芸術家がやると、どうもよそ者扱いされがちである。われわれの内なる天心が、この国の正統に非《あら》ずとはじきだすのだ。

少なくとも音楽では、天心流がもうじゅうぶんに極《きわ》まったように感じられる今、そろそろそろこう叫びたい気もする。われわれの内なる天心を打倒せよ！

［二〇〇八年一月号］

54　チェンバロを持って来い！

家康よりも三成！

一九八一年、TBSの創立三十周年記念番組として、司馬遼太郎原作、早坂暁脚本、高橋一郎・鴨下信一演出、山本直純音楽による七時間ドラマ『関ヶ原』が三晩に分けて放送されたが、その劈頭《へきとう》はチェンバロだった。といっても、テーマ曲にその楽器が使われていたとかいうことではない。いきなり場面のなかに楽器じたいが現れるのだ。舞台は大坂城の大広間。そこで、宇野重吉扮するいかにも老野猿といった具合の太閤秀吉が、諸大名を列座させながら上機嫌でコンサートを聴いている。演奏しているのは、もう少年とはいえない年頃になった天正遣欧使節のキリシタンの面々。楽器編成はリコーダーやチェンバロ。曲目はむろん、ヨーロッパの当時最新のレパートリーだ。それがひと区切りつくと、秀吉は周囲に感想を求める。森繁久彌の徳川家康は「関東の武骨者には南蛮の音曲はとんとわかりませぬ」とかなんとか、まるで素っ気ない。対して加藤剛の石田三成は、ほとんど内容はないのだけれど、とにかく音楽そのものへの肯定的感想を述べてみせる。秀吉は我が意を得たりとばかりうなずき、とくにチェンバロに興味を示して、「その楽器をそばで見たいから、こっちへ持って来い」と命ずる。キリシタンたちは困惑する。チェンバロはけっして持っていけないわけではないが、やはりちと重いし、大きすぎる。といって秀吉に玉座から降りて来いとも言えない。どうしたものかと一瞬、場が凍る。秀吉はその反応の鈍さにいらだつ。瞬間湯沸かし器になる。「早くせい！」と声を荒らげる。が、それがいけなかった。血圧が上がりすぎたのだろう。彼は昏倒《こんとう》し、もう余命いくばくもない。ここからただちに秀吉後をにらむ政治の暗闘が開始され、時代は天下分け目の関ヶ原へとなだれこんでゆくのである。

チェンバロ＋日本1　増本伎共子《きくこ》／《綾《あや》》、久木山直／《尺八の午後、あるいは完璧なる恋人第二番》、川島央子《ひさこ》／《LIMIT CYCLE》、法倉《のりくら》雅紀／《炎《かぎろひ》の》、石島正博／《艶夏・三十間堀・風のならはし》他　ローラン・テシュネ（cemb）、田中奈央一（箏、三味線、十七絃箏）、藤原道山（尺八）、宮田まゆみ（笙）
［ALM　2003年7月］

もちろん、このチェンバロがらみの劇的場面は創作だ。とはいえ、秀吉がその楽器の音を聴いていたのは本当だし、チェンバロをめぐる角逐《かくちく》から関ヶ原が惹起《じゃっき》されるというこのドラマの着想は非凡である。というのも、家康が志向し、関ヶ原の勝利によって実際に築かれてゆくのは、土着的・農本的・静態的で、きちんと鎖国政策も伴う「閉ざされた国家」であり、対して関ヶ原に敗れた三成が、商人大名、小西行長らを盟友にして構想していたのは、キリスト教徒の作家、遠藤周作などが希望的観測を含めながら熱烈に語ってみせたように、やはりおそらくたぶん、キリスト教に寛容で、世界貿易に積極的な「開かれた国家」だったろうから。つまり、チェンバロに象徴されるヨーロッパとつきあうのかそうせぬのかが、天下分け目の焦点だったともいえるのだ。

そして、もし関ヶ原で西軍が勝利し、そのあと石田・小西が盤石《ばんじゃく》の権力を打ち立て、彼らのヴィジョンが長期にわたりこの国の路線を定めえたとするなら、日本では一七世紀のうちに西洋音楽の本格的な作曲家や演奏家がどしどし現れたろうし、かつてよく梅《うめ》棹《さお》忠夫あたりが嬉々として説いていたごとく、日本は東南アジアをめぐり一八世紀のうちに英国と、太平洋をめぐり一九世紀のうちに米国と矛先を交わしていたかもしれない。ようするに「大東亜戦争」の前倒しだ。関ヶ原とはまこと日本史の分水嶺であった。

ピアノよりもチェンバロ！

いや、チェンバロじたいのことに戻ろう。『関ヶ原』で、その楽器はたしかに西洋の異文明の象徴だった。しかし、その異文明はあまりに彼我の懸隔を感じさせるひたすら縁遠いものだったろうか。なるほど、森繁の家康は理解不能といった顔つきだったかもしれない。が、宇野の秀吉と加藤の三成はなんだかわかる気になっていた。それは、気軽にさっと運ぶには手間がかかりすぎるにせよ、それでもどうしても手近な場所まで持ってきたくなるような楽器として、大坂城に立ち現れていた。そしてそういう感覚は近現代の日本人にもあるていどまで受け継がれている。たとえば一九九九年の暮れ、小田急線の成城学園前駅近くの喫茶店で、その日のうちに血圧が上がって急逝《きゆうせい》してしまった、しかしそのときはあまりに元気そうに見えていた作曲家の佐藤勝氏から、こんな台詞を聞いたことが思い出される。

「最近の若い作曲家やディレクターの感性はもう理解の外だなあ。時代劇の音楽に平気でピアノを使ってくるでしょう。あれはおかしいですよ。ピアノは絶対、時代劇には駄目！」

「同じ鍵盤楽器でも、チェンバロだとよろしいわけですよね。黒澤明監督の『用心棒』とか、佐藤先生は時代劇で景気よく使っておられますけれど」

「チェンバロはね、江戸にも戦国にもぴったり来るんですよ。あれはよくはまるんだなあ。おかしくない。チェンバロはチョンマゲにピッタリ」

なるほど、そういえば佐藤勝にかぎらず、たとえば伊福部昭は映画の『眠狂四郎』シリーズで、渡辺岳夫はテレビのおびただしい時代劇ドラマで、チェンバロを好んで用い、その音色は時代劇ファンに違和感なく受け取られてきたはずだし、そういう劇伴の話にかぎらずとも、戦中の日本で活動したドイツの鍵盤奏者エタ・ハーリヒ＝シュナイダーが安倍盛《さかり》のピアノのための《日本民謡集》をチェンバロで演奏して好評を博したエピソードなども思い出されてくる。

なぜ、そこまでチェンバロは日本の前近代の風景にはまるのか。その楽器の音色は日本人にはただちに箏の類をはっきりと、あるいはもしかして無意識のうちに連想させるのだ。チェンバロは鍵盤楽器で、箏とは形状も弾かれる様もあまりに違っているけれど、鍵盤を押して何が起きるかといえば、内部でプレクトラムが弦をひっかきはじく。箏類が直接、生身の手を下《くだ》してやることを、チェンバロは鍵盤を介して行っているにすぎない。この発音原理の類似ゆえに、それは日本の伝統的音色感とよく馴染むのだろう。

ならばピアノはなぜ駄目か。あれは同じ鍵盤でも、弦を人間的な力ではじくのではなく、人間ばなれしたハンマーの力でぶっ叩くのだ。そしてそういう楽器作りは産業革命以後はじめて可能になった。丈夫で精密で大きな負荷に耐える大小数々の金属部品があって初めて、ピアノはあのとてつもない音量を出せる。それはまぎれもなく近代そのものの楽器であり、その響きは近代工業成立以後の風景にしか本来は馴染まない。森本薫の戯曲『女の一生』で、主人公の少女は、日露戦争勝利の報にわきかえり、これで日本も近代国家の一員になれたと大喜びする騒がしい東京の夜を放浪するうち、街路までこぼれるピアノの派手な音色に誘われて、とある宏壮な屋敷に紛れこんでしまい、その屋敷の人々とともに第二次大戦までの日本近代を生きぬいてゆくのだが、ピアノの史的位置とはまさにそういうものなのだ。その華麗で巨大な音色は、前近代を、チョンマゲを、侘《わ》びた伝統感覚を一刀両断にしてしまう。

ということは、そんな調子で決定的に時代を画するピアノが現れるより前ならば、ヨーロッパの文化や音楽や楽器は、他の地域とそうめったやたらに違いはしなかったのではないかと、いえてもくるだろう。チェンバロは、鍵盤楽器としてピアノの先駆には違いないけれど、その発音原理や音量や音色によって、日本の箏を想起させ、ということは、中国や東南アジアや西アジアの撥弦楽器とも当然に同様の近しさをもつだろう。ヨーロッパの近代工業化以前を彩る他の楽器も、非西洋地域における近い系統の伝統楽器と並べれば、やっぱり近しくはまってくるだろう。そういう視点に立てば、われわれは西洋と東洋という地理的対照を、近代と前近代という時代的対照に置き換え、西洋も東洋も遡《さかのぼ》ればたいした違いはないのではないかというつもりにもなれてくる。水と油のものに共通の基盤、相互理解の鍵が見えてくるのだ。

その意味で、チェンバロと日本の伝統楽器を組み合わせる『チェンバロ＋日本』の企てはすばらしい。そこに出現するさまざまな編成のうちのいくつかは、もし関ヶ原で西軍が勝っていたならば、すでに一七、一八世紀の日本であたりまえになっていたかもしれない。

とにかくわれわれは秀吉の昔に立ち返り、歴史をやりなおしてみよう。『関ヶ原』で宇野重吉の秀吉がはたせなかった西洋の楽器を引き寄せる動作をなぞり、近代のピアノなんかではなくまだ東洋と西洋が素直につながれた時代のチェンバロこそをまず手近に持ってきてみるのだ。歌舞伎の下座や能楽囃子や雅楽にチェンバロを紛れこませたりしてみてもいい。そういう遊びを繰り返していれば、きっとそのうち洋の東西なんて区別じたいが馬鹿馬鹿しくなり、アル・カイーダのような原理主義者たちにも、まあそう堅苦しく考えるなよ、けっきょくもとをただせばみな兄弟じゃないかと、言ってやれるようにもなるだろう。

［二〇〇三年一〇月号］

55 R・シュトラウスはハリウッドに行ったか？

旧幕臣、元号廃止に驀進す！

零戦《ゼロせん》はなぜ零か。皇紀二六〇〇年に採用されたから下ひと桁をとって零式艦上戦闘機なのである。

明治の文明開化とは、法律や学校や軍隊を作るばかりではなかった。時間も近代化した。明治五年（一八七二）、ときの政府は、太陰暦と太陽暦とを折衷させた旧暦を廃し、西洋先進国と同じ太陽暦のグレゴリオ暦を採用した。

しかし、時間にまつわる改革はそれだけではなかった。月日の数え方だけでなく、もっと長い年代についても見直すべし、ということになった。元号はよく変わるので、数十年、百年単位の計算がしにくい。西洋人にも、まだそんなものを使うかと侮《あなど》られるかもしれない。かといって、キリスト生誕の年を紀元とする、いわゆる西暦は、キリスト教国でない日本に不適である。そこでもって来られたのが皇紀、すなわち初代天皇の神武の即位年を元年とする数え方である。これこそ「万世一系の天皇」を国の中心に置く明治国家体制にふさわしいというわけだ。

皇紀元年は『日本書紀』の記述から西暦でいえば紀元前六六〇年と算定され、江戸時代には学者などのあいだで用いられていた。たとえば、安政の大地震で圧死した水戸学の雄、藤田東湖《とうこ》は、天保一一年（一八四〇）が神武天皇即位以来二五〇〇年にあたることを寿《ことほ》いで「鳳暦《ほうれき》二千五百春」という七言絶句を作っている。

そのように、使う人は使っていた神武以来の数え方を、明治政府が皇紀として制定したのは、グレゴリオ暦と同じく明治五年のことだった。推進役は、幕臣から新政府の法制官僚になった津田真道《まみち》。彼の意図はあくまで、便利なうえに西暦よりも長く貫禄じゅうぶんな皇紀を、不便でちっぽけな元号にとって代わらせることにあった。が、そのと

R・シュトラウス／《皇紀二六〇〇年奉祝音楽》作品八四、交響詩《ティル・オイレンシュピーゲルの愉快ないたずら》、交響詩《ツァラトゥストラはかく語りき》アシュケナージ指揮チェコ・フィルハーモニー管弦楽団
［EXTON　2007年1月］

き、元号擁護の抵抗勢力が機能したようだ。元号と皇紀の併用で落着した。津田の「時間近代化計画」は半端に終わった。そして第二次大戦後、皇紀は神話にもとづく非科学的な数え方だと使われなくなり、元号が生き残った。ただし、皇紀を定めた明治の法令は廃されていない。皇紀は法的には今も健在なのである。

それはともかく、キリスト紀元一八四〇年が皇紀二五〇〇年なら、一九四〇年は二六〇〇年である。近代天皇制国家になってはじめておとずれた、百年紀の区切りの年だ。そのための祝典は早くから計画された。一九三六年のベルリンの四年後のオリンピックの開催地は、たくみな外交が功を奏し、東京に決まった。同年には同じ東京で、万博も開催予定だった。皇紀二六〇〇年の日本は、世界中からの来賓《らいひん》と観光客でいっぱいになるはずだった。ところが、日中戦争の泥沼化とヨーロッパの戦争で、なにもかもご破算になった。

そんなわけで皇紀二六〇〇年奉祝は国際的というよりも国内的なイヴェントになった。各界の芸術家が総動員された。クラシック音楽畑からも祝典曲が厖大《ぼうだい》に生まれた。山田耕筰の歌劇《黒船》、信時潔の交声曲《海道東征》、橋本國彦の交響曲第一番など、記念碑的大作が出た。

けれども、日本という国は、自国の作曲家の仕事だけではやはり満足できなかった。クラシック音楽の本場からの祝典曲が欲しかったのである。褪《あ》せた国際色をせめてそこで補いたい。それが国家的な望みだった。近衛文麿《ふみまろ》首相を代表とする奉祝会は、諸外国に祝典曲贈呈を依頼した。集まったのは、イタリアのピッツェッティの、彼の最高傑作とよぶべき大作交響曲、フランスのイベールの壮麗な祝典序曲、ハンガリーの当時の新鋭、ヴェレシュの活《い》きのよい小粒な交響曲、英国のブリテンの《鎮魂交響曲》、そしてドイツのリヒャルト・シュトラウスの《皇紀二六〇〇年奉祝音楽》である。

このうちブリテンの作品は、どうやら締切り遅れと内容がおめでたくなさそうだとの理由により、記念演奏会での初演を見送られた。戦後の多くの音楽史的文章や曲目解説文には、皇紀二六〇〇年に鎮魂とは不吉だと日本政府が怒って譜面の受け取りを拒否したとか、よく書かれているが、戦後的な脚色だろう。奉祝会はブリテンに作曲料七千円を送り、謝意を表している。ちなみにシュトラウスは一万円もらった。

ブリテン以外の四曲は、皇紀二六〇〇年の師走《しわす》に、祝賀行事のグランド・フィナーレとして、東京の歌舞伎座で一括初演された。オーケストラは、現在のN響、東フィル、芸大などの混成である。客席には各界の名士が集まり、さっそく批評や感想が飛び交った。たとえば作曲家の菅原明朗《めいろう》は、このときのピッツェッティ体験を生涯最高の感動として語りつづけた。また、同じく作曲家の早坂文雄は、演奏会当日の日記に、ピッツェッティとヴェレシュを傑作と讃えた次に、こう記した。「R・シュトラウスは壮大なばかりで、内容はいたって空虚である。愚作」

はて、早坂の斬《き》って捨てた《皇紀二六〇〇年奉祝音楽》とは、いったいどんな作品なのか。それは、他の三つの祝典曲がソナタ形式やら三部形式やらに乗った交響曲や序曲であるのと違って、シュトラウスお得意の交響詩スタイルである。つまり筋書きに乗っている。

劈頭《へきとう》は、日本の寺の鐘をガムランのゴングのように鳴らし、日本の示導動機ともいうべきペンタトニックを意識した旋律をほのめかす。続いて弦楽の波状音型による大海原の描写になる。やがてその向こうに桜咲き乱れ繁栄をきわめる国家が現れ、花見の宴の場面になる。《薔薇《ばら》の騎士》のような豊麗な響きが繰り延べられ、日本的というよりは西洋的な華やかさだ。桜は薔薇か。そういえば、西洋への日本文化の先駆的紹介者のひとり、バジル・チェンバレンも、日本の桜は西洋の薔薇に相当すると書いていたっけ。けれど、宴は続かない。不吉なグリッサンドの渦が大騒音となって襲いかかる。噴火と地震だ。するとなぜか侍《さむらい》が出現し、緊迫感あふれるアレグロへ。そのあとは天皇賛歌だ。日本の動機が大ファンファーレと化して執拗に高潮し、寺の鐘も高らかに鳴り、花見の宴の場よりも東洋的味わいを強調して、大見得を切るように結ぶ。

海のかなたにジパングが見えてくる前半は、いかにもの設定で、作曲家が勝手に思いついても不思議ではない。だが、噴火と地震に侍となると、やや突飛ではあるまいか。ここで映画マニアなら、きっと特定の作品を連想するにちがいない。それは、『モンブランの嵐』や『モンブランの王者』で山岳スペクタクル映画という新分野を開拓したドイツの名監督、アルノルト・ファンクが、一九三六年に日本に招かれて撮った、日独合作の『新しき土』である。

映画は、大和輝雄（小杉勇）という青年が、欧州留学から船で帰国するところから始まる。海の向こうに祖国が見えてくる。輝雄には、厳格な侍の子孫で地方の旧家を守る義父の大和巌《いわお》（早川雪洲《せっしゅう》）が決めた婚約者がいる。義父の実の娘、光子（原節子）である。だが、欧州で自由思想にかぶれた輝雄は、結婚では家よりも個人の意思を優先すべきとして、婚約を反古《ほご》にしようとする。にぎわう大都市で華やかに人生をやりなおそうと図る。が、彼はじきに個人よりも全体が大切と悟り、日本的な考え方へ立ち戻って、光子のもとへ帰ろうとする。が、そのとき、悲観した光子は、火山に登って自殺寸前だった。

ここからが山岳映画の巨匠の腕のみせどころ。にわかに火山が大噴火し、大地震が日本を襲う。特撮担当は『ゴジラ』の円谷《つぶらや》英二だ。とつぜん、黙示録的終末パニック映画になるのである。

すわ一大事！　輝雄は、侍の一族の新たな長としての自覚に燃え、超人のごとく火山を踏み破り、光子を救出する。二人は結婚し、満洲に移り住み、新しき土を耕して、大日本帝国の新たな繁栄が始まる。めでたしめでたし。

山にこだわるファンクと、火山国で関東大震災に見舞われてからもまだ日の浅い日本との出会いが生んだ、異常な映画とよぶほかない。しかも、その物語はみごとにシュトラウスの音楽と符合している。海、西洋化した日本の都市のにぎわい、噴火と地震、侍の活躍、アジアへの回帰と大日本帝国賛歌。じつは《皇紀二六〇〇年奉祝音楽》とは、日独両国で大きな話題を呼んだばかりの映画『新しき土』の筋と画面をなぞった、一種の仮想映画音楽ではあるまいか。

この祝典曲は、きわめてわずかな楽想を、練達の和声と対位法とオーケストレーションで徹底的に糊塗《こと》し、膨満《ぼうまん》させてできている。早坂文雄が壮大なばかりで内容がないと非難したのは、みてくれの大きさと素材の少なさの不均衡をさしてのことだろう。だが、画面が想定されているとしたら、これでじゅうぶんだ。シュトラウスは、自分の流儀を受け継ぐコルンゴルトらが米国に渡って展開した、シュトラウス風のきらびやかな管弦楽で少しの素材を延々と引き延ばしてゆくハリウッド映画音楽スタイルを、ここで真似するという、なかなかのユーモアを発揮しているのかもしれない。そう考えると、これは音楽史にも面白い名曲に聞こえてくる。

リヒャルト・シュトラウス、侮りがたし。

［二〇〇七年五月号］

参考音盤ガイド

1　極私的追悼・伊福部昭

①　伊福部昭／舞踊曲《サロメ》

山田一雄指揮新星日本交響楽団［東芝ＥＭＩ］

伊福部昭は二〇〇六年二月八日午後一〇時二三分、直腸癌《がん》で逝《い》った。享年九一。当盤は、一九八七年五月一五日の《サロメ》改作版初演のライヴ録音を収める。ちなみに、氏の所蔵されていたオリジナル版の録音は、若杉弘指揮東フィルのものだった。

②　伊福部昭の芸術１「初期管弦楽」

広上淳一指揮日本フィルハーモニー交響楽団［キング］

「伊福部昭の芸術」シリーズの第一期四枚は、一九九五年の夏の暑い盛りに、七日かけて、セシオン杉並で収録された。氏も連日、立ち会われたが、「指揮者の解釈の領分」には絶対に立ち入らず、作曲家としての節度を示された。

③　座頭市音楽旅其之弐《そのに》

オリジナル・サウンドトラック［キング］

京都市響から「京都をテーマにした新曲」の委嘱の話が来たがどうしたものかと氏がおっしゃったとき、私は大映京都撮影所の『大魔神』と『眠《ねむ》狂四郎』と『座頭市』のための音楽を使えばと提案したが、氏は苦笑されるのみだった。

2　ドシラとゴジラ

①　映画『ゴジラ』

監督：本多猪四郎《いしろう》、音楽：伊福部昭［東宝］（ＤＶＤ）

『ゴジラ』で注目すべきは同じく一九五四年の東宝映画、黒澤明監督の『七人の侍』との相同性だ。前者は自衛不能な日本が異端の科学者を、後者は自衛不能な農村が浪人を、それぞれ頼んで犠牲にし、おのれを守る話だから。

②　映画『ひろしま』

監督：関川秀雄、音楽：伊福部昭［エースデュースエンタテインメント］（ＤＶＤ）

「水爆大怪獣映画」には前史としての「原爆映画」がある。日教組が作ったこの反核反米映画の『ひろしま』（一九五三）や、新藤兼人《かねと》監督の『原爆の子』がそれだ。そしてそのどちらも音楽は伊福部なのである。

③ **伊福部昭の芸術5**　徳永二男《つぎお》(vn)、広上淳一指揮日本フィルハーモニー交響楽団他［キング］

「ドシラ動機」がゴジラ映画に用いられたのはもちろん一九五四年のシリーズ第一作が最初だが、その動機の原型はすでにたとえば一九四八年のヴァイオリン協奏曲で聴ける。この盤にはそれを七〇年代に改作した《協奏風狂詩曲》を収録。

3　ルルー・伊福部・ショパン

① **音声資料による実録大東亜戦争史**［日本コロムビア］

五枚組の五枚目に出陣学徒壮行会の実況生中継が入っている。陸軍戸山学校軍楽隊による《分列行進曲》もちゃんと聞こえてくるし、東條英機首相と岡部長景《ながかげ》文相の訓辞も付いている。他に小磯首相の施政方針演説など。

② **復刻版！　戦前日本の名行進曲集　陸軍軍楽隊篇**　大沼哲《さとる》、辻順治、山口常光他指揮　陸軍戸山学校軍楽隊他［キング］

大沼指揮の戸山学校軍楽隊が一九三九年に録音した《分列行進曲》を収録。陸軍軍楽隊はルルー以来、フランス吹奏楽の伝統を受け継ぎ、大沼もパリに留学してダンディに師事した。当盤では大沼の曲も五つ聴ける。

③ **復刻版！　戦前日本の名行進曲集　秘蔵名盤篇**　独逸軍艦エムデン号軍楽隊、アロイス・メリハル指揮伯林《ベルリン》フィル他［キング］

ゲオルグ・シャーフ指揮独逸《ドイツ》ポリドール軍楽隊が一九二七年に録音した《分列行進曲》を収める。他にエムデン号軍楽隊が三七年に東京で録音した《君が代》、ベルリン・フィルが三五年に録音した《軍艦行進曲》など。

④ **SP時代の名演奏家　日本洋楽史　来日アーティスト篇**　クロイツァー、シロタ、バルダス、コハンスキー、シャピロ、ショルツ、ワインガルテン(p)他［山野楽器］

『お雇い外国人の見た日本』は長期滞日外国音楽家の作曲の新録だが、こちらはそういう人たちの演奏のSP復刻。上記の他、プリングスハイムの指揮とピアノ、モギレフスキーやフライのヴァイオリンなどが聴ける。

⑤ 伊福部昭映画音楽全集4

［キング］（LP）

『大坂城物語』の音楽はLP、CDを通じ、何度かディスク化されているが（ただしいずれも一部分ずつ）、そのしょっぱなは一九八一年発売のこれだろう。当時高校生だったけれど、もう嬉しくてジャケットを抱いて寝たものだ。

4 幻の京都楽派を求めて

① 櫛田朕之扶作品集

倉橋義雄（尺八）、日野田美和（箏）、木村吉宏指揮大阪市音楽団［ブレーン］

一九九七年の録音で、朝比奈のライヴ盤にも入った《飛鳥》を含む、八つの吹奏楽曲を収める。うち二曲に尺八独奏、一曲に箏独奏が入り、その他、曲によっては日本伝統の打楽器各種が加えられる。櫛田は一九三五年生まれ。

② 大栗裕／歌劇《赤い陣羽織》

朝比奈隆指揮関西歌劇団、大阪フィル［東芝EMI］

一九七三年録音。大栗は関響に加わる前は、現東フィルや現N響のホルン奏者を務め、戦時期にはグルリットなどの指揮で伊福部や早坂をたくさん吹いたはずである。そういう経験の彼なりの結晶としてその創作はあったろう。

③ 三村園子フルート・リサイタル

三村園子（fl）、萩原晴美（p）［ビクター］

深井の弟子、任は、一九三九年の日本音楽コンクールに管弦楽曲《3つの都会（北京・京城・東京）の印象》で入選し、戦後は三村朗《あきら》と名を改めた。当盤はヒンデミットやメシアンと一緒に彼の晩年のフルート曲《ガラク》を収録。

5 曖昧なる日本の巨匠

① 小川典子 日本のピアノ曲を弾く

小川典子（p）［輪・BIS］

一九九七年発売。今回の堀江のアルバムと、瀧廉太郎、菅原明朗、箕作秋吉、橋本國彦がダブっている。成田為三には白石光隆盤、信時潔には花岡千春盤、そして山田耕筰には②のニキーティナ盤がある。下総皖一は初録音ではないか。近代日本のピアノ曲には未録音のよいものがまだ厖大にありすぎる。

② 山田耕筰ピアノ作品全集

イリーナ・ニキーティナ（p）［日本コロムビア］

一九九五年発売。チューリヒでの録音。初期の習作を除く耕筰のピアノ曲が集成されている。総計約一五〇分の収録にたいし、六〇トラック以上。ソナタやソナチネの類はなく、ポエムやプチ・ポエムと題された小品が圧倒的多数。「作られた音楽」を退ける耕筰の面目躍如《めんもくやくじょ》である。

③ 山田耕筰弦楽四重奏曲集

YAMATO弦楽四重奏団［ミッテンヴァルト］

第一番から第三番までの四重奏を集成。それらはみな、東京音楽学校時代の若書き。ベルリンではピアノ・ソナタも書いている。交響曲を含め、留学期までは絶対音楽に意欲的だった。しかしその後はパタリとなくなる。交響詩的音楽、舞踊曲、器楽小品、声楽ものばかりになる。そんな耕筰の軌跡を読み解ければ日本的近代とは何かがわかる。

6 信時楽派が存在する（上）

① 信時潔歌曲集

木下保《たもつ》（T）、水谷達夫、大島正泰《まさやす》（p）［木下記念日本歌曲研究会］

一九八七年の生誕百年を記念して作られた私家盤。四四年に発売された《沙羅》のSPの復刻と、六一年のラジオ放送用録音から《独楽吟《どくらくぎん》》《茉莉花《まつりか》》などを収める。木下保は信時音楽の使徒。《海道東征》の初演指揮者でもある。

② 芥川也寸志メモリアル　オーケストラ・ニッポニカ第二集

本名徹次指揮オーケストラ・ニッポニカ他［ミッテンヴァルト］

《海道東征》の戦後の新録音となると、今のところこれだけ。二〇〇三年のライヴ。独唱は鈴木美登里、野々下由香里など。つまりバッハのカンタータ歌手による信時のカンタータである。島崎赤太郎が聴いたら泣いて喜びそうだ。

③ NHKラジオ体操

丹生健夫《にゅうたけお》（p）［キング］

橋本國彦の演奏会用ピアノ曲は《日本狂想曲》や《子守歌》（未完）あたりを除くと、こんどの花岡盤に入る。ほかに実用ピアノ曲として《ラジオ体操第三》があり、一九九八年発売の当盤で聴ける。同じキングの『ラジオ体操のすべて』はオケ版のみ収録。

7　信時楽派が存在する（中）——橋本國彦、信時潔、畑中良輔

① 花林／雨の道——橋本國彦、信時潔、畑中良輔
ピアノ作品集

花岡千春（p）［ベルウッド・レコード］

前回のテーマ・ディスク。この一枚から「信時楽派」への想像が拡がり、まだ終われない。ここで次回の予告をしておけば、キイワードは、下総、松本民之助《たみのすけ》、ヒンデミット、東北民謡……、といったところである。

② 木の葉集——信時潔ピアノ曲全集

花岡千春（p）［ベルウッド・レコード］

『花林／雨の道』は二〇〇四年発売の当盤の続篇だ。LP以後、信時の器楽曲でまるまる一枚というのはこれが初。《木の葉集》には他に豊増昇《とよますのぼる》のSPのCD復刻がある（ローム・ミュージック・ファンデーション）。

③ 軍歌戦時歌謡大全集（十）——戦時少国民の歌

［コロムビア］

橋本の「戦争音楽」のなかで重要なのは、南京陥落記念カンタータ《光華門》と山本五十六《いそろく》追悼カンタータ《英霊讃歌》で、どちらもSPがあるが、CD復刻されていない。当盤には橋本作曲の戦時歌謡《勝ちぬく僕等少国民》が入る。一九九五年発売。

8　信時楽派が存在する（下）——橋本國彦、信時潔、畑中良輔

① 花林／雨の道——橋本國彦、信時潔、畑中良輔
ピアノ作品集

花岡千春（p）［ベルウッド・レコード］

前々回のテーマ・ディスク。今回とのからみでは《東北民謡集》が収録されているのが重要。「南部牛追唄」や「南部牛方節」など一四曲の、信時による編曲が聴ける。対位法的に処理されているものもあれば、和声的なものもある。

② 日本の交響作品展

芥川也寸志指揮新交響楽団他［フォンテック］

戦前、南部民謡に注目した作曲家は、信時潔ばかりでない。松平頼則《よりつね》も管弦楽曲、歌曲などにその材料を用いた。彼が南部民謡を気に入ったのは、その旋律に非日本的感触があるからという。当盤には《南部民謡による主題と変奏曲》が入る。

③ 默示　石桁真礼生作品集

山崎伸子（vc）浦壁信二（p）他［フォンテック］

下総の愛弟子で、松本と同じく芸大教官になった

人に、石桁眞礼生がいる。彼には、小編成とかへの松本ほどのこだわりはないけれど、日本のいくつかの五音音階を合成した九音音階を使用したりするのは、五音音階研究に励んだ師の影響ゆえだろう。

9 「代用の帝国」の逆襲

① 大中寅二リード・オルガン曲集（礼拝奏楽のためのリード・オルガン曲1）

三宮千枝（リード・オルガン）［ウォーターカラーエンタープライズ］

冒頭に掲げたディスクは第二集で、こちらの第一集は二〇〇四年に発売されている。第一集はおもに戦前、第二集はおもに戦後の作品を収録。

② ロームミュージックファンデーションSPレコード復刻CD集（日本SP名盤復刻選集I）

大中寅二（リード・オルガン）他［ロームミュージックファンデーション］

近衛秀麿、山田耕筰の指揮、チェレプニンのピアノ、橋本國彦のヴァイオリン、江文也《こうぶんや》の独唱などを集めた六枚組のCDの五枚目に、大中寅二がリード・オルガン用小曲二篇を一九三六年に自作自演録音したものが入っている。

③ 大中恩 愛の歌曲集 第1集

古元麻結美《まゆみ》（S）、宮下俊也（p）［ビクター］

大中寅二の子、恩も作曲家になり、合唱曲、歌曲、童謡を厖大に作っている。童謡には《いぬのおまわりさん》《おなかのへるうた》など。これは一九九三年発売の歌曲集。その後、第五集まで出ている。

10 近衛秀麿と「日本的近代」

① シベリウス／交響曲第二番、ベートーヴェン／ピアノ協奏曲第五番《皇帝》

園田高弘（p）、近衛秀麿指揮日本フィルハーモニー交響楽団［フジテレビ／エクストン］（DVD）

近衛の円運動系指揮は、滔々《とうとう》とゆく音楽で強みを発揮した。彼の代表的持ち曲が《シベ2》や《モルダウ》だったのはいかにもである。当盤で視聴できる《皇帝》は、今回再発されたセッション録音よりも約一年前のもの。

② マーラー／交響曲第四番

北澤榮子（S）、近衛秀麿指揮新交響楽団［日本コロムビア］

一九三〇年、「世界初の全曲電気録音」の《マラ4》。近衛が第四番に目をつけたのは、当時の日本で時間も編成も現実的にやりいい規模だったほかに、マーラーのなかでとくに牧歌的なこれが近衛の鷹揚《おうよう》な楕円に適合したからでもあろう。

③ **チャイコフスキー／弦楽セレナード、ベートーヴェン／交響曲第五番《運命》**

齋藤秀雄指揮日本フィルハーモニー交響楽団［フジテレビ／エクストン］（DVD）

きわめて象徴的かつ乱暴にいってしまうとするならば、近衛の、オイッチニッか円かという「不正確な」指揮に飽きたらず、どうしてもキッカリとイチニッとやりたくなったのが、齋藤秀雄ということになるだろう。

12 橋本國彦の懺悔

① **JUST FOR ME**

小川典子（p）［BIS］

瀧廉太郎などのピアノ曲とともに橋本の《三枚繪》全曲を収録。このアルバムには企画段階では矢代の《荒武者の踊り》を入れる話もあったはずだが、けっきょく落ちてしまった。橋本のピアノ曲には他に《日本狂想曲》などがある。

② **昭和を飾った名歌手たち3　徳山璉《たまき》**

［ビクター］

橋本の歌の仕事は徳山や四家文子といった歌い手と密接に結びついていた。当盤では橋本のジャズ・バンド伴奏による怪作《ころがせころがせビール樽》を徳山が歌う。徳山の歌に橋本がヴァイオリン助奏するSPなんかもあるんだけれど。

③ **昭和を飾った名歌手たち7　藤山一郎**

［ビクター］

才人、橋本は足利龍之助などの筆名も使い分けつつ、映画主題歌、CMソングからド演歌までの作曲をいろいろ手がけた。当盤では藤山の歌で佐伯孝夫作詞の軽快なジャズ・ソング《チェリオ！》（一九三四）が聴ける。

④ **軍歌戦時歌謡大全集（十四）　海軍軍楽隊の遺産**

［日本コロムビア］

作曲した戦時歌謡を並べるだけであの時代の推移がほぼ語れてしまう作曲家というのは、山田耕筰と古関裕而と橋本くらいのものだろう。当盤には橋本の《大東亜戦争海軍の歌》が行進曲に編作されたものが収録されている。

⑤ **日本の作曲・21世紀へのあゆみ5**

松原勝也、塚原るり子（vn）、河野文昭（vc）、木村かをり、野平一郎（p）他［日本の作曲・21世紀へのあゆみ実行委員会］黛が橋本の指導下に書いたヴァイオリン・ソナタと矢代が橋本に捧げたピアノ・トリオを収録。橋本の門下は江文也《こうぶんや》から高橋悠治まで幅広い。あと橋本の《三つの和讃》には中山悌一《ていいち》が歌った本願寺私家盤LPが存在する。

13 幻の作曲私塾

① 沖縄音楽の精髄（下）

多嘉良カナ子（うた・三線）他［日本コロムビア］　琉球島唄のSP録音復刻集。多嘉良カナなる歌い手が喉《のど》あけまくりの強烈発声で歌ったものも二曲入っているが、この人こそ金井喜久子の実姉。呉のドイツ・シンフォニズムと姉の歌声を邂逅《かいこう》させうるのか？　それこそ金井一生の課題だった。

② folk & new music history Vol. 1

新谷のり子、三上寛、あのねのね、岡林信康（歌）他［日本コロムビア］

現在のところ、呉泰次郎の作品のCDはないと思う。ナクソスから《主題と変奏》やピアノ協奏曲《英雄の生涯》が出る予定はあるが、いつの日になるかは定かならず。それでとりあえずは郷伍郎の《フランシーヌの場合》を聴いておこうというのでこのCDを。

③ NHK 名曲アルバム2（ワーグナー《ニュルンベルクのマイスタージンガー》前奏曲他）

大町陽一郎、山本直純指揮東京フィル他［NHK CD］

なんでここに『名曲アルバム』？　それはひとえに当盤に大町指揮のワーグナーが入っているゆえだ。だって大町は呉の作曲と指揮の弟子で、少年時代、呉の会で村山姉妹や金井同様、オケ作品を発表した人なのだから。そして呉の最愛の作曲家はワーグナーなのだ！

④ 男はつらいよ　サウンドトラックヒストリーその四

渥美清（歌・セリフ）他［バップ］

金井は戦後、尾高尚忠や山本直忠らと白濤《はくとう》会なる作曲グループを組んだが、その直忠の子が直純で、その縁から直純は金井の仕事を手伝い、また彼女のピアノと吹奏楽のための曲で独奏を担当しもした。そしてその直純の作曲家としての代表作が『男はつらいよ』である。

⑤ **非情のライセンス MUSIC FILE**
天知茂（歌）他［バップ］

金井の属した白濤会には交響組曲《野人》で知られる渡辺浦人もおり、金井と渡辺の家は親しい間柄だった。その渡辺の子がやはり作曲家の渡辺岳夫。彼の代表作といえば『巨人の星』に『白い巨塔』に『アタックNo.1』に『非情のライセンス』に……。

14 孤独に耐えられぬ者は哀れである

① **池内友次郎／作品集**
海老《えび》彰子《あきこ》、三善晃、野平《のだいら》一郎（p）他［フォンテック］

池内は一九九一年に死去した。当盤は九三年、上野での、追悼演奏会のライヴ。ピアノ・ソナチヌは、安川門下の海老が弾いている。三善は、池内門下でピアノを安川に学んだ尾高惇忠《あつただ》と、四手連弾曲《礼奏》を演奏。

② **安川加壽子／ショパン名曲集**
［ビクター］

安川は一九九六年七月に死去した。当盤は、九四年の文化功労者顕彰を記念し、六〇年代の録音を集めたアルバム。安川の得意は、ドビュッシー、ラヴェル、ショパン、モーツァルトなど、流麗な運動それ自体で満足しうる種類の音楽だった。

③ **田中希代子／名演集4**
［山野楽器］

田中は一九九六年二月に死去した。当盤には、五七年、ワルシャワで放送用に録音された、ラヴェル《鏡》が入っている。これは音は悪いのだけれど、鏡をぶち割るという感じの凄《すご》みある演奏で、田中らしさを感得するのにいい。

16 戦時日本語母音明徴化運動論序説

① **平井保喜／《聖戦歌曲集「雪華」》**
丸山真須美（S）他、中村理恵（p）［World Wide War Singers!］

佐佐木信綱に師事した歌人で、陸軍士官に嫁ぎ、戦争未亡人となった野村玉枝、彼女が「英霊の妻」としての心境を詠《よ》み一九四一年に出版した歌集が『雪華』で、平井は四三年、そこから一八首を選び、切々たる歌曲集を編んだ。当盤は二〇〇二年制作の世界初録音盤。残念ながらすでに廃盤。

② **平井康三郎自ら歌う《日本の笛》《酒の歌》**
平井康三郎（歌）、塚田佳男（p）［音楽之友社］

平井は二〇〇二年、九二歳で大往生したが、その七年前、音楽の友ホールにて、おおらかな民謡調の歌曲集《日本の笛》を自演した。そのライヴ。年齢のせいもあって、それほど母音が明徴とはいえない。ちなみに《日本の笛》は《雪華》と同じ一九四三年の作曲。戦時下に彼の創作力のひとつの頂点があった。

③『朗詠の歴史と短歌朗詠法』

平井保喜著［日本文化協会、一九四三］（書籍）

戦時期の平井を語るとき［母音明徴］とともに重要なのが「短歌新朗詠」である。彼は宮中に伝わる和歌披講《ひこう》の現代化をはかり、国民誰しもがいつでもどんな短歌でも朗詠できるよう平易な旋律を四とおり作り、普及につとめた。晴朗な言語と平明な音楽で銃後を充《み》たす。それが平井の志だった。

17 柴田南雄のマーラー的な夢

①柴田南雄／《ふるべゆらゆら》

島尾ミホ、吉増剛造（語り）、田中信昭指揮東京混声合唱団他［フォンテック］

古代から現代まで、さまざまな時代のいろんな日本語が、おのおのに時代的にみあった、もちろんそのときどきの外来文化の影響も多分に受けた響きの様式で、語られ歌われてゆく。純粋な日本なんてものを考えるのが馬鹿馬鹿しくなる曲。

②柴田南雄／《銀河街道》他　新井裕治指揮

柏原市少年少女合唱団他［ヤマハミュージックメディア］（自主制作盤）

ヨーロッパにおける東西文化交流の窓口、スペインを舞台に、いろんな響きのスタイルが混交するシアター・ピースの録音。合唱団が一九九五年に自主制作し、二〇〇〇円で販売したもの。

③柴田南雄／《みなまた》他

田中信昭指揮合唱団「うたおに」［オニオン］（自主制作盤）

これも三重の合唱団の自主制作盤。九州の水俣地方に折り重なる多様な歴史がこれまた民謡やらより近代的響きやらいろんな音楽様式を動員して演じ語り歌われてゆくシアター・ピース。一柳慧の《子供の十字軍》も収録。

④水野修孝／《交響的変容》

岩城宏之指揮東京響［カメラータ］（自主制作盤）

柴田の弟子で柴田以上にマーラー的誇大妄想世界音楽の夢にはまった人が水野修孝だろう。これはクラシック、ジャズ、日本の民族音楽、仏教経典にラテン語ミサ典礼文の融合をはかった大作の全曲ライヴ。作曲者自主制作。

⑤山田一雄・新交響楽団／マーラー演奏の軌跡（新響第一七三回演奏会プログラム付録）飯守泰次郎指揮による二〇〇一年四月二八日の《おほむたから》蘇演演奏会のプログラム付録。第一〇番のアダージョ全部と《大地の歌》を含む他の一〇の交響曲のさわり、および小泉和裕が振る山田の《交響的木曽》を収録。

18　尊子と春子と長唄と

①山田耕筰／歌劇《黒船》

伊藤京子（S）、柴田睦陸《むつむ》（T）、立川澄人《すみと》（Br）栗本尊子（MS）、森正指揮東京都交響楽団他［東芝EMI］

山田耕筰はオペラ歌手と俳優の中間的存在を待望したが、この録音に参加している立川や、それから食いしん坊こと友竹正則は、そういう路線上に現れた戦後の重要な歌い手だったように思われる。が、続きがいない。

②山田耕筰の遺産13「歌のうたい方と音楽鑑賞編」

山田耕筰（解説と実演）［日本コロムビア］

作曲家が《このみち》や《からたちの花》の理想的歌唱をみずから披露し、悪い例までやってみせるという恐るべきもの。一九三〇年録音。ジャズを亡国調と断ずるあたりに、戦時中の山田の反米主義の淵源《えんげん》も見つけられよう。

③山田耕筰の遺産14「美空ひばり編」

美空ひばり（歌）他［日本コロムビア］

山田はひばりを気に入り、一九五五年に《山の小駅》と《風が鳴いてる》の二曲のオリジナル新作をプレゼントしている。山田が元気なら、戦後の新しいオペラに、杉村春子と長唄のほかにひばりも出したのかもしれない。

19　細腕のトスカニーニ

①芥川也寸志／《トリプティーク》他

森正、芥川也寸志指揮東京交響楽団［東芝EMI］

森の《トリプティーク》と《交響管弦楽のための音楽》は一九六一年初出。これは八八年に前者だけCD化されたときのジャケット。二曲そろってのC

D化は、九七年に同じく東芝EMIからなされている。

② **廣瀬量平《ひろせりょうへい》／チェロ協奏曲《悲》他**
堀了介（vc）、森正指揮東京フィル他［ビクターエンタテインメント］

一九九五年に「現代日本の音楽名盤選」の一枚として発売。音源は、八三年にNHKの放送用に収録されたもの。森は「耳がよく短時間に現代ものをまとめられる指揮者」として重宝がられ、この種の録音を厖大《ぼうだい》にやっている。

20 入野義朗という難関

① **NHK大河ドラマ主題曲集『秀吉』**
NHK交響楽団他［NHKCD］

入野が作曲した放送番組は二〇〇本以上におよぶ。『太閤記』のような一年間毎週作曲したものも一本に数えた数字だから、実質的にはとてつもない分量だ。が、放送の昔の仕事は映画に比べると忘れられがち。その点、入野は損だ。

② **日本の作曲・21世紀へのあゆみ4**
安田弦楽四重奏団他
［「日本の作曲・21世紀へのあゆみ」実行委員会（東京コンサーツ気付）］

紀尾井ホールで一九九八年一〇月八日に行われた演奏会のライヴ。入野が十二音に行く前の諸井三郎的な弦楽六重奏曲を収録。なお、冒頭に掲げた二〇〇〇年の没後二〇年演奏会ライヴ収録曲は、すべて十二音以後の作品である。

③ **日本の作曲・21世紀へのあゆみ15**
林光指揮のアンサンブル他
［「日本の作曲・21世紀へのあゆみ」実行委員会（東京コンサーツ気付）］

入野は芝居の付随音楽を約二〇本、映画音楽も約一五本やっている。当盤は二〇〇〇年一〇月二四日の演奏会のライヴで、木下順二の『蛙昇天』を一九五二年に「ぶどうの会」が上演したときの入野の音楽を収める。音列主義的な劇伴。

21 もうひとつの涅槃交響曲

① **『法華経と原子物理学』**
松下真一著［光文社（カッパ・ブックス）、一九七九］（書籍）

『法華経』と現代物理学の相同性を論じた本。松下の『法華経』への興味は《シンフォニア・サンガ》に反映し、さらに《仏陀》三部作に続く。《仏陀》のLPは、佼成出版社から今なお出ている。指揮は山田一雄、山本直純。

②『般若心経《はんにゃしんぎょう》とブラックホール』
松下真一著［光文社（カッパ・ブックス）、一九八五］（書籍）
『法華経と原子物理学』よりもくだけた調子で、仏教思想と現代宇宙論の相同性を論じ、現代社会批判におよぶ。松下の祖父は親鸞に、父はキリスト教に傾倒していた。松下の宗教への関心はそのへんからつちかわれていた。

③『天地有楽《うらく》』
松下真一著［音楽之友社、一九九一］（書籍）
松下は一九九〇年一二月二五日に死去した。これは遺稿集。彼の作品は海外の数々のコンクールに入賞し、ブーレーズらが演奏したが、実績や作品数に比し、録音がとても少ない。著書にはあと『西風にのって鐘は鳴る』がある。

23 團伊玖磨と中国

① 世界大戦争　オリジナル・サウンドトラック［ビクター］
松林宗恵《しゅうえ》監督、フランキー堺主演の破滅もの。團の映画音楽では『太平洋の嵐』『太平洋奇跡の作戦・キスカ』『太平洋の翼』『太平洋の嵐』といった第二次大戦ものも素晴らしい。《キスカ・マーチ》は《祝典行進曲》以上の名曲だ。

② 白夫人の妖恋　オリジナル・サウンドトラック［SLC］
豊田四郎、團伊玖磨コンビによる中国怪談もののサントラ盤。一〇〇分の映画のうち八〇分近く音楽がべったり付いて、團の大陸的な、しかもこの映画の場合、ひたすら嫋々とくる音楽が、これでもかとばかりに味わえる。

③ 團伊玖磨／《万里長城》《シルクロード》《夜》
李徳倫、團伊玖磨指揮中国中央楽団［東芝EMI］（LP）
一九八四年録音。團の大陸ものの管弦楽曲を中国のオケがやったまさに幸福なアルバム。それにしても團が大陸で客死したとはよくできた話だ。

④ 團伊玖磨／交響詩《西海讃歌》
團伊玖磨指揮読売日響、藤原合唱団他［佐世保市自主制作盤］（LP）
團は「大陸もの」に付属するように「九州もの」

もたくさん書いている。これは一九六九年に佐世保市民に捧げられたもの。

⑤ **團伊玖磨ポピュラー・ソング集「花の街」**
伊藤京子（S）、團伊玖磨指揮レコーディング・オーケストラ他［東芝音楽工業］（LP）

團といえば忘れちゃならぬは歌曲、童謡の類、そしてなんといっても歌劇である。しかし歌劇で録音があるのは《夕鶴》だけとは論外。《ひかりごけ》*の法秩序の崩壊する終末的幕切れなど黛の《金閣寺》に匹敵する迫力だが。

＊《ひかりごけ》のCDは、その後、神奈川フィルの自主制作盤が出た。本書一七二頁を参照。

24 人肉食と「ミシ」マ

① **軍艦マーチのすべて**
三島由紀夫指揮読売日響他［キング］

一九六八年三月一八日、文京公会堂における「だんいくまポプコン」公開録画時の三島指揮《軍艦行進曲》を収録。

② **アフィニス・サウンド・レポート第25集**
大友直人指揮東京響他［アフィニス文化財団］（非売品）

黛の《金閣寺》はフォンテックから全曲盤が出ている。そして彼のもうひとつのオペラ《古事記》日本初演時の第四幕とエピローグのみ入っているのがこれ。残念ながら非売品。全曲盤の正規発売が待たれる。

③ **市川雷蔵コレクション**
サウンドトラック［キング］

黛は《金閣寺》初演の一八年前、市川崑監督による映画『炎上』（『金閣寺』が原作）の音楽を手がけていて、当盤にはそこから七曲が入る。三島原作の映画では『獣の戯《たわむ》れ』のホルンが活躍する入野義朗の音楽もいい。

④ **ペーター・エートヴェシュ／声楽作品集**
青木鈴慕、横山勝也（尺八）、山口恭範（perc）他［輪・Budapest Music Center］

一九七三年に入野義朗と石井眞木率いるTOKKアンサンブルが訪欧したときの委嘱作、エートヴェシュの《ハラキリ》のボンでの初演ライヴが入っている。三島切腹に寄せた邦楽器と語りのためのおどろおどろしい曲だ。

⑤ **『MISHIMA』オリジナル・サウンドトラック**

［輪・Nonesuch］
プロデューサーはルーカスとコッポラ、監督はポール・シュレイダー、緒形拳扮する三島が壮絶に切腹する問題作のサントラ。音楽はグラス。反復、陶酔、死の三題噺みたいなもので、とにかくミニマル音楽は三島にはまる。

25　斎藤高順と小津安二郎

①　小津安二郎メモリアル・アルバム
吉沢博指揮アンサンブル・フリージア［SLC］
斎藤高順は一九二四年一二月八日、東京の深川に生まれ、二〇〇四年四月一一日に逝った。上野では芥川也寸志、奥村一《はじめ》、依田《よだ》光正《みつまさ》が同級。この四人は仲良しだった。当盤は一九六四年に小津を追悼し、斎藤の小津映画の音楽をオリジナル・スコアで新録音したもの。

②　小津安二郎ミュージック・アンソロジー
サウンドトラック
［テイチク］
二〇〇三年の小津生誕一〇〇年記念盤。斎藤高順だけでなく、伊藤宣二《よしじ》、斎藤一郎、黛敏郎の仕事も収録。黛の『お早よう』と『小早川家の秋』は小津の映画音楽美学に必ずしも合致していないだろうが、音楽じたいとしては素晴らしい。

③　幻想天女――日本の音楽アンコール集
岩城宏之指揮オーケストラ・アンサンブル金沢
［ビクターエンタテインメント］
オーケストラ・アンサンブル金沢がレパートリーにしていた斎藤の《今様《いまよう》》が入る。日本古謡による二分ほどの優美な小品。斎藤には、渡邉暁雄《あけお》が初演した室内交響曲、種々の室内楽曲もある。ちなみに、彼が好きだったのは、ラフマニノフやショパンだった。

27　生産しない女

①　ローラン・プティジラール／歌劇《ジョゼフ・メリックがエレファント・マンを語る》
シュトゥッツマン（A）、プティジラール指揮モンテ＝カルロ・フィルハーモニー管弦楽団他［輪・Le Chant du Monde］
シュトゥッツマンの、男に寄っていってほとんど中性化を達成しているのかもしれない声にふさわしい役柄として、フランスの作曲家が選んだのは、なんとまあエレファント・マンだった！　一九九八年完成、九九年録音。

② **ドレプン僧院の10人の僧侶によるチベット仏教声明**
［輪・Music & Arts］
西洋音楽における少年の声は天使の声、天上へと突きぬける声だが、チベット仏教における成年男子の脅威的重低音は瞑想し沈潜し、心の内側の神秘界へと入りこんでゆくための声になる。ウーハーみたいな声というほかなし。

③ **至福のインド声楽／「M・S・スブラクシュミ」**
［東芝EMI］
シュトゥッツマンの女性的なものとはすっかり手を切りたいといった厳しい声の対極にあるもの。一九一六年生まれの南インドの歌手がヒンズーの神々などを称えた、日本風にいえば大衆歌謡曲集。慈母観音に包まれる感じ。

28 愛国のかたち

① **祝典行進曲――日本のマーチ・ベスト20（戦後篇）**
野中図洋《とよ》和《かず》指揮陸上自衛隊中央音楽隊他［キング］
行進曲《祖国》の初CD。一九八九年録音、九〇年発売。他に、二〇〇一年にユニバーサルから発売された『ボギー大佐／世界のマーチ名曲集 第1集』に入っている、富家《ふけ》秀則《ひでのり》指揮陸自中央音楽隊の新しい録音もある。

② **ニュー・ブラス・シンフォニー**
ロベール・ブードロー指揮アメリカン・ウィンド・シンフォニー・オーケストラ［輪・Bayer］
黛の「非行進曲系吹奏楽作品」のアルバムとしては、佼成《こうせい》出版社から出ている岩城宏之指揮のものがあるが、あと、外盤にも黛の吹奏楽が入っているものがちらほらある。当盤は打楽器協奏曲を収録。

③ **黛敏郎／《礼拝序曲》他**
広上淳一指揮ストックホルム交響吹奏楽団［輪・Caprice］
上に同じく、外盤で聴ける黛の吹奏楽作品の一例。一九九五年の録音で、メンデルスゾーン、シェーンベルク、グレンダール、サリネン、ミクローシュ・マロシュの諸作とともに上記曲を収める。

29 大和的原型と奈良的原型

① **黛敏郎／シロフォン小協奏曲他**

ジョアンヌ・メイ（xyl）、デヴィッド・スネル指揮ファウンデーション・フィル他［輪・ASV］

はっきり押し出しよく響く《涅槃》の黛、はっきり力強く歌う《立山》の黛の他、はっきりクリア・カットで駆ける新古典的な黛もいる。木琴小協奏曲はその種の代表曲。他にジョン・ウィリアムズのテューバ協奏曲など。

② 雅楽――日本の宮廷音楽

東京楽所［ビクター］

雅楽は奈良期にはもっと原色的で野趣に富んでいたものが平安期に「洗練」され、今日に伝わるとされる。が、律動的で豪放で奈良的要素を伝承しているように思える曲も残る。当盤では黛の愛した《蘭《らん》陵王《りょうおう》》が聴ける。

③ 鶴田錦史《きんし》の琵琶

［オコラ］

はっきりしたリズム反復のある奈良朝的雅楽《蘭陵王》の次は、『平家物語』の無拍節的な琵琶弾き語りも聴こう。それも《ノヴェンバー》の初演者、鶴田女史の演奏がいい。当盤のライナー執筆が丹波明というのもいい。

30 松村禎三追悼――結核とエロス

① 池野成《せい》の映画音楽

オリジナル・サウンドトラック［Salida］

松村の音楽を考えるとき、師匠の伊福部や池内友次郎以上に重要かもしれないのが、同門の友人、池野成（一九三一－二〇〇四）だ。池野と松村の作風には似たところがあるが、思想と技術の両面で、年下の池野のほうが松村に影響を与えていたと考えられる。

② 早坂文雄／《室内のためのピアノ小品集》他

高橋アキ（p）［カメラータ］

「日本三大結核作曲家」として早坂文雄、松村、武満徹を考えたい。実際に胸を患ったというだけのことではない。この三人は「結核体験」を糧《かて》にして、それぞれになんらかの意味でスタティックな音楽を構想したように思われるのだ。

③ レニングラード国際音楽祭1988第4集

ワレリー・ゲルギエフ指揮レニングラード・フィルハーモニー管弦楽団他［Col Legno］

芥川也寸志の《ラプソディ》がゲルギエフの指揮で入る。芥川は松村を早くから高く評価した。そして二人は一九八〇年代、日ソ音楽交流につくし、そのころ、ゲルギエフは松村も振って、その音楽を今でもとても気に入っている。今後の松村指揮者として期待したい。

31 武満徹の嘘

① **高橋悠治／武満徹ピアノ作品集**

《フォー・アウェイ》《遮られない休息Ⅰ・Ⅱ・Ⅲ》《ピアノ・ディスタンス》《コロナ》［グラモフォン］

野平以前に、武満の仕掛けたイメージの檻からじゅうぶん逸脱していたピアノ曲演奏の音盤があったとすればこれと、同じ高橋のビクターでの録音。

② **ピーター・ゼルキン／武満徹ピアノ作品集**

《リタニ》《遮られない休息》《ピアノ・ディスタンス》《フォー・アウェイ》《閉じた眼》《同Ⅱ》《雨の樹素描》《同Ⅱ》［BMGビクター］

この《遮られない休息》は当初、静謐《せいひつ》なヴェーベルンの演奏とカップリングされて発売された。ゼルキンの志向がよくわかる。

③ **小川典子／武満徹ピアノ作品集**

《リタニ》《遮られない休息》《ピアノ・ディスタンス》《フォー・アウェイ》《閉じた眼》《同Ⅱ》《雨の樹素描》《同Ⅱ》［輪・BIS］

彼女は一九九六年一月一七日、虎ノ門病院で武満にインタヴューしている。彼が逝ったのは翌月の二〇日だ。

④ **岡田博美／閉じた眼――武満徹ピアノ作品集**

《遮られない休息》《ピアノ・ディスタンス》《フォー・アウェイ》《閉じた眼》《同Ⅱ》《雨の樹素描》《同Ⅱ》《リタニ》［カメラータ］

武満ピアノ曲集としては新しめの一枚になる岡田のアプローチは少なくとも《遮られない休息Ⅱ》にかんしては「一音」的。重くたっぷりと遅い。

⑤ **石川セリ／翼――武満徹ポップ・ソングス**

《小さな空》《島へ》《明日ハ晴レカナ、曇リカナ》《三月のうた》《翼》《めぐり逢い》他［日本コロムビア］

ソングフルな作曲家、武満を演出した一枚。長年書きためられてきた映画や演劇用の主題歌、挿入歌類を集める。アレンジも本人でやってくれたらなおよかった。

32 武満の水、細川の水

① **武満徹／『波の盆』の音楽**

岩城宏之指揮東京コンサーツ［WAVE］（LP）

『波の盆』は一九八三年一一月、日テレ系で放送された単発ドラマ。脚本は倉本聰、演出は実相寺昭雄、提供は西武流通グループ（のちのセゾン・グループ）。だからサントラもWAVEレーベルから発売された。

②**武満徹／『赤穂浪士』の音楽**
佐藤勝指揮東京コンサーツ［日本コロムビア］（LP）
別に本稿に直接関係ないのだが（間接には関係ある。『忠臣蔵』は壮大な死の物語ゆえ）、同じTV用音楽のサントラということで紹介しておく。私としては『波の盆』より『赤穂浪士』を聴きたくなるときのほうが多い。

③**細川俊夫／作品集　音宇宙7**
ユリウス・ベルガー（vc）、十束《とつか》尚宏指揮東京都響他［フォンテック］
《うつろひ・なぎ》と武満に捧げた追悼曲二つが入っている。《遠景Ⅲ》は同じ「音宇宙シリーズ」の六枚目に収録。あわせて楽しまれよ。

④**細川俊夫／《夜明け》他**
田中良和指揮広島響［ライヴノーツ］
細川は一九八九年に原爆による破滅的状況を生々しく音響化した《ヒロシマ・レクイエム》（全二楽章）を発表したが、九一年にその続きとして広島の再生を描く《夜明け》を書き、それは《記憶の海へ》の祖型となっている。

⑤**ホディノット／オーケストラ作品集**
尾高忠明指揮BBCウェールズ響［ニンバス］
尾高は一九八七年にBBCウェールズ響の首席指揮者となり、キャリアのうえでも音楽の中身においても躍進をとげた。彼のエルガーやウォルトンもいいが、ここにはウェールズ人ホディノットの耽美《たんび》的な曲集を。

33　武満徹とキャバレー・ソング

①**武満徹「自選」映画音楽集**
オリジナル・サウンドトラック、ジョン・アダムズ指揮ロンドン・シンフォニエッタ［ノンサッチ］
武満みずから《ワルツ》を弦楽合奏に編曲したものをアダムズの指揮で収録。しかし武満はアダムズの音楽を微温的としばしば論難していたのだが……。ジャケットは『他人の顔』の綳帯をした仲代達矢だ。

②**混声合唱のための《うた》**
関屋晋指揮晋友会合唱団［フィリップス］

合唱曲集といってもほとんど映画や放送用の歌、それから六〇年安保闘争時の集会用抵抗歌《死んだ男の残したものは》（これは武満が自発的に書いた唯一の政治的音楽かも）といったものの編曲。ただし《ワルツ》は含まれず。

③ **武満徹／《並木》《雨の水》《雨の呪文》《水路》他**

ポール・メファーノ指揮アンサンブル2E2M合唱団［輪・assai］

最近の武満のアルバムとして出色の一枚。アンサンブルは精緻をきわめ、しかも後期武満音楽は耽美的とかいった既成イメージに引っぱられすぎず、色香や潤いはもちろんあるものの、どぎつい薬味も適宜利かせて聴きごたえ満点！

④ **映画『八つ墓村』** オリジナル・サウンドトラック

［カルチュア・パブリッシャーズ］

芥川也寸志作曲の『八つ墓村』だ。武満の回になぜ芥川かといえば、このなかの〈道行のテーマ〉を筆者が勝手に、武満の《ワルツ》、黛敏郎の『栄光への5000キロ』の〈ワルツ〉とともに日本三大ワルツとよんでいるから。

⑤ **『発言――シンポジウム』**

［河出書房新社］

『三田文学』一九五九年一〇月号に掲載された武満、石原慎太郎、大江健三郎、江藤淳ら参加のシンポジウム、その他同催しに関連する文章をまとめて収録。彼らは当時の日本の「怒れる若者たち」の代表とみなされていた。

34 武満徹の無重力

① **オリジナル・サウンドトラックによる武満徹映画音楽5**

［ビクター］

『四谷怪談』の音楽が聴ける。編成は尺八、龍笛の他、プリペアド・ピアノやハープなど。あと黒澤明の『どですかでん』のためのリコーダーなど使った音楽も入るが、それは黛敏郎の映画『裸の大将』の音楽を意識していよう。

② **黛敏郎／《昭和天平楽《てんぴょうらく》》**

黛指揮宮内庁式部職楽部［ビクター］（LP）

国立劇場が武満に先んじて委嘱初演したのがこれ。ストラヴィンスキアン、黛は雅楽の「低音の不足」を補うべく竽《う》、大篳篥、大箏など通常の雅楽に用いられない楽器をもちだしている。武満との美意識の差を比較すべし。

③ **伊福部昭／郢曲《えいきょく》《鬢多々良《びんたたら》》**

田村拓男指揮日本音楽集団［カメラータ］

「三管」に能管、筑前《ちくぜん》琵琶、薩摩《さつま》琵琶、小鼓《こつづみ》など合わせた独特の編成で、雅楽がドビュッシー、武満好みの「お空にお高くとまる」音楽になる前のより土俗的だった時代を空想する。この態度は黛の《昭和天平楽》に通じる。

④ **シュトックハウゼン／《暦年》**

「三管」をハルモニウム、ピッコロ、ソプラノ・サックスで代用したアンサンブル［グラモフォン］（LP）

黛、武満に続く国立劇場委嘱新作雅楽第三作、その西洋楽器版の録音。初演時には磯村尚徳の『ニュースセンター9時』に作曲家が出演するなどした。結果は酷評だったが、ひとつの音楽儀式としてこれはこれでいける。

⑤ **服部幸雄著『さかさまの幽霊』**

［ちくま学芸文庫］

『四谷怪談』がらみの一冊。お岩が逆さ吊りで出現する由来を追究し、それを地獄へ亡者がまっさかさまに落ちる姿や死による価値の逆転と結びつける。私は女の黒髪が垂れ下がる蛇に似た怖さと関係あると想像するけれど。

38　岩城宏之の逆襲

① **岩城宏之／ベートーヴェンの1番から9番までを一晩で振るマラソン**

岩城宏之指揮NHK交響楽団メンバーによる管弦楽団他［エイベックス・クラシックス］

二〇〇四年大晦日《おおみそか》から翌年元日にかけてのライヴ。一曲の名演より九曲の完奏が目的だから、全体に力がぬけた安全運転だ。この先に岩城の枯淡の晩年様式があるにはちがいなく、その真の実りとしての「ベト全」が聴きたかった。

② **黛敏郎／《涅槃交響曲》他**

岩城宏之指揮東京都交響楽団、東京混声合唱団他［デンオン］

岩城は日本の作曲家を擁護《ようご》したが、戦前世代にはあまり気がなく、自分と同世代かそれ以下に興味が向いた。なかでも彼のアイドルは三歳上の黛と二歳上の武満だった。《涅槃》では、キングから出ていた一九八二年のライヴもいい。

③ **夢の時——武満徹管弦楽曲集**
岩城宏之指揮メルボルン交響楽団他［BMGビクター］
指揮者岩城の再評価には録音の発掘が不可欠。ベルリン・フィルも振り、日本人としてはじめてウィーン・フィル定期に出た岩城だけれど、やはり長年活躍したオーストラリアでの仕事の様子がもっと音でわかるといい。

39 作曲家？ 編曲家？ 冨田勲

① **シュトックハウゼン／《ヘリコプター四重奏》**
アルディッティ弦楽四重奏団［輸・Montaigne/Audivis］
冨田勲と並び称されるべき方向おたくとして音楽史に名を残そうシュトックハウゼンの《ヘリコプター四重奏》は一九九九年ついにCD化された。もっともこれはやはり実演に接しなくっちゃしかたないわさ。

② **懐かしのミュージック・クリップ22 ビッグX**
［東芝EMI］
TV作曲家・冨田といえば手塚治虫とのコンビが重要だが、これはその最初期の仕事で、一九六四年のTVアニメのサントラ。吹奏楽にアコーディオンで明朗なマーチをやるというまるで戦時期厚生音楽のノリがたまらぬ。

③ **ノストラダムスの大予言 オリジナルサウンドトラック**
［バップ］
一九七四年の映画音楽。冨田がオケ作曲家からシンセ編曲家になる端境期《はざかいき》の仕事。シンセとオケの組み合わせがテープ上でのさまざまな加工変形を通して試されている。それにしてもこの映画の丹波哲郎の演技はすごかった。

④ **ジャングル大帝 オリジナルサウンドトラック**
大友直人指揮東京響、熊谷弘指揮新室内楽協会、冨田勲（シンセサイザー）［BMGジャパン］
一九九七年の映画音楽。冨田は九〇年代からオケにふたたび興味を示す。そして当盤の延長線上に、シンセと組み合わせ生音をさまざまにいじるかたちであるけれど、とにかく冨田として初めて演奏会用にオケを用いた曲《源氏》が出る。

⑤ **黎明期の日本ギター曲集**
山下和仁（g）［クラウン・クラシックス］
冨田の作曲の師は《浜千鳥》の弘田龍太郎、平尾昌晃のおじの平尾貴四男、そしてA・チェレプニン門下の小船幸次郎。当盤には小船のソナチネを収録。彼の《祭の頃》や《第一序曲》といった管弦楽曲も録音されるといい。

40　吸血鬼とオバQと一柳慧

①　グラス／映画『魔人ドラキュラ』のための音楽

クロノス・クァルテット［ノンサッチ］

グラスが恐怖映画の古典のため一九九八年、新たに作曲した音楽。この種の映画に付される音楽は、グラスのような「反復／強迫観念増殖系」と、武満徹の『怪談』のような「瞬間の衝撃系」がある。両者の対抗史は興味深い。

②　一柳慧／《ピアノ音楽第4》《ピアノ音楽第6》《弦楽器のために第2》の同時演奏他

中川賢一（p）、甲斐史子（vn）他［「日本の作曲・二一世紀へのあゆみ」実行委員会］

二〇〇一年一〇月、紀尾井ホールでの一九六〇年代回顧展のライヴ。ポップに行く前、ケージの偶然性に傾倒したころの一柳が、伊佐治直《いさじすなお》監修によるぶっとび演奏で聴ける。《横尾》とは外見はだいぶ違うが、「手をかけず」という点は同じ。

③　映画『田園に死す』サウンドトラック

J・A・シーザー他［ソニー］

一柳と直接は関係ないが、日本のサイケというと、どうしてもシーザーの御詠歌《ごえいか》ロックである。《横尾》も、青森のバス・ガイドの歌う子守唄や高倉健のうたう任侠《にんきょう》歌謡を含む。土俗とサイケは反近代で結びつくのだ。

41　三善晃の〝断絶〟

①　三善晃／《オデコのこいつ》《狐のうた》

田中信昭指揮東京荒川少年少女合唱隊、田中瑤子（p）、三善晃（語り手）［ビクター］（LP）

三善が初めて児童合唱を使った大型の作品は五章だての組曲《オデコのこいつ》（一九七二）で、これはビアフラの子供と日本の子供の断絶を主題にした音楽といってよいだろう。《狐のうた》では三善本人が語り手で登場。

②　三善晃／《レクイエム》《変化《へんげ》嘆詠《たんえい》》他

外山雄三指揮日本プロ合唱団連合、日本フィル他［日本伝統文化振興財団］

《レクイエム》は《詩篇》《響紋》と三部作をなす。テキストには特攻隊員の遺書などが用いられる。激烈な音楽。

③ **福島雄次郎／合唱組曲《きけわだつみの声》**
丹波勝海（T）、村川千秋指揮アカデミア混声合唱団、新星日響［東芝］（LP）
　箕作秋吉門下で南島ものの合唱曲によって知られる福島が「戦没学生の手記」を素材にまとめた。「うたごえ運動」的作品といえばよいか。三善の《レクイエム》とこれを聴き比べると戦後日本の作曲の幅が見えるだろう。

④ **アドルノ／《インディアン・ジョーの財宝》からの2つの管弦楽伴奏歌曲他**
マクシミリアン・キーナー、ホルガー・ナイザー（ボーイ・ソプラノ）、ガリ・ベルティーニ指揮フランクフルト州立歌劇場管他［輪・Wergo］
　子供の合唱でなく独唱により現代の不安や悲劇的感情を表した音楽となれば、なんといってもまずこのアドルノの曲だろう。あと同趣向のものとしてはウストヴォリスカヤの交響曲第一番など。三善にもぜひ書いてほしい。

⑤ **スヴェン＝ダヴィド・サンドストレーム／《レクイエム》**
レイフ・セーゲルスタム指揮スウェーデン放送響、放送合唱団、児童合唱団他［輪・Caprice］（LP）
　三善が子供の歌う「かごめかごめ」を管弦楽が潰す《響紋》を発表する二年前、サンドストレームは子供の歌う《メリーさんの羊》を管弦楽が潰すこの大曲を戦没児童に捧げた。

42 小澤征爾と「満洲」

① ニュー・イヤー・コンサート2002
小澤征爾指揮ウィーン・フィル［フィリップス］
　はしゃがずに中庸《ちゅうよう》の徳、調和人的性格を心ゆくまでうたいあげた名盤。「理想としての〝満洲〟の心」がついにウィーンを制したかと感慨深い。小澤開作もさぞ喜んでいよう。収録曲ではヘルメスベルガー二世の《悪魔の踊り》が面白すぎ！

② **武満徹／《カシオペア》、石井眞木／《遭遇Ⅱ番》**
ツトム・ヤマシタ（perc）、小澤征爾指揮日本フィル、宮内庁楽部のメンバー［東芝EMI］
　私が初めて買った小澤のレコードはこれだった。分裂前の旧日本フィルと杉並公会堂で録音したもの。石井作品には東儀信太郎、多忠麿《おおのただまろ》、芝祐靖《しばすけやす》らが参加している。

③ **武満徹／《ノヴェンバー・ステップス》《アステ**

リズム》《グリーン》他
鶴田錦史（琵琶）、横山勝也（尺八）、高橋悠治（p）、小澤征爾指揮トロント響［RCA］

私が二枚目に買った小澤のレコードがこれ。小澤といえば武満だが、武満も大連育ちで「調和的音楽」の書き手なのだから、やはり日本というより「満洲」の生んだ芸術家と考えたほうがいろいろ見えやすい感じもする。

④ 20世紀のカナダ音楽
小澤征爾指揮トロント響［CBS］（LP）

小澤の海外初期録音の一枚。保守的なマクミランの《フランス系カナダ人の歌による二つの素描》とフリードマンの《映像》、モダンなメルキュルの《トリプティーク》とモレル（ヴァレーズ門下）の《黒い星》を収録。

⑤ 江文也／小交響曲、《故都素描》《田園詩曲》《汨羅沈流《べきらちんりゅう》》
陳秋盛指揮NHK響［Sunrise］

小澤開作は満洲で青年連盟の運動に挫折したあと北京に移り新民会運動（中国民衆を日本寄りに教化する運動といえばいいか）をやるが、その運動には江《こう》もそうとうかかわっていた。

43 高橋悠治と藤井貞和

① 水牛楽団
高橋悠治（大正琴他）、西沢幸彦（ケーナ、シーク）、福山敦夫（歌、三線）他［水牛］

高橋におけるアジアの伝統への回帰がまだ抑圧されたアジア民衆との連帯なる政治的コンセプトと結びついていたころの記録。如月小春や矢川澄子が歌っている。高橋と詩人たちの共同作業の歴史も、思えば古い。

② 高橋悠治／リアルタイム6 鳥のあそび
高田和子（三味線他）、高橋悠治（コンピュータ）［フォンテック］

水牛楽団の活動は一九八〇年代半ばまで。そのあと高橋は大正琴から三味線、雅楽器、箏……へ、民衆的な楽器からより伝統的な楽器へとシフトし、アジアの古層へわけいってゆく。八〇年代から九〇年代半ばの邦楽器曲を収録。

③ 高橋悠治／リアルタイム7 音楽のおしえ
芝祐靖（横笛）、宮田まゆみ（笙）、数住岸子（va）、松崎裕（hr）、高橋悠治（コンピュータ、打物）他［フォンテック］

一九九五年の曲。「音と音楽についての仏教のおしえ」の数々をテキストに、高橋のたどり着いた脱西洋近代音楽の理想的なかたちについて七〇分にわたって教えてくれる大作。演者は二〇人。声明をやる仏教僧侶も入る。

④　高橋悠治／リアルタイム8　別れのために

高橋悠治（p、打物）、高田和子（唄、三絃）、鈴木理恵子（vn）［フォンテック］

武満徹が催物企画に携わりながら開場時にはもう逝っていた東京オペラシティ。その一九九七年秋のオープニング・シリーズで高橋が武満との告別の儀式として奏でた《別れのために》を収録。二人の音楽の果てしなき隔たり。

⑤　三木稔／オペラ《ワカヒメ》

作・台本：なかにし礼、平野忠彦、宇佐美瑠璃他

飯森範親指揮東京響［カメラータ］

同じ日本古代へ想像力をはせたオペラでもこれだけ違うという見本として。本当は若き日の高橋の師のひとり、團伊玖磨の神話オペラ《素戔嗚《すさのお》》と《建《たける》》を挙げたいところだが、まだCDがないので。

44　小林研一郎といつまでも変わらない日本

①　石桁眞禮生／管弦楽選集

瀬山詠子（S）、海野義雄（vn）、小林研一郎指揮東京響［フォンテック］

一九八九年のライヴ。交響曲と他二曲を収める。「炎のコバケン」が凄演《せいえん》しており、筆者はこの演奏会で、石桁のオーケストラ音楽が感動的に響きうることを初めて知った。やはり演奏は大事である。

②　日本の合唱百年　四つの時代

畑中良輔指揮日本合唱協会、生田美子（p）［フォンテック］

山田耕筰、信時潔、高田三郎、新実徳英の諸作と一緒に下総の《春の雪》と《麦秋》が収められている。下総の器楽作品は残念ながら現役ディスクがないと思う。

③　山田耕筰の遺産10〜管弦楽曲編

作曲者指揮ベルリン・フィル他［日本コロムビア］

コバケンがチェコ・フィルならコーサクはBPOだ！　自作自演、一九三七年録音の交響曲《明治頌歌》を収めている。同曲には『山田耕筰の遺産15』に収録のリス指揮ウラル・フィルのものもある。

④　市川都志春／《日本旋法を基調とした交響曲》

ズデニェク・コシュラー指揮チェコ・フィル［デンオン］

市川は諸井三郎門下。下総系統と異なるもうひとつの「日本ドイツ楽派」の雄だ。管弦楽作家として戦時期に大活躍したが、戦後は音楽教科書会社をやり、一九七〇年代にまた作曲を始めて作ったのがこれ。

⑤民音現代音楽祭92

外山雄三指揮新日本フィル、日本音楽集団、東京混声合唱団他［カメラータ］

当盤収録の篠原眞《夢路》は、コーサクやコバケンとはぜんぜん違ったかたちでの日本と西洋の出会いと融和と乖離の幻想を綴っている。聴き比べるとよい。なお小林健一郎の協奏曲はCampionから出ている。

45　佐藤聰明の沈黙

①佐藤聰明／《太陽讃歌》《リタニア》《鏡》

佐藤聰明（p）［コジマ録音］（LP）

一九七六年発売の佐藤初の作品集。四七年生まれの彼はこのころはまだ暴力的な作曲家と思われ、じじつ、《太陽讃歌》は大音量の陶酔的作品。が、単純な和音を繰り返す変化に乏しい音楽という点ではもうこのときから一貫している。

②佐藤聰明／《リタニア》《宇宙は光に満ちている》《歪んだ時の鳥たち第2番》《化身第2番》

マーガレット・レン・タン（p）、フランク・アーモンド（vn）他［輪・New Albion］（LP）

一九八六年発売。おそらく米国での一枚目のアルバム。このころから日本より米国人気での高い状態が今日まで続いている。

③佐藤聰明／《マントラ》《悲しみの聖母》

佐藤聰明（声）、ジョージ・マナハン指揮ザ・プロ・アルテ・コラール他［輪・New Albion］

一九八八年発売。《マントラ》（一九八六）はテープ音楽。佐藤の声を素材にした、岩にしみいる蟬の声みたいなもの。《悲しみの聖母》（一九八七）はア・カペラ声楽曲。聖母が悲しむ曲なので佐藤の曲にしては劇的にすぎるかも。

④佐藤聰明／《夜へ》《RUIKA》《ホーマ》

兎束《うづか》俊之指揮ストリング・アンサンブル・エンドレス他［フォンテック］

一九九三年発売。佐藤の演奏会用作品はこんどのアルバムのタイトル曲である《化身Ⅰ》（一九七七）

あたりより、それまでの暴力的大音響から密やかな響きがゆったり持続するものに変わってゆき、当盤の三曲は徹底的にその路線。

⑤ **佐藤聡明作品集《仄《ほの》かなる闇》**
《黄昏の香を聴く》《神の身売り》《蛍火《ほたるび》の庭》
工藤俊幸指揮草津フェスティヴァル弦楽合奏団他
［カメラータ］

一九九八年夏の草津での個展のライヴ。弦楽合奏主体で、例によって単純なコードを連ねたり、旋律的うねりをゆったり持続させたりする四曲を収録。とにかくみごとなまでになにも起きない音楽である。

46 石田秀実と気

① **近藤譲／《線の音楽》**
高橋悠治（p）、小泉浩（fl）、篠崎史子（hp）他
［コジマ録音］（LP）

石田と一時期グループを組んだ近藤は「切れ目なく続く際限ない音の列」としての「線の音楽」なるやはり一種の「中途半端な繰り返し音楽」に属するような概念を提唱し、その延長線上に今日も創作を続けている。

② **佐野清彦作品演奏記録集／《奇有異1》**
近藤譲、土屋律子（p）、多田正美（箏）他［コジマ録音］（LP）

石田、近藤と一時期グループを組んだ佐野は、芸大で近藤と同じく長谷川良夫に師事した人。当盤は一九七〇年代の作品九つを二枚組で収録。繰り返し系のもの、シェルシみたいに一音で引っぱるもの、ダダ的なものなどいろいろ。

③ **松平頼則作品集**
マデルナ指揮オランダ放送室内管他［フォンテック］

石田の師匠、松平は、タンスマンに傾倒し、チェレプニンに私淑《ししゆく》し、戦後は前衛技法をとりいれ、まったく独自の境地を築き、しかも最晩年まで驚くべき多作家でありつづけたが、ついに九四歳で逝ってしまった。もっとCDを！

④ **YUJI PLAYS YUJI**
高橋悠治（p, keyb）［ポリドール］（LP）

石田、近藤、佐野の三人にそれなりの影響を与えたろう高橋の「中途半端な繰り返し音楽」の代表例が当盤収録の《メアンデル》（一九七三）。それにしてもこの音盤はバイエルとかと同じく教則レコード扱いの発売なのか。

⑤石田秀実著『気・流れる身体』［平河出版社］
石田には他にCDがほとんどないので、ここでは本を一冊。石田が気にアプローチした最初の重要な著作がこれ。ほかに『からだのなかのタオ』『死のレッスン』などあり。

47　西村朗とバブルとオウム

①ケチャ─彩色打楽─西村朗作品集
《ケチャ》《ターラ》《瞑想のパドマ》《レゴン》、ティンパニ協奏曲
パーカッション・グループ72［カメラータ］
バリ島のレヴュー祭礼「ケチャ」は、一九七〇年代、新宿で芸能山城組が演じたりし、エスニックな快楽の象徴となった。そこにすかさず飛びついた西村はさすが。

②光の鏡　西村朗の音楽II
二重協奏曲《光の環》《星曼荼羅《まんだら》》、アストラル協奏曲《光の鏡》
木村かをり（p）、岩城宏之指揮東京都響［フォンテック］
光、星、マンダラ、アストラル。あまりに神秘主義的アクセサリーに満ちあふれ、快楽志向に遠慮容赦なくひたはしる一九九一－九二年の西村の作品群。

③西村朗作品集／《光のマントラ》（女声合唱、管弦楽／詩＝サンスクリット語のマントラ）他
秋山和慶《かずよし》指揮東京響、東京混声合唱団［カメラータ］
一九九三年の《光のマントラ》は、キラキラした管弦楽に、サンスクリットのテキストによる合唱が加わり、神秘的法悦の世界をきわめつくす。

④静寂と光　西村朗の音楽IV
《水のオーロラ》《水の詩曲─水の鏡》《水の詩曲─水の記憶》《悲の河II》《静寂と光》、雅楽《古鳥蘇《ことりそ》》の旋律による瞑想曲
木村かをり（p）、高橋アキ（p）他［フォンテック］
一九九六－九七年の作品を集める。光あふれる神秘と法悦から、水、悲、静寂……をキイワードとした苦みたっぷりの真摯《しんし》な黙想へ。西村の音楽の変質を印象づける一枚。

⑤西村朗／管弦楽作品集
《蓮華化生》《メロスの光背《こうはい》》《光の雅歌》、管弦楽

のためのモノディ他
秋山和慶指揮東京響他［カメラータ］
地下鉄サリン事件直後に初演された《メロスの光背》がおめでたい時代の末期の作品。一九九六年の《光の雅歌》は転機にかかっての作品。そして九七年の《蓮華化生》へ。

48 細川俊夫の昏い青春

① 細川俊夫作品集3
遠藤一巳（尺八）、福永千恵子（箏）、西潟昭子（三絃）、宮田まゆみ（笙）他［フォンテック］
ひとつの作風の転機を示す《観想の種子》を収録。なお、文中で触れた《夜の国》《否の空間》《夜の呼び声》《東京1985》はCD化されていない。細川の「夜の時代」を知るため早く出るといい。

② 細川俊夫作品集4
アルディッティ弦楽四重奏団、今村能《ちから》指揮新響、合唱団OMP他［フォンテック］
彼異色の作《ヒロシマ・レクイエム》（一九八九）を収録。東條英機の演説、天皇の玉音放送、爆音などが管弦楽や合唱と重なり戦時が回想される。これはむろんB・A・ツィンマーマン《若い詩人のためのレクイエム》の影響だ。

③ 細川俊夫／《線V》《時の深みへ》他
シュテファン・フッソング（アコーディオン）、ユキコ・スガワラ・ラッヘンマン（p）他［輸・Col Legno］
細川が円熟し、深みを増し、弱く薄くわびてさびた音をこれはもう雪舟の水墨画ではないかというくらいに繊細周到微妙な濃淡で配しぬいた一九九〇年代の作品を中心に収める。演奏家もラッヘンマン夫人以下手練れぞろい。

④ ラッヘンマン／《2つの感情》《ノットゥルノ》《アンテリュールI》
ヘルムート・ラッヘンマン（語り）、アンサンブル・クラングフォーラム・ウィーン他［輸・Accord］
細川に大きな影響を与え、そして細川を通じ東洋的枯淡の境地につき学んでいるらしいラッヘンマンの一九六〇年代の二作と、その代表作といえる九〇年代の歌劇《マッチ売りの少女》の一部をなす《2つの感情》を収録。

⑤ ドナウエッシンゲン音楽祭1988
アルディッティ弦楽四重奏団他［輸・Col Legno］
尹のCDは交響曲に協奏曲……、国内盤が豊富にあるのでここでは省略。代わりに細川のもうひとりの師でじつに思弁的でまじめな作風のクラウス・フーバーの弦楽四重奏曲が細川の一九九八年の弦楽四重奏曲と仲良く収録されている当盤を。

49　留学生はかく悟れり

①　FOR JAPAN

アルディッティ弦楽四重奏団［フォンテック］

一九九〇年三月九日、カザルス・ホールでのコンサートのライヴ盤。アルディッティ弦楽四重奏団が細川の初期作品で、まだ大いに尖《とが》っていたころの弦楽四重奏曲第二番《原像》をこれまた尖ってやっている。併録曲は林、三善、西村。

②　ヴィッテン音楽祭1994

ブリジット・シルヴェストル（hp）、ロベルト・H・P・プラッツ指揮アンサンブル・ケルン他［輪・ヴィッテン音楽祭自主制作盤］（二枚組）

細川の曲はドイツ語圏の現代音楽祭によく登場するけれど、このライヴ盤には《回帰》に先んじるもうひとつのハープ協奏曲《中間地帯》が入っている。併録はノット指揮のヴォルフガング・リームなど。

③　細川俊夫／作品集

ヨハネス・エルンスト（Sax）、漆原《うるしはら》朝子（vn）、高関健《たかせきけん》指揮ベルリン・ドイツ放送交響楽団、ペーター・ルンデル指揮ムジーク・ファブリック［輪・Kairos］

どれも一九九〇年代後半の作品、《箏歌《ことうた》》《旅Ⅰ》《遠景Ⅱ》、そしてサクソフォン協奏曲が収められている。録音は概して鮮明なうえ、音も大きめなので、どの曲も侘《わ》び寂《さび》だといっていては怒られそうなくらいに鳴る。

51　主よ御許に近づかん

①　若山牧水　歌の調べ

権代敦彦（歌）、鷹羽《たかば》弘晃（p）他［Kai Record］

信仰はたんに作曲するだけではなく、みずからの生身を駆使して神に向かって叫ぶ行為によって示されるべきだ。ゆえに権代は好んで歌う。当盤では、牧水につけた古関裕而《ゆうじ》、平井康三郎、冬木透らの歌曲を権代が熱唱。

②　メシアン／歌劇《アッシジの聖フランチェスコ》抜粋

D・フィッシャー＝ディースカウ（Br）、ローター・ツァグロゼク指揮オーストリア放送交響楽団他

［輪・Orfeo］（二枚組）

メシアンの「神の国の法悦幻想」を扱った音楽のひとつの頂点をきわめるのが、このオペラだろう。小澤征爾指揮の全曲盤もあるが、当盤は一九八五年のザルツブルク音楽祭のライヴで、約半分の二時間強を収録。

③　**クラウス・フーバー／《ソリロキア》**

ハンス・ツェンダー指揮バイエルン放送交響楽団、同合唱団他［輪・Grammont］

権代の「キリスト教的音楽」を考える場合、メシアンよりもクラウス・フーバーが重要になる。その宗教的音楽には法悦と苦悩の精密な弁証法が認められる。当盤はアウグスティヌスのテキストによる大オラトリオ。

52　川島素晴と歴史の終焉

①　**柴田南雄／交響曲《ゆく河の流れは絶えずして》他**

若杉弘指揮東京都響、東京混声合唱団他［フォンテック］

本文で触れたほか、ヴァイルの《三文オペラ》、宝塚の《すみれの花咲く頃》、《会議は踊る》の主題歌、古典派風の作曲様式などが引用される。

②　**柴田南雄／《宇宙について》他**

当間修一指揮大阪ハインリッヒ・シュッツ室内合唱団／大阪コレギウム・ムジクム合唱団［ジョヴァンニ］

《宇宙について》では本文で触れたほか、プロティノスがセネガル民謡の旋律で、スピノザがシリアの聖歌の旋律でうたわれる。初演は四〇〇人の大合唱で行われ、それはまったく圧倒的だった。

③　**ベルント・アロイス・ツィンマーマン／《プレザンス》他**

ルンデル（vn）、シュティルリンク（vc）、クレチマール（p）［BMGクラシックス］

歴史の終焉、ないしは歴史の超越、過去・現在・未来の融合といった問題意識を抱えつづけた作曲家にはB・A・ツィンマーマンもいる。その《プレザンス》はバッハやプロコフィエフが引用され、超歴史的音楽を展開。

④　**ボリス・チャイコフスキー／交響曲第2番**

コンドラシン指揮モスクワ・フィル［輪・Russian Disc］

ショスタコーヴィチのDSCHがらみでその交響

曲第一〇番あたりを挙げるのが筋だろうが、ここでは弟子のボリス・チャイコフスキーを。引用もたっぷりのじつにデプレッシヴな大作。これぞ歴史の停止した国、ソ連の音楽！

⑤サイボーグクロちゃん　最強うちまくり音楽大図鑑

Lady Q、シスタ・K、坂本千夏（vo）他［日本コロムビア］

主題歌の《ぐるぐるクロちゃん》は名曲だし、Lady Qも名唱。ラップもここまで日本語的に消化されればたいしたもの。若草恵《けい》らによる劇伴はまぁまあ。

53　アジアには愛が溢れていると岡倉天心は云ったけれど…

①廣瀬量平《ひろせりょうへい》／《カラヴィンカ》他

山田一雄指揮京都市交響楽団［ビクター／タワーレコード］

西村の協奏曲の題名にあるカヴィラとはカラヴィンカと同義。極楽に住む鳥で、仏法を鳴き声で表す。その声が即、絶対普遍の教えだ。その声を聴けば普遍と個物、仏と人は一体になる。西村はその声をクラリネットに託したが、廣瀬も木管群でやっている。

②チャールズ・マーティン・レフラー／《4つの弦楽器のための音楽》、弦楽四重奏曲イ短調、弦楽五重奏曲

ダヴィンチ弦楽四重奏団［輪・Naxos］

岡倉天心が実際に関係をもった芸術分野はむろん第一には美術だが、音楽とも縁はある。彼は日本の近代音楽教育の礎を築いた「お雇い外国人」メーソンの通訳だったし、ボストン時代には『白狐』というオペラ台本を書いたのだ。それに作曲するはずがけっきょくしなかったのが、このレフラー。

③『大東亜秩序建設』

大川周明著［第一書房、一九四三］（書籍）

天心の思想史的功績は、日本・朝鮮・中国という構図で完結しがちだった日本人の「東亜観」にインドを上手に入れ「大東亜観」を創出したことだろう。そしてそれをうまく受け継いだのが大川の本書。日本現代音楽のインド趣味を、天心・大川と結びつけて語ろう。

55　R・シュトラウスはハリウッドに行ったか？

①ロームミュージックファンデーションSPレコ

ード復刻CD集　日本の洋楽1923-1944

［ローム ミュージック ファンデーション］

「二六〇〇年奉祝曲」のうち、シュトラウス、イベール、ブリテンには、複数の市販CDがあり、ヴェレシュもフンガロトンから出ているが、ピッツェッティは今のところ、この復刻もののみのようだ。コメリ指揮二六〇〇年奉祝響の演奏。

②ヒンデミット／映画『山との戦い――氷と嵐の中で』のための音楽

デニス・ラッセル・デイヴィス指揮ベルリン・ドイツ放送交響楽団［輸・BMG］

ファンクのサイレント時代の代表作に、若きヒンデミットが付けた七〇分のオリジナル音楽の発掘録音。なお『新しき土』のDVDはかつて内外で出たけれど、二〇〇七年六月にアイ・ヴィー・シーから再発された。

③『全集　黒澤明　第1巻』

［岩波書店、一九八七］（書籍）

日本と火山とドイツ人というと、一九三四年から約二年、浅間の煙を眺めて暮らした建築家のタウトも重要だ。そのネタを使い、ファンクを超える火山映画を作ろうとしたのが若き黒澤明。実現しなかった映画のシナリオが読める。

解説

井上章一

誰からしいれた話なのかは、もうおぼえていない。だが、私は片山さんについてのおもしろい噂を、あるとき耳にした。いわく、片山さんは、けっこうプロ野球にもつうじている。ひいきの球団は、なんと、今はもうなくなった近鉄バファローズであるらしい、と。

東京で育った片山さんが、よりにもよって近鉄を応援しはじめたのは、どうしてか。阪神なら、まだわかる。首都の野党的な野球好きには、タイガースへ声援をおくる人が、けっこういる。しかし、近鉄については、まったく事情がつかめない。

首都圏では、近鉄の試合がテレビで放映されることなど、ほとんどなかったろう。ラジオも、あまり中継はしなかったと思う。スポーツ新聞だって、どれだけ紙面をさいていたことか。はなはださみしい報道ぶりであったと、考える。関西のスポーツ紙でさえ、近鉄のことはいいかげんにしかあつかわなかったのだから。

しかし、そういう逆境こそが、片山さんをふるいたたせたのではないか。

関西では、それでもときおりラジオが近鉄の試合をとりあげた。その中継へ、東京の受信機では雑音にまみれるわけだが、耳をすまして聞きいろうとする。あるいは、巨人戦の放送中につたえられる近鉄の途中経過へ、耳をかたむけた。なかなかアクセスしづらい近鉄の情報に、あの手この手を駆使して近づこうとする。その困難が、片山さんには、どこか心地良かったのかもしれない。

ここで言う「近鉄」を、私は現代音楽の隠喩として、もちだした。レコードやCDは、あまり世にでない。ラジオやテレビがとりあげることも、まれである。現代音楽は、そんなジャンルだったからこそ、片山さんの魂をひきつけた。首都圏では存在感のうすい近鉄が、琴線を刺激したようにと、言いたくて。

私は片山さんをマイナーな趣味に生きる人と、位置づけたがっているようである。誰もが気持ちをよせそうな王道には、関心がむかわない。大多数の人びとが目をむけない脇道へ、宿命的に興味をいだいてしまう人なんだ、と。

しかし、そうとも言いきれない背景は、首都東京にならあったかもしれない。

片山さんは、この本で冨田勲の音色を論じている。そして、その前置に、シュトックハウゼンのヘリコプター四重奏を、もちだした。弦楽四重奏の各パートがヘリコプターへのりこみ、ヘリの爆音とともに演奏する。それを地上のミキシングにより、楽曲としてなりたたせる。そんな前衛音楽の試みを話の枕におきながら、冨田へ言及した。

もう、二十年近く前のことになるだろうか。私は渋谷のタワーレコードで、ヘリコプター四重奏のCDを目撃した。見れば、オランダ空軍の協力で世界初録音が実現うんぬんと、ポップに書いてある。

マニアックなCDだなと、まず思う。そんなCDが平積みとなり、ポップまでそえられている光景に、私は感心した。

いや、それだけではない。私はその場で、「あっ、でている」と、このCDを指さす若い人たちにも遭遇した。三、四人づれの高校生だったろうか。あるいは、中学生だったかもしれない。いずれも男子だったが、シュトックハウゼンの新譜に興じあっている光景を、目撃した。そして、その様子には、心の底から感銘をうけている。

私は関西人だが、地元のCD店でこのヘリコプター四重奏は、一枚も見ていない。大阪でも京都でも、そんなものは売れっこないと判断されているせいだろうか。もちろん、これをおもしろがる若い人たちとも、でくわしたことはない。

渋谷では、だからしみじみかみしめたものである。こういうテイストに関するかぎり、大阪や京都はおくれをとっている。とんがった実験音楽へむかう好奇心で、関西はとうてい東京にはりあえない、と。

もちろん、首都の中高生が、みなその趣味をわかちあっているとは、言わない。ヘリコプター四重奏の初録音をよろこべるのは、圧倒的な少数者であろう。それでも、同じ学校に、こういう話題をおもしろがれる仲間が、ちらほらいる。東京はそういう街なんだと、痛感した。一部の私立校が、こましゃくれた生徒を培養しているだけかもしれないのだけど。

片山さんもそんな精神土壌ではぐくまれた書き手なのだと、関西人の私には見える。東京が大きく開花させた知性だと、感じてしまう。ひがみっぽい言い方になるが、大阪や京都からは出てこない人材だとも、のべそえたい。

片山さんとはくらべるべくもないが、私も現代音楽を、しばしば聴いてきた。とっかかりは、たいていジャズである。たとえば、キース・ジャレットの演奏で、サミュエル・バーバーにはしたしみだしている。あるいは、ショスタコーヴィチにも。そう言えば、一柳慧も、山下洋輔がひいているからというので、聴きだした。

いわゆる現代音楽のなかでも、ジャズの響きをもつ曲は、やはり気になる。自分でかってに、オルタナティブなジャズとしてとらえ、うけとめてきた。

片山さんとのかかわりを言えば、大澤壽人のピアノ協奏曲を気にいっている。その二番（一九三五年）と三番（一九三八年）は、ＮＡＸＯＳのＣＤで、くりかえし聴いてきた。どちらも、私の愛聴盤である。今は三番のほうをかけながら、この文章を書いている。

大澤壽人は、一九三〇年代にボストンとパリで作曲をまなんだ。日本の音楽学校は、でていない。中学から関西学院に入り、大学（商業学部）まで同学院にかよっている。音楽的な手ほどきは、神戸にいた西洋人の音楽家たちからうけた。関学の卒業後は、すぐアメリカ、そしてのちにはヨーロッパへもわたっている。パリの楽壇では、将来を嘱望されもした。ホープのひとりだと、その作品群で斯界をにぎわせてもいる。

にもかかわらず、大澤のことは日本で、長らくわすれられてきた。それを、二一世紀になってほりおこしたのは、ほかならぬ片山さんである。大澤家の遺品から、たとえばさきほど紹介したピアノ協奏曲の譜面を、見いだした。ＮＡＸＯＳとかけあい、そのレコーディングにこぎつけてもいる。私などが大澤楽曲をたのしめるのも、まったく片山さんのおかげなのである。

戦前の阪神間には、子弟の音楽教育で金をおしまぬブルジョワが、けっこういた。また、亡命のロシア人を中心に、そちら方面の家庭教師たりうる人材も、そろっている。音大などへかよわなくても技をみがける環境が、そこにはできていた。大澤が、いきなりボストンへ旅立てたのも、そのせいである。

ただ、日本の音大とかかわりのなかった音楽家に、講壇音楽史はつめたい。わりあい、ひややかにあつかう傾向がある。大澤がないがしろにされてきたのも、ひとつはそのためだろう。

私はさきほどこう書いた。片山さんは、東京がそだてた、東京でなければ出現しにくい逸材である、と。そして、そういう東京的な片山さんが、関西のうもれた作曲家を発掘し、光をあててくれた。そのことへ、ひとことお礼を言いたくて、この解説を書かせていただいたしだいである。

くりかえすが、私の音楽的なうんちくは、遠く片山さんにおよばない。だが、機会があれば、「いてまえ打線」の魅力を語りあいたいなとは思う。阿波野が野茂にいだいただろう複雑な葛藤を、どうけとめておられるのか。噂のマシンガントークが、たのしみでなくもない。

本書はアルテスパブリッシングより刊行された『片山杜秀の本1
音盤考現学』（二〇〇八年二月）『片山杜秀の本2　音盤博物誌』
（二〇〇八年五月）に所収の一〇〇篇より五五篇を採録しました。
文庫化にあたり再編集しています。

日本美術応援団　赤瀬川原平　山下裕二

雪舟の「天橋立図」凄いけどどこかヘン⁉　光琳にはなくて宗達にはある〝乱暴力〟とは？　教養主義にとらわれない大胆不敵な美術鑑賞法‼

グレン・グールド　青柳いづみこ

20世紀をかけぬけた衝撃の演奏家の遺した謎をピアニストの視点で追い究め、ライヴ演奏にも着目、つねに斬新な魅惑と可能性に迫る。（小山実稚恵）

痛みの作文　ANARCHY

京都・向島の過酷な環境で育った少年は音楽と仲間に出会い奇跡を起こす。日本を代表するラッパーが綴る魂震えるリアル・ストーリー。（都築響一）

生きもののおきて　岩合光昭

アフリカ・サバンナ草原に繰り広げられる野生動物たちの厳しくも美しい姿を、カラー写真60点と瑞々しい文章で綴る。

フェルメールになれなかった男　フランク・ウイン　小林頼子／池田みゆき訳

何が彼らを贋作作りへと駆り立てたのか。高名な鑑定家たちをも欺いた世紀のスキャンダルを通して、名画に翻弄される人々の姿を描き出す渾身作。

坂本九ものがたり　永六輔

名曲「上を向いて歩こう」の永六輔・中村八大・坂本九が歩んだ戦中戦後、そして3人が出会ったテレビ草創期。歌に託した思いとは。（佐藤剛）

日々談笑　小沢昭一

話芸の達人の、芸が詰まった一冊。柳家小三治と佐渡の芸能話、網野善彦と陰陽師や猿芝居の話、清川虹子と喜劇話……多士済々17人との対談集。

しどろもどろ　岡本喜八

「面白い映画は雑談から生まれる」と断言する岡本喜八。映画への思い、戦争体験……、シリアスなことでもユーモアを誘う絶妙な語り口が魅了する。

らくごDE枝雀　桂枝雀

桂枝雀が落語の魅力と笑いのヒミツをおもしろおかしく解きあかす本。持ちネタ五選と対談で、「笑いの正体」が見えてくる。（上岡龍太郎）

桂枝雀のらくご案内　桂枝雀

上方落語の人気者が愛する持ちネタ厳選60を紹介。噺の聞かせどころや想い出話をまじえて楽しく落語の世界を案内する。（イーデス・ハンソン）

桂枝雀爆笑コレクション（全5巻）　桂　枝雀

人気衰えぬ上方落語の爆笑王の魅力を、速記と写真で再現。「スビバセンね」「ふしぎななあ」などテーマ別全5巻、計62演題。各話に解題を付す。

上方落語
桂枝雀爆笑コレクション1　——スビバセンね　桂　枝雀

第1巻の副題は、独特の名せりふ「スビバセンね」にちなむ。意識・認識のすれ違いが生む面白さあふれる12作品を収録。（澤田隆治）

上方落語
桂枝雀爆笑コレクション2　——ふしぎななあ　桂　枝雀

桂枝雀の落語速記、第2巻は、枝雀落語の真骨頂ともいうべき、シュールな魅力にあふれた作品群。まさに落語はSFです。（島﨑今日子）

上方落語
桂枝雀爆笑コレクション3　——けったいなやっちゃ　桂　枝雀

第3巻は「けったいなやっちゃ」。現実にはありえないような人物も、枝雀口演にかかればアナタの隣にいそうな人物に……！（柳家小三治）

上方落語
桂枝雀爆笑コレクション4　——萬事気嫌よく　桂　枝雀

第4巻は、枝雀師が好んで色紙に書いた言葉、「萬事気嫌よく」。枝雀落語に出てくる「気嫌のいい人」の代表格たちをご紹介。（上田文世）

上方落語
桂枝雀爆笑コレクション5　——バことに面目ない　桂　枝雀

最終巻は、「バことに面目ない」。落語の笑いを「他人のちょっとした困り」と定義した枝雀師。窮地に立った人間の姿やいかに！（小佐田定雄）

上方落語
桂米朝コレクション（全8巻）　桂　米朝

人間国宝・桂米朝の噺をテーマ別に編集する。端正で上品な語り口、多彩な持ちネタで、今日の上方落語隆盛をもたらした大看板の魅力を集成。

上方落語
桂米朝コレクション1　——四季折々　桂　米朝

今はもう失われてしまった季節感あふれる「けんげしゃ茶屋」「正月丁稚」「池田の猪買い」他。本人による作品解説付。（小松左京）

上方落語
桂米朝コレクション2　——奇想天外　桂　米朝

落語の原型は上方にあり。第二巻「奇想天外」はシュールな落語大集合。突拍子もない発想、話芸ならではの世界。本人による解説付。（堀晃）

上方落語
桂米朝コレクション3　——愛憎模様　桂　米朝

渦巻く愛憎、とまらぬ色気。人間の濃さ、面白さが炸裂する「愛憎模様」。「たちぎれ線香」「崇徳院」「三枚起請」「持参金」他。（わかぎゑふ）

上方落語
桂米朝コレクション4
――商売繁盛
桂米朝

第四巻「商売繁盛」は商売の都にふさわしい商人の心意気や、珍商売の数々にちなんだ落語を。「帯久」「つぼ算」「道具屋」他。（かんべむさし）

上方落語
桂米朝コレクション5
――怪異霊験
桂米朝

第五巻はこわいこわい、そして不思議な落語集。「猫の忠信」「仔猫」「狸の化寺」「狸の賽」「怪談市川堤」「五光」「紀州飛脚」他。（橋爪紳也）

上方落語
桂米朝コレクション6
――事件発生
桂米朝

第六巻は些細なことから騒動が勃発する「事件発生」。「らくだ」「宿屋仇」「どうらんの幸助」「次の御用日」「算段の平兵衛」他収録。（芦辺拓）

上方落語
桂米朝コレクション7
――芸道百般
桂米朝

第七巻は「芸道百般」。様々な芸能、芸事に関わる落語集。「軒づけ」「花筏」「蔵丁稚」「七段目」「蛸芝居」「くしゃみ講釈」他。（田辺聖子）

上方落語
桂米朝コレクション8
――美味礼賛
桂米朝

最終巻は「美味礼賛」。思わず唾があふれる落語集。「饅頭こわい」「鹿政談」「田楽喰い」「鴻池の犬」「京の茶漬」他。著者御挨拶付。（中野晴行）

一芸一談
桂米朝

桂米朝と上方芸能を担った第一人者との対談集。藤山寛美、京山幸枝若、岡本文弥、吉本興業元会長・林正之助ほか。語り下ろしあとがき付。

加藤泰、映画を語る
加藤泰
山根貞男／安井喜雄編著

任俠映画・時代劇などで映像美の頂点を極めた加藤泰。伊藤大輔や山中貞雄への思いや、映画について語った講演の数々。文庫化に際し増補した決定版。

桂吉坊がきく 藝
桂吉坊

上方落語の俊英が聞きだした名人芸の秘密。若手の思いに応えてくれた名人は、立川談志、市川團十郎、小沢昭一、喜味こいし、桂米朝、他全十人。

驚嘆！ セルフビルド建築
沢田マンションの冒険
加賀谷哲朗

比類なき巨大セルフビルド建築、沢マンの全魅力！4階に釣堀、5階に水田、屋上に自家製クレーンも！ 帯文＝奈良美智（初見学、岡啓輔）

小津安二郎と「東京物語」
貴田庄

小津安二郎の代表作「東京物語」はどのように誕生したのか？ 小津の日記や出演俳優の発言、スタッフの証言などをもとに迫る。文庫オリジナル。

定本艶笑落語2

艶笑落語名作選　小島貞二 編

好色的なおかしさ、あでやかな笑いを何人もの師匠の記憶をたしかめ、原形に復元した、おおらかでたのしい、日本の伝統的な〝よきエロチカ〟。

なめくじ艦隊　古今亭志ん生

〝空襲から逃れたい〟、〝向こうには酒がいっぱいある〟という理由で満州行きを決意。存分に自我を発揮して自由に生きた落語家の半生。（矢野誠一）

びんぼう自慢　古今亭志ん生　小島貞二編・解説

「貧乏はするものじゃありません。味わうものですな」その生き方が落語そのものと言われた志ん生が自らの人生を語り尽くす名著の復活。

志ん生の噺（全5巻）　古今亭志ん生　小島貞二 編

その生き方すべてが「落語」と言われた志ん生の幅広い芸を滑稽、人情、艶などのテーマ別に贈る、読む「志ん生落語」の決定版。

志ん生滑稽ばなし　志ん生の噺1　古今亭志ん生　小島貞二 編

何度も甦り、ファンの心をつかんで放さない志ん生落語。その代表作をジャンル別に分けて贈るシリーズの第一弾。爆笑篇二十二席。（大友浩）

志ん生艶ばなし　志ん生の噺2　古今亭志ん生　小島貞二 編

「え〜、カタいことばっかりいって世の中を渡ったってしょうがない……」。志ん生、秘中の秘、軽妙洒脱な艶笑噺全二十席。（大友浩）

志ん生人情ばなし　志ん生の噺3　古今亭志ん生　小島貞二 編

「え〜、人間というものは、どういうもンですか、この……」。独特の語り口でしみじみ聞かせる江戸の人間模様。至芸の全十四席。（大友浩）

志ん生長屋ばなし　志ん生の噺4　古今亭志ん生　小島貞二 編

「……おまえさんといっしょにいるてえと、また損しちゃうんだから……」。志ん生の生活と意見がにじみ出る十八番の長屋噺十三席。（大友浩）

志ん生廓ばなし　志ん生の噺5　古今亭志ん生　小島貞二 編

「惚れて通えば千里も一里 広い田ンボもひとまたぎ……なんてのは学校じゃ教ェない」。シリーズ最終巻は名作、熱演の廓ばなし十四席。

志ん朝の風流入門　古今亭志ん朝　齋藤明

失われつつある日本の風流な言葉を、小唄端唄、和歌俳句、芝居や物語から選び抜き、古今亭志ん朝の粋な語りに乗せてお贈りする。（浜美雪）

志ん朝の落語1 ——男と女
古今亭志ん朝　京須偕充編

第一巻「男と女」は志ん朝ならではの色気漂う噺集。口絵に遺品のノート、各話に編者解説を付す。「明烏」「品川心中」「厩火事」他全十二篇。

志ん朝の落語2 ——情はひとの…
古今亭志ん朝　京須偕充編

第二巻は人情の機微を描いた噺集。各話に編者解説を付す。「子別れ・下」「井戸の茶碗」「唐茄子屋政談」「百年目」「文七元結」他全十一篇。

志ん朝の落語6 ——騒動勃発
古今亭志ん朝　京須偕充編

得がたい芸風で噺をゆたかにふくらませた古今亭志ん朝。最終巻は小気味よい啖呵さえわたる「大工調べ」から「高田馬場」まで全十一篇。

名セリフ！
鴻上尚史

古今東西の名戯曲から選び抜いた31の名セリフ。作家と作品の解説から、作家に対する著者の思い、演劇に対する情熱が伝わる一冊。（恩田陸）

将棋　観戦記コレクション
後藤元気編

棋譜からだけではわからない、人間同士の戦い。数々の名勝負が、個性的なエピソードやゴシップとともによみがえる。文庫オリジナルアンソロジー。

skmt　坂本龍一とは誰か
坂本龍一＋後藤繁雄

坂本龍一は、何を感じ、どこへ向かっているのか？　独特編集者・後藤繁雄のインタビューにより、独創性の秘密にせまる。予見に満ちた思考の軌跡。

ウルトラマン誕生
実相寺昭雄

オタク文化の最高峰、ウルトラマンが初めて放送されてから40年。創造の秘密に迫る。スタッフたちの心意気、撮影所の雰囲気をいきいきと描く。

ウルトラ怪獣幻画館
実相寺昭雄

ジャミラ、ガヴァドン、メトロン星人など、ウルトラマンシリーズで人気怪獣を送り出した実相寺監督が書き残した怪獣画集。オールカラー。（樋口尚文）

魯山人の世界
白崎秀雄

魯山人芸術の本質は、彼の「書」のなかにある。世間の俗説を一刀両断し、鋭い観察眼と豊富な知識を基に、新たな魯山人像を提示した意欲作。

新トラック野郎風雲録
鈴木則文

映画「トラック野郎」全作の監督が、撮影の裏話、本物のトラック野郎たちとの交流をつづったエッセイ集。文庫オリジナル。（掛札昌裕）

華人歌星伝説
テレサ・テンが見た夢　平野久美子
今なおアジア全域で大きな影響力を持つ歌姫テレサ・テンの本当の姿とは？　精緻な海外取材と関係者の話から真の姿を描き出す傑作評伝。

子どもに伝える美術解剖学　布施英利
子どもの脳はどのように絵を描く表現を獲得するのか?! 目の視覚と脳の視覚とは?! 「生きている」絵を描く方法と考え方を具体的に伝授。（千住博）

落語を聴かなくても人生は生きられる　松本尚久編
落語家が名人芸だけをやっていればよかった時代は去った。時代と社会を視野に入れた他者の視線を通じて落語の現在を読み解くアンソロジー。

モチーフで読む美術史　宮下規久朗
絵画に描かれた代表的な「モチーフ」を手掛かりに美術を読み解く、画期的な名画鑑賞の入門書。カラー図版約150点を収録した文庫オリジナル。

モチーフで読む美術史2　宮下規久朗
絵の中に描かれた代表的なテーマを手掛かりに美術を読み解く入門書、第二弾。壁画から襖絵まで和洋幅広いジャンルを網羅。カラー図版250点以上！

しぐさで読む美術史　宮下規久朗
西洋美術では、身振りや動作で意味や感情を伝える。古今東西の美術作品を「しぐさ」から解き明かす『モチーフで読む美術史』姉妹編。図版200点以上。

落語家論　柳家小三治
この世界に足を踏み入れて日の浅い、若い噺家に向けて二十年以上前に書いたもので、これは、あの頃の私の心意気でもあります。（小沢昭一）

落語こてんパン　柳家喬太郎
現在、最も人気の高い演者の一人として活躍する著者が、愛する古典落語についてつづったエピソード満載のエッセイ集。巻末対談＝北村薫

見えるものと観えないもの　横尾忠則
アートは異界への扉だ！　吉本ばなな、島田雅彦から黒澤明、淀川長治まで、現代を代表する十一人との、この世ならぬ超絶対談集。（和田誠）

芸術ウソつかない　横尾忠則
横尾忠則が、表現の最先端を走る15人と、芸術の源泉、深淵について、語り合い、ときに聞き手となって尋ねる魂の会話集。（戌井昭人）

ぼくなりの遊び方、行き方　横尾忠則

日本を代表する美術家の自伝。登場する人物、起こる出来事その全てが日本のカルチャー史！ 壮大な物語はあらゆるフィクションを超える。（川村元気）

私の好きな曲　吉田秀和

永い間にわたり心の糧となり魂の慰藉となってきた、最も愛着の深い音楽作品について、その魅力を語る、限りない喜びにあふれる音楽評論。（保苅瑞穂）

世界の指揮者　吉田秀和

フルトヴェングラー、ヴァルター、カラヤン……演奏史上に輝く名指揮者28人に光をあて、音楽の特質と魅力を論じた名著の増補版。（二宮正之）

世界のピアニスト　吉田秀和

アルゲリッチ、グールド、リヒテル……名ピアニストたちの芸術の特質と魅力を明晰に論じる愉しさあふれる演奏家論。（青柳いづみこ）

モーツァルトをきく　吉田秀和

交響曲、協奏曲、室内楽、魅惑のオペラ……演奏史に輝く名盤から新しいディスクまで、モーツァルトをきく喜びをつづる至福のエセー。（天野祐吉）

名曲三〇〇選　吉田秀和

グレゴリウス聖歌から現代音楽まで、音楽史の流れをたどりながら名曲300曲を語る。限りない魅力と喜びにあふれる《名曲の歴史》。（片山杜秀）

世界の演奏家　吉田秀和

カザルス、デュ・プレ、クレーメル、ジュリアード弦楽四重奏団、カナワ、ディースカウ……。名演奏家に光をあて、その芸術の魅力を語る。（岡田暁生）

音楽の旅・絵の旅　吉田秀和

ヴァーグナー音楽に〈人生全体の芸術化〉を感じとり、グリューネヴァルトの絵に戦慄を覚えた著者の、内なる旅の記録。『音楽の光と翳』併収。（堀江敏幸）

芝居の神様　吉川潮

緒形拳が慕い、勝新太郎が敬愛した名優中の名優、島田正吾。九十六歳で亡くなるまで舞台に立ち続けたその生涯を描き尽くす。（立川談春）

白土三平論　四方田犬彦

60年代に社会構造を描き出した『カムイ伝』、蜂起の歴史哲学を描いた『忍者武芸帳』等代表作、そして「食物誌」まで読み解く。書き下ろしを追加。

放哉と山頭火　渡辺利夫
エリートの道を転げ落ち、引きずる死の影を詩いあげる放哉。各地を歩いて生きて在ることの孤独と寂寥を詩う山頭火。アジア研究の碩学による省察の旅。

脇役本　濵田研吾
映画や舞台のバイプレイヤー七十数名が書いた本、関連書などを一挙紹介。それら脇役本が教えてくれる秘話満載。古本ファンにも必読。（出久根達郎）

東京ひがし案内　森まゆみ・文　内澤旬子・イラスト
庭園、建築、旨い食べ物といっても東京の東地区は年季が入っている。日暮里、三河島、三ノ輪など38箇所を緻密なイラストと地図でご案内。

「即興詩人」のイタリア　森まゆみ
森鷗外訳「即興詩人」に誘われ、著者はイタリアを訪ね歩く。豊穣な歴史、文化、美術、音楽などにも触れた文学紀行エッセイ。（武谷なおみ）

明るい原田病日記　森まゆみ
失明は免れたものの病をかかえ、父を看取り、「谷根千」終刊。不具合の日常を軽やかにつづった闘病の記。巻末に二人の医師へのインタヴューを付す。

千駄木の漱石　森まゆみ
英語・英文学教師から人気作家へ転身、代表作のアイデアも得た千駄木。なのに、嫌だ、豚臭い、慈悲のために永住する……。そんな素顔の漱石を活写。

ヨーロッパぶらりぶらり　山下清
「パンツをはかない男の像はにが手」「人魚のおしりは人間か魚かわからない」。〝裸の大将〟の眼に映ったヨーロッパは？　細密画入り。（赤瀬川原平）

日本ぶらりぶらり　山下清
坊主頭に半ズボン、リュックを背負い日本各地の旅に出た〝裸の大将〟が見聞きするものは不思議なことばかり。スケッチ多数。（壽岳章子）

秀吉はいつ知ったか　山田風太郎
中国大返しに潜む秀吉の情報網と権謀を推理する「秀吉はいつ知ったか」他「歴史」をテーマにした文章を中心に選んだ奇想の裏側が窺えるエッセイ集。

昭和前期の青春　山田風太郎
名著『戦中派不戦日記』の著者が、その生い立ちと青春を時代背景と共につづる。「太平洋戦争私観」「私と昭和」等、著者の原点がわかるエッセイ集。

東京の戦争　吉村昭

東京初空襲の米軍機に遭遇した話、寄席に通った話。少年の目に映った戦時下・戦後の庶民生活を活き活きと描く珠玉の回想記。（小林信彦）

事物はじまりの物語／旅行鞄のなか　吉村昭

長篇小説の取材で知り得た貴重な出来事に端を発した物語の数々。胃カメラなどを考案したパイオニアたちの話と旅先での事柄を綴ったエッセイ集の合本。

木挽町《こびきちょう》月光《げっこう》夜咄《よばなし》　吉田篤弘

木挽町という町があって、そこに曾祖父が営む鮨屋があった。幻の店を探すうち、過去と現在がひとつになってゆく。物語のようなエッセイ。（坪内祐三）

パンツの面目ふんどしの沽券　米原万里

キリストの下着はパンツか腰巻か？　幼い日にめばえた疑問を手がかりに、人類史上の謎に挑んだ、抱腹絶倒&禁断のエッセイ。（井上章一）

言葉を育てる米原万里対談集　米原万里

この毒舌が、もう聞けない……類い稀なる言葉の遣い手、米原万里さんの最初で最後の対談集。VS.林真理子、児玉清、田丸公美子、糸井重里ほか。

湯ぶねに落ちた猫　吉行理恵　小島千加子編

「猫を看取ってやれて良かった」。愛する猫たちを題材にした随筆、小説、詩で編む、猫と詩人の優しい空間。文庫オリジナル。（浅生ハルミン）

ひと皿の記憶　四方田犬彦

諸国を遍歴した著者が、記憶の果てにぼんやりと光るひと皿をたぐりよせ、追憶の味（あるいは、はたせなかった憧れの味）を語る。書き下ろしエッセイ。

モロッコ流謫　四方田犬彦

ボウルズ、バロウズ、ジュネ、石川三四郎……作家たちの運命を変えた地の魅力に迫る紀行エッセイ。第11回伊藤整文学賞、第16回講談社エッセイ賞受賞。

Ai　ジョン・レノンが見た日本　ジョン・レノン絵　オノ・ヨーコ序

ジョン・レノンが、絵とローマ字で日本語を学んだスケッチブック。「おだいじに」「毎日生まれかわります」などジョンが捉えた日本語の新鮮さ。

スモールハウス　高村友也

家のローンに縛られ、たくさんの物で身動きできない人生なんてごめんだ。消費社会に流されず、小宇宙に住み自由に生きる。（佐々木典士）

ちくま文庫

音楽放浪記《おんがくほうろうき》　日本之《にほんの》巻《まき》

二〇一八年十二月十日　第一刷発行

著者　片山杜秀（かたやま・もりひで）

発行者　喜入冬子

発行所　株式会社　筑摩書房
東京都台東区蔵前二―五―三　〒一一一―八七五五
電話番号　〇三―五六八七―二六〇一（代表）

装幀者　安野光雅

印刷所　株式会社精興社

製本所　株式会社積信堂

ISBN978-4-480-43561-3　C0173